中国轻工业“十四五”规划教材

高 等 学 校 专 业 教 材

食品法律法规与标准

马爱进　马良　主编

中国轻工业出版社

图书在版编目（CIP）数据

食品法律法规与标准 / 马爱进，马良主编. — 北京：中国轻工业出版社，2024. 1
ISBN 978-7-5184-4312-3

Ⅰ. ①食… Ⅱ. ①马… ②马… Ⅲ. ①食品卫生法—中国—高等学校—教材 ②食品标准—中国—高等学校—教材
Ⅳ. ①D922. 16②TS207. 2

中国国家版本馆 CIP 数据核字（2023）第 132221 号

责任编辑：马　妍　　责任终审：白　洁
文字编辑：巩孟悦　　责任校对：朱燕春　　封面设计：锋尚设计
策划编辑：马　妍　　版式设计：砚祥志远　　责任监印：张　可

出版发行：中国轻工业出版社（北京鲁谷东街 5 号，邮编：100040）
印　　刷：三河市万龙印装有限公司
经　　销：各地新华书店
版　　次：2024 年 1 月第 1 版第 1 次印刷
开　　本：787×1092　1/16　印张：13
字　　数：300 千字
书　　号：ISBN 978-7-5184-4312-3　定价：42. 00 元
邮购电话：010-85119873
发行电话：010-85119832　010-85119912
网　　址：http：//www. chlip. com. cn
Email：club@ chlip. com. cn

220089J1X101ZBW

本书编写人员

主　　编　马爱进　北京工商大学

　　　　　马　良　西南大学

副 主 编　林晓蓉　华南农业大学

　　　　　杨文建　南京财经大学

　　　　　周瑾茹　浙江工商大学

参编人员（按姓氏笔画排序）

　　　　　王彦波　北京工商大学

　　　　　李思霆　北京工商大学

　　　　　范光森　北京工商大学

　　　　　周鸿媛　西南大学

　　　　　徐　辉　南京财经大学

　　　　　郭玲玲　江南大学

　　　　　黄　越　中国农业大学

前言 | Preface

国以民为本，民以食为天，食以洁为先，洁以法为准。食品是人类赖以生存和发展的基本物质条件，也是国家安定、社会发展的根本要素。食品质量与安全是人类生存与发展的一个永恒主题。保障食品质量与安全，法治是根本，建立健全食品监管法律制度，是依法保障公民基本权利的题中应有之义。食品标准是从事各类食品活动的技术依据和准则，是政府运用技术手段宏观调控食品产业，推动其科技进步和促进其高质量发展的重要途径。加强食品法律法规与标准体系建设，对保障食品质量与安全，增强人民群众获得感、幸福感、安全感具有非常重要的意义。

食品法律法规与标准是高等学校食品科学与工程、食品质量与安全、食品营养与健康等专业的核心课程，是专业知识体系中的关键要素。从事食品生产经营等活动必须遵守国家法律法规，掌握和了解有关食品法律法规与标准知识是食品类专业学生应具备的基本素质。为使学生牢固掌握食品法律法规与标准基本概念和基础知识，培养学生大国工匠精神，提高学生自主学习能力和利用所学知识分析问题、解决问题的能力，以及为学生今后专业工作能力的提升奠定坚实基础，我们依据教育部对高等学校食品类专业建设要求，编写了本教材。

本书深入贯彻落实习近平新时代中国特色社会主义思想和党的二十大精神，贯彻落实习近平总书记关于教育的重要论述和在全国高校思想政治工作会议上重要讲话精神，按照党的二十大报告提出的“努力培养造就更多大师、战略科学家、一流科技领军人才和创新团队、青年科技人才、卓越工程师、大国工匠、高技能人才”要求，以提高食品质量与安全专业人才培养质量为核心，突出学生实践和创新能力培养，做到教材有一定的理论深度，同时注意教材的广度以及温度，增加教材的知识性和人文性。本教材同时注重对重要知识的应用例证，达到学以致用的目的。另外，本教材通过二维码技术融入数字资源，便于读者学习和使用。

本教材坚持改革创新，与时俱进，结合最新的食品法律法规与标准教学和实践理念，注重理论与实践结合，突出科学性和实用性，涵盖食品法律法规与标准基础知识，引入最新的食品法律法规与标准，知识系统较为完整，易于理解、掌握和运用。本书既可作为高等学校食品质量与安全专业教材，也可作为食品科学与工程、食品营养与健康等其他相关专业的教材和食品行业从业人员在岗教育培训教材。

全书共八章，第一章由马爱进编写，第二章由周瑾茹、王彦波编写，第三章由郭玲玲编写，第四章由杨文建、徐辉编写，第五章由林晓蓉编写，第六章由马良、周鸿媛编写，第七章由范光森、李思霆编写，第八章由黄越编写。全书由马爱进和马良统稿。

在本书编写过程中，教材框架以及编写内容得到了业界专家学者的悉心指导，北京工商大学食品与健康学院王静和王蓓对本书的出版给予了指导和帮助，借书稿出版之际，谨表衷心的感谢和崇高的敬意。由于作者水平有限，书中存在错漏或不足之处，恳请专家学者批评指正。

编者

2023 年 10 月

目录 Contents

第一章 绪论

CHAPTER 1

学习目标与要求

1. 掌握食品法律法规与标准基本知识；
2. 了解我国食品法律法规与标准化历史及发展历程；
3. 理解食品法律法规与标准化的重要作用；
4. 了解食品法律法规与标准化的研究内容。

法律法规与标准在实现国家治理体系和治理能力现代化中都具有重要的地位和作用。目前，我国以《中华人民共和国食品安全法》为核心，以相关的法规和规章作为补充，建立了较为完善的食品法律法规体系，以保障食品生产经营等活动在约束范围内进行。标准是经济活动和社会发展的技术支撑，是国家基础性制度的重要方面。标准化在推进国家治理体系和治理能力现代化中发挥着基础性、引领性作用。

本章重点讲解食品法律法规与标准的基本概念，介绍食品法律法规与标准关系，并在综述我国食品法律法规与标准化发展历程的基础上，阐述我国食品法律法规与标准化的重要作用及食品法律法规与标准化研究的内容及意义。

第一节 食品法律法规与标准基本概念

食品法律法规与标准基本概念是学习本课程的理论基础，掌握好这些基本概念，对了解课程性质，学习和理解课程内容以及开展食品相关活动具有现实指导意义。

一、食品

食品作为人类繁衍生息与生产劳动中不可或缺的重要物质保障，与广大人民群众的身体健康和生命安全直接相关。关于食品内涵，根据不同的适用对象，有不同的定义，一般来说，凡是可以用来供人类充饥的物品即可称为食品，其最通俗的含义是市场售卖的被部分或全部加工制作的食物，这也是针对日常生活中较为普遍的解释，但其较为笼统和模糊。

国际食品法典委员会（Codex Alimentarius Commission，CAC）对食品的定义是指任何加工、半加工或未经加工供人类食用的物质，包括饮料、口香糖及生产、制作或处理食品时所用的任何物质，但不包括化妆品、烟草或只作药物使用的物质。美国及欧盟对食品的定义大致相同，都指未加工、部分加工或者完全加工的可以用于人类食用的物品。

《中华人民共和国食品安全法》（2021 修正）中，对食品的定义是指各种供人食用或者饮用的成品和原料以及按照传统既是食品又是中药材的物品，但是不包括以治疗为目的的物品。食品安全是指食品无毒、无害，符合应当有的营养要求，对人体健康不造成任何急性、亚急性或者慢性危害。相比来看，我国对食品范畴的界定略广，除了上述内容外还包括了按我国传统来看既是食品又是药品的物品，如菊花、山药、百合等，但是有治疗目的的药物除外。

放眼人类的发展进化历程，可以看出，食品是一个动态概念，食品的含义总是受经济发展水平与当地具体情况的影响，在这种社会背景下，不同国家、地区对食品的界定存在区别。日常生活中食品的概念和法律法规与标准中对食品的概念有所不同。准确界定“食品”概念是研究和学习食品法律法规与标准的首要条件。

二、 法律法规

法律法规指中华人民共和国现行有效的法律、司法解释、行政法规、地方法规、地方规章、部门规章及其他规范性文件以及对于该等法律法规的不时修改和补充。我国食品法律法规体系是以《中华人民共和国食品安全法》为基础和核心，其他法规、规章等为补充的有机统一体。该体系除了由全国人民代表大会及其常务委员会制定的《中华人民共和国食品安全法》，还包括国务院，国家市场监督管理总局，农业农村部，国家卫生健康委员会，各省、自治区、直辖市为贯彻执行《中华人民共和国食品安全法》所制定的行政法规、部门规章、地方法规、地方规章等一系列规范性文件，还包括最高人民法院出台的有关司法解释。

1. 法律

法律有广义、狭义两种理解。广义上讲，法律泛指一切规范性文件；狭义上讲，仅指全国人民代表大会及其常务委员会制定的规范性文件。在与法规等一起谈时，法律是指狭义上的法律。法律是我国最高权力机关全国人民代表大会和全国人民代表大会常务委员会行使国家立法权，立法通过后，由国家主席签署主席令予以公布。因而，法律的级别是最高的，我国食品相关的法律如《中华人民共和国食品安全法》《中华人民共和国产品质量法》《中华人民共和国标准化法》等。

2. 法律解释

法律解释是对法律中某些条文或文字的解释或限定。这些解释涉及法律的适用问题。法律解释权属于全国人民代表大会常务委员会，其做出的法律解释同法律具有同等效力。还有一种司法解释，即由最高人民法院或最高人民检察院做出的解释，用于指导各基层法院的司法工作。如《最高人民法院、最高人民检察院关于办理危害食品安全刑事案件适用法律若干问题的解释》于2013年4月28日由最高人民法院审判委员会第1576次会议、最高人民检察院第十二届检察委员会第5次会议通过，自2013年5月4日起施行。2020年10月19日，最高人民法院审判委员会第1813次会议讨论通过了《最高人民法院关于审理食品安全民事纠纷案件适用法律若干问题的解释（一）》，并于2021年1月1日起施行。

3. 法规

法规主要指行政法规、地方法规、民族自治法规及经济特区法规等。行政法规是由国务院制定的，通过后由国务院总理签署国务院令公布。这些法规也具有全国通用性，是对法律的补充，在成熟的情况下会被补充进法律，其地位仅次于法律。法规多称为×××条例，也可以是全国性法律的实施细则。我国食品相关的行政法规如《中华人民共和国食品安全法实施条例》《农业转基因生物安全管理条例》《乳品质量安全监督管理条例》《国务院关于加强食品等产品安全监督管理的特别规定》等。地方性法规、自治条例和单行条例的制定者是各省、自治区、直辖市的人民代表大会及其常务委员会，相当于是各地方的最高权力机构。地方性法规大部分称作条例，有的为法律在地方的实施细则，部分为具有法规属性的文件，如决议、决定等。地方法规的命名开头多冠有地方名字，如《北京市食品安全条例》《北京市实施〈中华人民共和国动物防疫法〉办法》等。GB/T 20000. 1—2014《标准化工作指南　第1部分：标准化和相关活动的通用术语》中对法规的定义是由权力机关通过的有约束力的法律性文件。

4. 规章

规章制定者是国务院各部、委员会、中国人民银行、审计署和具有行政管理职能的直属机构，这些规章仅在本部门的权限范围内有效。食品方面的规章如国家市场监督管理总局制定的《食品经营许可管理办法》《食品召回管理办法》《网络餐饮服务食品安全监督管理办法》；国家卫生健康委员会制定的《食品安全国家标准管理办法》《新食品原料安全性审查管理办法》《食品添加剂新品种管理办法》《食品相关产品新品种行政许可管理规定》等。还有一些规章是由各省、自治区、直辖市和较大的市的人民政府制定的，仅在本行政区域内有效。

三、标准

GB/T 20000. 1—2014《标准化工作指南　第1部分：标准化和相关活动的通用术语》中对标准的定义是指通过标准化活动，按照规定的程序经协商一致制定，为各种活动或其结果提供规则、指南或特性，供共同使用和重复使用的文件。标准宜以科学、技术和经验的综合成果为基础；按照规定的程序即制定标准的机构颁布的标准制定程序。诸如国际标准、区域标准、国家标准等，由于它们可以公开获得以及必要时通过修正或修订保持与最新技术水平同步，因此它们被视为构成了公认的技术规则。其他层次上通过的标准，诸如专业协（学）

会标准、企业标准等，在地域上可影响几个国家。

世界贸易组织（World Trade Organization，WTO）/技术性贸易壁垒协定（Agreement on Technical Barriers to Trade，TBT 协定）从贸易的角度对标准也给出了定义，即经公认机构批准的、规定非强制执行的、供通用或重复使用的产品或相关工艺和生产方法的规则、指南或特性的文件。该文件还可包括或专门规定适用于产品、工艺或生产方法的术语、符号、包装、标志或标签要求。

《中华人民共和国标准化法》（2017 年 11 月 4 日第十二届全国人民代表大会常务委员会第三十次会议修订）第二条规定标准（含标准样品）是指农业、工业、服务业以及社会事业等领域需要统一的技术要求。标准包括国家标准、行业标准、地方标准和团体标准、企业标准。国家标准分为强制性标准、推荐性标准，行业标准、地方标准是推荐性标准。强制性标准必须执行。国家鼓励采用推荐性标准。

另外，GB/T 20000.1—2014《标准化工作指南　第 1 部分：标准化和相关活动的通用术语》中对基础标准的定义为具有广泛的适用范围或包含一个特定领域的通用条款的标准；基础标准可直接应用，也可作为其他标准的基础。术语标准为界定特定领域或学科中使用的概念的指称及其定义的标准；术语标准通常包含术语及其定义，有时还附有示意图、注、示例等。符号标准为界定特定领域或学科中使用的符号的表现形式及其含义或名称的标准。分类标准为基于诸如来源、构成、性能或用途等相似特性对产品、过程或服务进行有规律的排列或划分的标准。试验标准为在适合指定目的的精确度范围内和给定环境下，全面描述试验活动以及得出结论的方式的标准；试验标准有时附有与测试有关的其他条款，如取样、统计方法的应用、多个试验的先后顺序等；适当时，试验标准可说明从事试验活动需要的设备和工具。规范标准为规定产品、过程或服务需要满足的要求以及用于判定其要求是否得到满足的证实方法的标准。规程标准为产品、过程或服务全生命周期的相关阶段推荐良好惯例或程序的标准；规程标准汇集了便于获取和使用信息的实践经验和知识。指南标准为以适当的背景知识给出某主题的一般性、原则性、方向性的信息、指导或建议，而不推荐具体做法的标准。产品标准为规定产品需要满足的要求以保证其适用性的标准；产品标准除了包括适用性的要求外，也可直接包括或以引用的方式包括诸如术语、取样、检测、包装和标签等方面的要求，有时还可包括工艺要求。产品标准根据其规定的是全部的还是部分的必要要求，可区分为完整的标准和非完整的标准。由此，产品标准又可分为不同类别的标准，如尺寸类、材料类和交货技术通则类产品标准。若标准仅包括分类、试验方法、标志和标签等内容中的一项，则该标准分别属于分类标准、试验标准和标志标准，而不属于产品标准。过程标准为规定过程需要满足的要求以保证其适用性的标准。以上标准定义既不是对标准进行系统的分类，也不是列出全部可能的标准类别，仅仅给出一些常见的标准类别。这些类别相互间并不排斥，如一个特定的产品标准，如果不仅规定了对该产品特性的技术要求，还规定了用于判定该要求是否得到满足的证实方法，也可视为规范标准。国际标准是由国际标准化组织或国际标准组织通过并公开发布的标准。区域标准指由区域标准化组织或区域标准组织通过并公开发布的标准。国家标准指由国家标准机构通过并公开发布的标准。行业标准指由行业机构通过并公开发布的标准。地方标准指在国家的某个地区通过并公开发布的标准。企业标准指由企业通过，并供该企业使用的标准。

上述定义，从不同侧面揭示了标准这一概念的含义，把它们归纳起来标准主要有以下几个特点：

（1）科学性　将科学研究的成就、技术进步的新成果同实践中积累的先进经验相互结合，研制标准，奠定了标准科学性的基础。这些成果和经验，不是不加分析地写入标准，而是要经过分析、比较、选择以后再加以综合考虑，它是对科学、技术和经验进行消化、融会贯通、提炼和概括的过程。《中华人民共和国标准化法》第四条规定制定标准应当在科学技术研究成果和社会实践经验的基础上，深入调查论证，广泛征求意见，保证标准的科学性、规范性、时效性，提高标准质量。

（2）民主性　标准中所反映的不应是局部的片面的经验，也不是仅仅反映局部的利益，而是同有关相关方包括用户、生产方、政府、科研单位及其他利益相关方进行认真地讨论，充分地协商一致，这样制定的标准才能体现出它的民主性和公正性。《中华人民共和国标准化法》第十五条规定制定强制性标准、推荐性标准，应当在立项时对有关行政主管部门、企业、社会团体、消费者和教育、科研机构等方面的实际需求进行调查，对制定标准的必要性、可行性进行论证评估；在制定过程中，应当按照便捷有效的原则采取多种方式征求意见，组织对标准相关事项进行调查分析、实验、论证，并做到有关标准之间的协调配套。

（3）服务性和合理性　国际标准、区域性标准以及各国的国家标准，是社会生活和经济技术活动的重要依据，是人民群众、广大消费者以及标准各相关方利益的体现，并且是一种公共资源，即标准是公共物品。《中华人民共和国标准化法》第二十二条规定制定标准应当有利于科学合理利用资源，推广科学技术成果，增强产品的安全性、通用性、可替换性，提高经济效益、社会效益、生态效益，做到技术上先进、经济上合理。禁止利用标准实施妨碍商品、服务自由流通等排除、限制市场竞争的行为。

食品标准的概念与标准和食品的概念是密不可分的，结合食品的特点，将食品标准定义为通过标准化活动，按照规定的程序经协商一致制定，为各种食品生产和经营等活动或其结果提供规则、指南或特性，供共同使用和重复使用的文件。

四、标准化

GB/T 20000.1—2014《标准化工作指南　第1部分：标准化和相关活动的通用术语》中对标准化的定义是指为了在既定范围内获得最佳秩序，促进共同效益，对现实问题或潜在问题确立共同使用和重复使用的条款以及编制、发布和应用文件的活动。标准化活动确立的条款，可形成标准化文件，包括标准和其他标准化文件。标准化的主要效益在于为了产品、过程或服务的预期目的改进它们的适用性，促进贸易、交流以及技术合作。标准化可以有一个或更多特定目的，以使产品、过程或服务适合其用途。这些目的可能包括但不限于品种控制、可用性、兼容性、互换性、健康、安全、环境保护、产品防护、相互理解、经济效能、贸易等，这些目的可能相互重叠。适用性即为产品、过程或服务在具体条件下适合规定用途的能力。兼容性即为诸多产品、过程或服务在特定条件下一起使用时，各自满足相应要求，彼此间不引起不可接受的相互干扰的适应能力。互换性即为某一产品、过程或服务能用来代替另一产品、过程或服务并满足同样要求的能力。标准化对象即需要标准化的主体，标准化对象从广义上包括产品、过程和服务，宜等同的理解为包括诸如材料、元件、设备、系统、接口、协议、程序、功能、方法或活动。标准化领域即一组相关的标准化对象，如工程、食品、农业、量和单位均可视为标准化领域。

结合食品概念，食品标准化即为了在既定范围内获得最佳秩序，促进食品相关方共同效益，对食品生产和经营等过程中存在的现实问题或潜在问题确立共同使用和重复使用的条款以及编制、发布和应用文件的活动。《中华人民共和国标准化法》第三条明确指出，标准化工作的任务是制定标准、组织实施标准以及对标准的制定、实施进行监督。县级以上人民政府应当将标准化工作纳入本级国民经济和社会发展规划，将标准化工作经费纳入本级预算。因此，食品标准化工作的基本任务就是要制定食品标准、组织实施食品标准和对食品标准的制定、实施进行监督。食品标准化具有标准化的共同特征，它不是一个孤立的事物，而是一个活动过程，主要包括制定食品标准、组织实施食品标准和对食品标准的实施情况进行反馈与监督、评价以及修订等活动，其主要特征包括：

（1）食品标准化具有动态性　食品标准化是一个动态过程，标准化过程不是一次就完结了的，而是一个不断循环、螺旋式上升的运动过程，是一个发展的过程，符合戴明环（PDCA 循环）管理理念。通过制定、发布、实施、反馈、修订，到再发布、再实施等活动，每完成一个循环，标准的水平就得到提升。食品标准化活动每一个环节和过程相互关联，缺少任何一个都不能很好地发挥标准的作用。

（2）制定食品标准是食品标准化活动的基础　食品标准的制定和发布是食品标准化的基础工作。实现食品标准化的目标和作用，必须通过制定和贯彻具体的食品标准来体现。例如，要规范乳制品类食品的各种行为，需要根据其产品和产业特征，制定乳制品分类和术语、乳制品生产良好操作规范、液体乳、乳粉等产品标准和乳制品检测方法等一系列标准，并且贯彻实施这些标准，达到乳制品生产质量和安全目标。因此，食品标准化活动的中心工作就是要围绕着标准的制修订与实施来展开，这是食品标准化活动的核心。

（3）实施食品标准是食品标准化的关键　食品标准化作为技术支撑的地位与作用只有当食品标准在社会实践中得到实施后才能表现出来，而不是将食品标准制定完毕就束之高阁，而是需要强化标准的实施和监督。只有应用和实践标准才能发挥标准的作用，体现标准的价值，才能发现问题，不断改进和提高食品标准的水平。否则，即使标准数量再多，内容再好，如果在食品生产经营活动中得不到采用和切实的贯彻执行，则充其量只是摆设而已，无任何实际意义。

第二节 食品法律法规与标准关系

法律法规与标准是管理市场经济有序运行的两种必备手段，法律法规与标准在实现国家治理体系和治理能力现代化中都具有重要的地位和作用。二者虽然属于不同范畴的事物，两者之间不是割裂的、互不联系、互不相交的，而是在一定范围和一定领域中相互依存、相互渗透、相互交叉和相互支持的，相互间有着十分紧密的交互联系。在社会活动的诸多领域，都呈现出协调配合的现象和趋势。尤其在市场监管、环境保护、劳动维权以及政务服务等领域，标准与法律呈现出越来越多的共通共存的融合状态。《中华人民共和国标准化法》的制定就是为了加强标准制定、实施等一系列标准化活动，所以标准的制定一定要符合《中华人民共和国标准化法》等相关法律法规规定，避免与法律法规等规定出现矛盾和抵触，为标准的实施造成困难。

一、强制性标准

《强制性国家标准管理办法》（2020 年 1 月 6 日国家市场监督管理总局令第 25 号公布）中规定对保障人身健康和生命财产安全、国家安全、生态环境安全以及满足经济社会管理基本需要的技术要求，应当制定强制性国家标准。这一内容的限定与 WTO/TBT 协定对技术法规的范围界定相一致。《中华人民共和国标准化法》第二十五条规定不符合强制性标准的产品、服务，不得生产、销售、进口或者提供。第三十六条规定生产、销售、进口产品或者提供服务不符合强制性标准，或者企业生产的产品、提供的服务不符合其公开标准的技术要求的，依法承担民事责任。第三十七条规定生产、销售、进口产品或者提供服务不符合强制性标准的，依照《中华人民共和国产品质量法》《中华人民共和国进出口商品检验法》《中华人民共和国消费者权益保护法》等法律、行政法规的规定查处，记入信用记录，并依照有关法律、行政法规的规定予以公示；构成犯罪的，依法追究刑事责任。对于制定主体，《中华人民共和国标准化法》规定国务院有关行政主管部门依据职责负责强制性国家标准的项目提出、组织起草、征求意见和技术审查。国务院标准化行政主管部门负责强制性国家标准的立项、编号和对外通报。国务院标准化行政主管部门应当对拟制定的强制性国家标准是否符合前款规定进行立项审查，对符合前款规定的予以立项。省、自治区、直辖市人民政府标准化行政主管部门可以向国务院标准化行政主管部门提出强制性国家标准的立项建议，由国务院标准化行政主管部门会同国务院有关行政主管部门决定。社会团体、企业事业组织以及公民可以向国务院标准化行政主管部门提出强制性国家标准的立项建议，国务院标准化行政主管部门认为需要立项的，会同国务院有关行政主管部门决定。强制性国家标准由国务院批准发布或者授权批准发布。法

《强制性国家标准管理办法》

律、行政法规和国务院决定对强制性标准的制定另有规定的，从其规定。《强制性国家标准管理办法》中第八条规定强制性国家标准应当有明确的标准实施监督管理部门，并能够依据法律、行政法规、部门规章的规定对违反强制性国家标准的行为予以处理。第九条规定国务院标准化行政主管部门统一管理全国标准化工作，负责强制性国家标准的立项、编号和对外通报。国务院有关行政主管部门依据职责负责强制性国家标准的项目提出、组织起草、征求意见和技术审查。强制性国家标准由国务院批准发布或者授权批准发布。

二、 技术法规

技术法规的概念来自 WTO/TBT 协定附件 1 中规定，技术法规是规定强制执行的产品特性或其相关工艺和生产方法，包括适用的管理规定在内的文件。该文件还可包括或专门关于适用产品、工艺或生产方法的专门术语、符号、包装、标志或标签要求。就本协定而言，技术法规被定义为强制性文件。WTO/TBT 协定明确了技术法规的指定范围：

（1）国家安全要求 这类技术法规的目的是保护国家安全。

（2）保护人身安全或健康 最大量的技术法规和标准是用于保护人身安全和健康，在这方面可以给出大量的实例。如要求汽车必须安装安全带以减少交通事故中的人身伤害，或要求插头插座必须保护使用者不受电击，都属于保护人身安全的法规。保护人身健康法规中的一个最通俗的例子是香烟包装，它要求在烟盒上必须表明“吸烟有害健康”。

（3）保护动植物生命和健康 保护动植物生命和健康的法规也是很通用的法规，它们包括旨在确保受水、空气和土壤污染威胁的动植物不会灭绝的法规。如某些国家规定某些受到威胁的鱼类只有长到一定长度后，才允许捕捉。

（4）保护环境 由于空气、水和土壤受污染日益严重，消费者越来越关心环境，致使很多国家制定了保护环境的法规。这方面法规的实例包括纸和塑料产品的循环使用以及对汽车尾气的限制等。

（5）阻止欺诈行为 大多数这类法规的目的是通过信息（主要是以标签的形式）保护消费者。此外，也包括分类、包装要求、测量（为集合尺寸、质量等）规定来避免欺诈行为。

（6）其他目的 其他目的包括保证质量、技术协调或促进贸易。质量方面的法规，如要求蔬菜和水果必须达到一定的尺寸才能投放市场的法规是在发达国家中非常普通的法规。旨在技术协调的法规在统一的经济区域里也是很常用到的，如欧盟（European Union，EU）和欧洲自由贸易联盟（European Free Trade Association，EFTA）对通信和终端设备所做出的技术规定。GB/T 20000.1—2014《标准化工作指南 第 1 部分：标准化和相关活动的通用术语》中对技术法规的定义指规定技术要求的法规，它或者直接规定技术要求，或者通过引用标准、技术规范或规程来规定技术要求，或者将标准、技术规范或规程的内容纳入法规中。

我国没有技术法规的概念，2001 年 12 月 11 日我国正式加入 WTO，在文件中，我国政府把强制性标准作为技术法规来处理。在 WTO 框架下，我国一直把强制性国家标准作为技术法规进行 WTO 通报，获得了国际社会的普遍认可，也反映出技术法规主要功能是用于涉外技术贸易壁垒问题。目前，标准在法规中的使用和引用为国际通行做法。自愿性标准一旦以法规制定程序转化为强制执行的标准后，则需强制执行。

三、 标准与技术法规

从 WTO/TBT 协定对标准和技术法规的定义可以清楚地看出 WTO/TBT 协定中标准在应用和执行中的自愿性，而技术法规执行的强制性和所包含管理性内容，技术法规是强制性的，只能由被国家法律授权发布强制执行文件的组织发布。国际上标准是非强制性的，可以由任何一级的公认机构发布，如国际组织、区域组织、国家机构、社会团体或者企业（包括生产性事业单位）。由于技术法规一般只规定生产技术领域中的某些基本要求，对于有些细节或具体的技术要求则要靠引用标准才可以实施和具体操作，因此，标准可以说是制定及执行技术法规的重要和必要补充。

标准和技术法规的区别在于技术法规和标准的法律效力不同，技术法规是强制执行的，而标准是自愿执行的。技术法规和标准的制定主体不同，技术法规是由国家立法机构、政府部门或其授权的其他机构制定的文件；而标准则是由公认机构批准的文件。技术法规和标准的制定目的不同，技术法规的制定主要是出于国家安全要求、防止欺诈行为、保护人类健康或安全、保护动植物健康或安全、保护环境等目的，体现为对公共利益的维护；而制定标准则偏重于指导生产，保证产品质量，提高产品的兼容性等。技术法规和标准的内容不同，技术法规为保持其内容的稳定性和连续性，一般侧重于规定产品的基本要求；而标准通常规定具体的技术细节。另外与标准相比，技术法规除了关于产品特性或其相应加工和生产方法的规定之外，还包括适用的管理规定。技术法规和标准的影响不同，技术法规和标准两者都会影响国内外贸易，但技术法规与标准相比，其对国际贸易的影响更大、也更直接，特别是在发达国家已经成为最重要的技术性贸易措施之一。标准具有相对统一的、固定的特性，在理论上是可协调的；而技术法规缺乏这种统一的、固定的特性，常常因国家之间文化特性的差异而不同。制定标准的原则是各方协商一致，而制定技术法规的原则是实现政策目标，标准是受版权法保护的而技术法规不受版权法保护。概括来讲，技术法规和标准从内涵到外延都有诸多不同，属于不同范畴的文件。

目前，在市场经济运行中，有市场主体和市场客体之分。市场主体是指在市场上从事生产和交换活动的组织和个人，包括自然人和法人。法人是指具有民事权利能力和民事行为能力，依法独立享有民事权利和承担民事义务的组织。自然人是指基于自然出生而依法在民事上享有权利和承担义务的个人。法人和自然人都可以是市场行为的发起者、组织者和操作者，在所有参与经济活动的主体中，企业是最重要的市场主体。市场客体是指用于市场交换的指向物，即用于交换的物品和劳务。食品行业不但有成千上万种物品，还有与经营和使用这些物品直接、间接有关的各种劳务，直接的有以体力形式支出的劳务，间接的有以咨询、法律事务或会计事务等形式支出的劳务，这些也是市场客体。主体和客体在市场上的相互运作需要协调和管理，而协调和管理的准则就是法律法规。市场经济是法制经济，法制经济的市场需要政府依据法律和法规来管理。因此，在市场经济条件下，市场主体是由国家制定的法律、法规来规范和管理的。市场行为客体靠的是标准管理。比如作为消费者判断所购买的商品是否满足我们的要求，可以通过该商品是否达到了标准要求来衡量，这就是标准管理市场客体的意义所在。可见，只有市场行为主体遵守法律和法规的各项要求，市场行为客体严格遵行标准的各项规定，市场经济才能正常有序地运行。

虽然技术法规和标准在概念上有着严格区分，但二者之间仍然是一个有机整体，有着千丝万缕的联系。要保持市场经济良好的秩序，必须要有完善的标准体系来支撑法律法规体系的实施，否则，再好的法律法规也难以实施到位。只有法律法规与标准相互配套，发挥各自特有的功能，才能确保市场经济的正常健康运行，促进社会经济的发展。目前，随着我国人民生活水平大幅提升，消费者对食品质量安全有了更高追求。党的十九大报告明确提出实施食品安全战略，让人民吃得放心，我们国家对食品行业发展提出了高质量发展要求，食品法律法规与标准是保障公众健康的基础，是引导食品企业高质量发展的依据。

第三节　我国食品法律法规与标准化历程

一、 我国食品法律法规发展历程

经过几十年的努力，我国在食品领域初步形成了以《中华人民共和国食品安全法》为核心的食品法律法规体系，这为我国进行统一、有效的食品监管提供了制度保障。我国食品法律法规体系的发展大致可划分为四个阶段，包括起步期、发展期、完善期和成熟期。

1. 起步期

1949—1966 年为我国食品法律法规初创时期，这一阶段是食品立法的起始阶段，我国陆续颁布了一些零散的食品卫生管理办法，使食品卫生法规从无到有发展起来，法律法规的主要内容涉及屠宰场及场内卫生，兽医，集体伙食单位储存和加工冬春季自用蔬菜，牛羊肉经营中的回民风俗习惯注意事项，猪禽疫病防治，布鲁菌病防治，军用饮食供应，食品卫生等方面。从 1953 年开始，我国粮食、食油、副食开始进行统购统销，到 1955 年就全面实行了“以人定量”和“以行业定量”的计划供应制度以及凭证、凭票供应的购销体制。该阶段食品卫生的主要问题决定了该时期我国食品安全监管工作只能围绕食品是否卫生、是否中毒等是否危害人体健康的问题而展开。当时人们对现代意义上的食品安全还没有明显的需求，再加上计划经济时代国有企业并非以盈利为唯一目的，在政府的直接指挥和监督下，食品假冒仿冒问题十分少见，政府部门也只是对源于食品卫生引发的疾病问题进行管理，对食品安全的监督管理也比较简单。1953 年卫生部颁布了《关于统一调味粉含麸酸钠标准的通知》和《清凉饮食物管理暂行办法》等，其中《清凉饮食物管理暂行办法》是新中国成立后发布的第一部食品卫生规章，目的就是为了管理因冷饮不卫生而引起的食物中毒和肠道疾病频繁暴发的问题。1954 年，卫生部下发了《关于食品中使用糖精含量的规定》。1954 年以前，中央主要由卫生部负责管理食品卫生，地方由省、市、自治区以及县级的卫生防疫站开展食品卫生监督检验和管理工作，防疫部门是这一阶段地方管理主体。1956 年后卫生部按照职权划分联合相关部门发布了一些管理办法，如 1956 年国家建设委员会、卫生部联合颁布了《有关饮用水的标准卫生规程》；1958 年轻工业部、卫生部、第二商业部颁发了《乳与乳制品部颁标准及检验方法》；1959 年由农业部、卫生部、对外贸易部、商业部联合颁发了《肉品卫生检验试行规程》；1959 年由农业部、卫生部、对外贸易部、商业部联合颁发《关于肉品卫生检验试行规程》。为防止食物中毒，1960 年国务院批准了卫生部、国家科学技术委员会、轻工业部提出的《食用染料管理办法》，纠正了当时滥用有毒、致癌色素的现象等。这些法律法规中国务院批转的卫生部、商业部等五部委发布的《食品卫生管理试行条例》（1965 年 8 月 17 日颁布）具有较大影响。该条例的发布标志着我国食品卫生管理进入了全面管理阶段，其明确规定食品生产、经营包括生产、加工、采购、贮存、运输、销售等环节，将监管范围、层次进行了扩大。初步构建起我国食品卫生管理的模式，第一次确立了卫生部在食品管理中的地位，明确了管理职责及其与相关各部门的关系。这一时期，我国食品法律法规特点是颁布法规的部门不多，国务院、卫生部、商业部、轻工业部和粮食部为主要颁布部门，农业部、铁道部等部门在联合发文中也有出现。这一时期主要关注的是食品数量，在此基础上提出了食品卫生管理。从历史的角度来看，这一时期的法律体系具有较为明显的首创性、试验性、管制性以及模糊性等特点。1966—1978 年，这一时期食品安全立法数量较少，发布单位相对单一，以商业部颁发为主。食品法律法规体系的正式起步以 1979 年国务院颁布《中华人民共和国食品卫生管理条例》为标志，表明国家将对食品生产经营进行法治管理。这一时期的食品安全法律体系具有明显的严格性、专业性、细致性以及单一性。这一阶段也是我国食品安全管理工作迈向法制化的前期准备阶段，同时也是由起步阶段的单项管理、单一渠道管理向全面管理、多渠道管理的过渡。

2. 发展期

1978—2004 年为我国食品安全立法的高峰时期，颁布的食品法律法规数量总体呈现逐年上升的趋势，另外所涉及的食品种类繁多，现代食品安全概念在法律法规体系中逐步显现。同时，食品法律法规颁布的部门众多，包括全国人民代表大会常务委员会、国务院、最高人民法院、最高人民检察院、卫生部、农业部、国家质量监督检验检疫总局、商务部、国家食品药品监督管理局、工商行政管理总局、粮食局、教育部、铁道部、交通局、建设部等多个部门。随着科学技术的发展，以及人们对食品安全认识的加深，法律法规中对于食品生产加工各环节的规定越来越多、越来越详细，加快了对食品生产经营的监督和管理。1982 年，全国人民代表大会常务委员会制定了我国第一部专门针对食品卫生的法律，即《中华人民共和国食品卫生法（试行）》，结束了我国在食品领域缺乏专门基本法的立法空白。在总结前期经验教训的基础上，1995 年颁布实施《中华人民共和国食品卫生法》，该法具有综合性、责任性以及多元性的特征。《中华人民共和国食品卫生法》对保证食品安全、保障人民群众身体健康，发挥了积极作用，我国食品安全的总体状况不断改善。但是，食品安全问题仍然比较突出，不少食品存在安全隐患，食品安全事故时有发生，人民群众对食品缺乏安全感。2001 年我国加入 WTO，外部压力推动着食品监管改革和食品安全立法进程，2004 年 7 月 21 日国务院第五十九次常务会议和 2004 年 9 月 1 日国务院发布的《国务院关于进一步加强食品安全工作的决定》（国发〔2004〕23 号），要求法制办抓紧组织修改《中华人民共和国食品卫生法》。2005 年 11 月和 2007 年 4 月，全国人民代表大会教育科学文化卫生委员会先后两次召开修订食品卫生法座谈会。在反复研究和论证各方面意见的基础上，法制办会同国务院有关部门对食品卫生法修订草案做了进一步修改，并根据修订的内容将食品卫生法修订草案名称改为食品安全法草案。食品安全法草案于 2007 年 10 月 31 日国务院第一百九十五次常务会议讨论通过提交十届全国人民代表大会常务委员会审议，于 2007 年 12 月 26 日十届全国人民代表大会第三十一次会议初审，2008 年 8 月 25 日十一届全国人民代表大会第四次会议二审，然后经过 2008 年 10 月 23 日十一届全国人民代表大会第五次会议三审和 2009 年 2 月 25 日十一届全国人民代表大会第七次会议四审，最终于 2009 年 2 月 28 日审议通过。

3. 完善期

经过多年的修改完善，《中华人民共和国食品安全法》取代了《中华人民共和国食品卫生法》。《中华人民共和国食品安全法》的颁布实施跨越两届全国人民代表大会、历经四次审议，最终颁布并于 2009 年 6 月 1 日起施行。《中华人民共和国食品安全法》标志着我国食品法律法规体系建设进入一个新的时期。食品安全法律体系涵盖的内容日益丰富，逐步确立了包括管理办法、手段以及程序在内的综合性的法律体系，各种许可监督制度也相继建立，明确各行政机关及其工作人员的职权，使得权力和责任相统一。随后，2009 年 7 月 24 日《中华人民共和国食品安全法实施条例》出台，进一步完善了《中华人民共和国食品安全法》，在规范食品生产过程、保障食品安全方面发挥了巨大的作用。食品质量安全整体水平得到很大提升，食品生产经营环境也越来越好。这两部重要法律法规的实施，是我国食品安全法律体系进入完善期的重要标志。

4. 成熟期

党的十八大以来，党中央和国务院致力于进一步改革完善我国食品安全监管体制，希望建立起最严格的食品安全法律法规制度，以此推进我国食品安全的社会共治格局。为了固化食品监管体系的改革成果，完善监管制度机制，解决当前食品领域存在的突出问题，从法律法规角度维护食品安全，为最严格的食品监管提供制度保障，立法部门提出了修改现行《中华人民共和国食品安全法》的意见。经第十二届全国人民代表大会常务委员会第十四次会议审议，新修订的《中华人民共和国食品安全法》于 2015 年 4 月 24 日表决通过并于同年 10 月 1 日正式施行。此次修订重点完善了四个方面：首先是对生产、销售、餐饮服务等各个过程实施最严格的全程追溯制度，加强生产经营者的管理责任；其次是建立更加严格的监管处罚制度，对违法生产经营行为加大处罚力度，构成犯罪的，依法严肃追究刑事责任；再次是完善风险监测、风险评估制度，统一食品安全标准，增加了责任约谈、风险分级管理等制度；最后是动员多种力量，建立有奖举报和责任保险制度，发挥各行业监督作用，形成社会共治格局。该法加大了对食品安全的监管力度，强调一个“最”字，即标准最严谨、监管最严格、处罚最严厉、问责最严肃。为了完善《中华人民共和国食品安全法》，根据2018年12月29日第十三届全国人民代表大会常务委员会第七次会议《关于修改〈中华人民共和国产品质量法〉等五部法律的决定》第一次修正了《中华人民共和国食品安全法》。2021年4月29日第十三届全国人民代表大会常务委员会第二十八次会议对《中华人民共和国食品安全法》进行了第二次修正。近年来，不论是法律、行政法规、部门规章，还是地方性政府规章以及其他规范性文件，食品方面的法律法规不断完善，法律责任更加清晰，对于违法行为的惩处逐渐健全，覆盖民事、行政以及刑事责任。

目前，我国已形成以《中华人民共和国食品安全法》为核心，《中华人民共和国产品质量法》《中华人民共和国标准化法》《中华人民共和国计量法》等法律相协调，《中华人民共和国食品安全法实施条例》《农业转基因生物安全管理条例》《乳品质量安全监督管理条例》《国务院关于加强食品等产品安全监督管理的特别规定》等法规和《食品经营许可管理办法》《食品召回管理办法》《网络餐饮服务食品安全监督管理办法》《食品安全国家标准管理办法》《新食品原料安全性审查管理办法》《食品添加剂新品种管理办法》《食品相关产品新品种行政许可管理规定》等规章相配套的法律法规体系，为食品生产经营等活动监管提供了制度保障。

二、食品标准化发展历程

标准化是人类实践的产物，它是社会发展到一定阶段必然出现的。它随着生产的发生而发生，又随着生产的发展而发展，一方面受生产力水平的制约，另一方面又为生产力的发展创造条件和开辟道路，经济和科学技术的发展是标准化发展的动力。经过半个多世纪的发展，我国食品行业从尚不能满足温饱到基本满足人们的需求，发生了翻天覆地的变化。伴随食品工业的发展进步，我国食品现代标准化发展大致划分为三个阶段，包括起步期、发展期和完善期。

1. 起步期

20世纪50—70年代是中国食品标准化发展的初级阶段。此阶段，我国的标准化管理体制是为适应计划经济而建立的。20世纪50年代初期，我国食品工业仅有2000家食品企业，具有一定规模的只有几百家，大部分食品企业都沿袭手工业作坊式的生产方式，国家管理部门和企业没有形成食品标准化这一概念。1950年，全国粮食加工会议拟定了“八一粉”“九二米”质量标准方案。第一个五年计划（1953—1957年）时期，食品工业企业开始学习苏联经验，强化技术管理，制定食品加工工艺规程和卫生管理制度，有的领域如制糖、酿酒、罐头等对少数产品制定了产品标准，按标准组织生产和检验。从此，标准化这个概念开始步入食品工业中某些具有规模的企业。1958年以后，由于种种历史原因，全国标准化工作受到严重挫折，刚刚起步的食品工业标准化工作雏形被冲击。1962年，国民经济调整时期，中央强调产品质量，食品标准化工作开始得到恢复和加强。1963年，国务院制定了《一九六三年至一九七二年标准化发展规划》，并在全国着手组建各级标准化管理机构和标准化归口单位，负责国家标准和行业标准的制修订工作。当时的食品工业管理主要分布在轻工业部、商业部、农业部、农垦部、外贸部和供销合作总社等系统，食品标准的制定也由这些部门发布的为主。

2. 发展期

20 世纪 80 年代是我国食品标准化的发展阶段，这一时期成立了标准化管理机构，并颁布了标准化管理办法。1978 年，国家标准总局成立，1979 年 3 月，国家标准总局召开了全国标准化工作会议，制定了“加强管理，切实整顿，打好基础，积极发展”的标准化工作思路。同年 7 月，国务院颁发了《中华人民共和国标准化管理条例》，这是我国发布的第一部标准化法规，是我国标准化发展中的崭新里程碑。在此背景下，我国食品标准化工作进入较快发展时期。这一时期，同时还成立了一批标准管理技术机构，在组织上保障了食品标准化工作的开展，推进我国食品标准化逐步进入规范化轨道。1980 年 10 月，成立了全国食品添加剂标准化技术委员会（TC11），这是我国食品行业成立的第一个标准化技术委员会，该技术委员会成员由轻工业部、商业部、化工部、卫生部等部门选派专家组成，秘书处设在卫生部原食品卫生监督检验所。食品添加剂标准化技术委员会的主要工作任务是全面规划制、修订食品添加剂国家标准和行业标准的长远规划和年度计划；组织制、修订食品添加剂国家标准和行业标准；组织技术审查食品添加剂国家标准和行业标准，并提出审查结论。1982 年 11 月 19 日，第五届全国人民代表大会常务委员会第二十五次会议批准颁布了《中华人民共和国食品卫生法（试行）》，该法规定我国食品卫生国家标准由国务院卫生行政部门制定或者批准颁布。1985 年 11 月 15 日，国家标准局国标发〔1985〕655 号文批准成立了全国食品工业标准化技术委员会（TC64）。1988 年 12 月 29 日第七届全国人民代表大会常务委员会第五次会议，通过了《中华人民共和国标准化法》，自 1989 年 4 月 1 日起施行，该法对我国标准化工作起到了积极推动作用。1988 年，国家标准局、国家计量局、国家经贸委质量局合并组建国家技术监督局。1990 年 5 月 15—18 日，国家技术监督局在北京召开全国贯彻《中华人民共和国标准化法》工作会议，会议的宗旨是依照《中华人民共和国标准化法》及其配套的《中华人民共和国标准化法实施条例》法规，动员和部署清理整顿现行标准，使标准化工作纳入依法管理的轨道。国家技术监督局要求各部门、各行业用 3 年时间，完成现行各级标准的清理整顿，食品标准也在清理整顿之列，这是我国第一次对食品标准开展的全面摸底、清理。1993 年 10 月 20 日，国家技术监督局发布公告，公布了食品标准清理整顿情况。经过标准的全面清理整顿，到 20 世纪 90 年代中期，我国初步建立起食品标准体系。这一时期，食品标准化管理也基本实现了“统一协调食品标准计划，集中审查标准草案，主管部门协调发布”的管理模式，我国食品标准化事业也步入了法制化、规范化的轨道。

3. 完善期

20 世纪 90 年代中后期后，国家级标准化机构，即国家标准化管理委员会的成立，是我国食品标准化巩固、充实、完善，向国际标准接轨的重要阶段。国务院授权由国家标准化管理委员会统一管理全国食品标准化工作。与食品相关各行业主管部、委，即国家发展和改革委员会、农业部、商务部、卫生部、国家质量监督检验检疫总局、国家食品药品监督管理局、国家粮食局等，受国家标准化管理委员会委托，分设标准化主管部门，主管各行业的食品标准化工作。一些与食品相关的原行业主管部门，已改为行业协会、联合会，如中国轻工业联合会、中国商业联合会等，也设立了标准化机构，受国家标准委委托主管标准化工作。在省、自治区、直辖市一级的质量技术监督局设有标准化处，地市一级设有标准化科，负责管理本行政区域内的食品标准化工作。这一阶段，我国又相继制定、修订出台了一些法律和部门法规，进一步强化了食品标准化的基础性地位。同时，我国食品标准体系也进一步完善，主要是修订了部分标龄较长、水平较低的食品标准，也制定了一些市场经济急需的食品产品标准。2001—2005 年期间，根据国务院加强食品安全管理的有关规定，国家标准委专门组织对已有的农业标准和食品标准（包括国家标准和行业标准）进行清理整顿工作，这是新中国成立以来我国食品标准化工作的第二次重大调整和完善，基本指导思想是“调整理顺食品标准体系框架、促进我国标准与国际标准接轨、废止不适用的标准”。在新型食品标准体系框架的指导下，这次清理整顿对我国食品标准体系做出了最大幅度的调整，不仅包括整个标准体系结构，而且包括标准的内容。另外，废除内容重复、实用性差的标准力度很大。国家标准委自成立以来，紧紧围绕“加快食品发展、促进食品贸易、保证食品安全”开展大量工作，首先理顺食品安全（卫生）标准的管理机制，并会同农业部、卫生部等部门开展农业标准、食品标准的清理，同时编制发布《全国农业标准 2003—2005 年发展计划》和《全国食品标准 2004—2005 年发展计划》。我国食品标准化由国家标准化管理委员会统一管理，各部门相互协作的工作机制和工作模式基本形成。通过对食品标准清理，主要取得了三个方面的成效：一是食品国家标准、行业标准之间存在的交叉、重复和不协调的问题基本得到解决；二是食品标准体系结构更加清晰、合理，如在清理中确定了将涉及食品安全的食品添加剂、农药残留、微生物、污染物、生物毒素等限量要求进行整合，各自形成一项综合标准，以便于维护和产品标准引用，从而避免产生新的交叉、重复和矛盾；三是理清了今后食品安全标准体系建设工作的思路，清理过程中确定的食品标准制修订范围、标准性质等原则，对今后食品标准体系建设具有指导作用。直到 2009 年，我国的食品标准管理又进行了调整。《中华人民共和国食品安全法》（2009 年 2 月 28 日第十一届全国人民代表大会常务委员会第七次会议通过）第五条规定国务院卫生行政部门依照本法和国务院规定的职责，组织开展食品安全风险监测和风险评估，会同国务院食品安全监督管理部门制定并公布食品安全国家标准。第二十四条规定制定食品安全标准，应当以保障公众身体健康为宗旨，做到科学合理、安全可靠。第二十五条规定食品安全标准是强制执行的标准。除食品安全标准外，不得制定其他食品强制性标准。第二十六条规定食品安全标准应当包括下列内容：①食品、食品添加剂、食品相关产品中的致病性微生物、农药残留、兽药残留、生物毒素、重金属等污染物质以及其他危害人体健康物质的限量规定；②食品添加剂的品种、使用范围、用量；③专供婴幼儿和其他特定人群的主辅食品的营养成分要求；④对与卫生、营养等食品安全要求有关的标签、标志、说明书的要求；⑤食品生产经营过程的卫生要求；⑥与食品安全有关的质量要求；⑦与食品安全有关的食品检验方法与规程；⑧其他需要制定为食品安全标准的内容。第二十七条规定食品安全国家标准由国务院卫生行政部门会同国务院食品安全监督管理部门制

《国家标准化发展纲要》主要内容

定、公布，国务院标准化行政部门提供国家标准编号。食品中农药残留、兽药残留的限量规定及其检验方法与规程由国务院卫生行政部门、国务院农业行政部门会同国务院食品安全监督管理部门制定。屠宰畜、禽的检验规程由国务院农业行政部门会同国务院卫生行政部门制定。

新时代推动高质量发展，全面建设社会主义现代化国家，迫切需要进一步加强标准化工作。为统筹推进标准化发展，中共中央、国务院 2020 年 10 月印发了《国家标准化发展纲要》，为未来 15 年我国标准化发展设定了目标和蓝图。

第四节　我国食品法律法规与标准化的重要作用

一、 食品法律法规重要作用

市场经济是法治经济，所谓法治就是依法治理，法治是人类文明的结晶，是社会发展的产物和社会进步的标志。市场经济的秩序必须通过法治来形成和维持，因此，法治是市场经济的必备条件和基本特征。法是建立在一定经济基础之上的上层建筑的重要组成部分，其性质由产生它的经济基础性质决定，另外，法可反作用于产生它的经济基础，促进或阻碍生产力的发展，对社会进步起带动作用或反作用。市场经济条件下出现的法律是适应商品经济的需要而产生的，同样，市场经济的发展也需要通过法律来加以规范和保障。法律法规对市场经济的规范作用主要表现在规范市场经济运行过程中政府和市场主体的行为，明确什么是合法的，或者法定应该无条件执行的；什么是非法的，或者法定必须明令禁止的。在我国市场经济和企业行为还不够完善和规范的情况下，运用国家政权的力量，制定规范市场经济运行的法规，对不合理的经济行为实行必要的干预，是非常重要的一个措施。建立市场经济的法规体系是一个庞大的系统工程，市场经济的法规体系包括宪法、市场主体法、市场主体行为规则法、市场管理规则法、市场体系法、市场宏观调控法、社会保障法以及民法。宪法规定了我国的经济制度、政治制度以及调整经济关系的基本原则，还规定了各项立法应遵循的基本原则，因此，宪法是市场经济法规体系建设的依据和基础，只有以宪法为基础，才能保证法制的统一。市场主体法是市场主体组织形式和地位的法律规范，市场主体就是以企业为主的法人，以及事业性质的法人，主要法律包括公司法、合资企业法、国有企业法、集体企业法、个人企业法及破产法等。市场主体行为规则法是关于市场主体交易行为的法律规范，包括物权法、债权法、票据法、证券交易法、保险法、专利法、著作权法、商标法及广告法等。市场管理规则法是规定市场平等竞争条件，维护公平竞争秩序的具有普遍性的法律规范，包括反不正当竞争法、食品安全法、计量法、标准化法等。与食品生产有关的法律主要涵盖于市场管理规则法之中。市场经济是自主性经济，要求法律确认市场主体资格，平等保护市场主体的财产权；市场经济是主体地位平等的经济，要求法律确认所有人的平等地位，平等地享有权利和义务；市场经济是契约经济，要求法律确认契约是处理经济关系的法律形式，并保护契约在市场经济中的作用；市场经济是竞争经济，要求法律维护和保障正当竞争，限制和惩处不正当竞争；市场经济是开放的经济，要求法律不断进行调整，与国家法规接轨，营造统一开放的国内市场和全球化的国际市场。法律对市场经济的保障主要表现为两个方面，一是利益保障，即通过法律及时制止侵犯他人、集体或国家利益的违法犯罪行为，以保障市场经济；二是秩序保障，即通过法律的引导来促进市场行为在一定的秩序中正常进行，以保障市场经济的发展。

二、 食品标准化重要作用

食品标准化的主要作用表现在以下几个方面。

1. 食品标准化推动科技创新

标准是科技成果转化的桥梁和纽带，标准是科技创新的基础和支撑，标准是科技再创新的动力和源泉。一方面，食品标准是以食品科学技术综合成果为基础建立的，制定标准的过程就是将其与实践积累的先进经验相结合，经过分析比较加以选择，并归纳提炼以获得最佳秩序。通过食品标准化工作，还可将小范围内应用的新产品、新工艺、新材料和新技术纳入标准进行推广应用，可促进食品科学技术创新。食品标准化是食品科学研究与生产之间的桥梁，任何一种食品科研成果，不管是新产品、新工艺、新材料还是新技术，只有当它被纳入食品标准贯彻到食品生产经营活动中之后，才会得到迅速的推广和应用，否则就不能发挥应有的作用。另一方面，也应该重视通过引进先进食品标准来大力推广先进食品科学技术。食品标准本身是各种技术和经验的结晶，采用和推行先进标准是难得的技术推广，国际标准中包含了许多先进技术，采用和推广国际标准是世界上一项重要的技术推广。因此，目前我国已把积极采用国际标准和国外先进标准作为一项十分重要的技术经济政策，显然，这些先进标准起到了推广、应用国外先进技术的桥梁作用。食品标准化促进了新技术的推广应用，使生产水平提高一步，转过来又向科研提出了新课题，再研制出新成果，之后再通过标准化扩大应用，这样周而复始，在食品标准化活动交替发展中使社会生产力不断发展。

2. 食品标准化促进产业发展

现代化的大生产是以先进的科学技术和生产的高度社会化为特征的。前者表现为生产过程的速度加快、质量提高、生产的连续性和节奏性等要求增强；后者表现为社会分工越来越细，企业之间的经济联系日益密切。这种社会化的大生产，必定要以某种秩序的建立为前提，而食品标准化是食品产业组织现代化生产的必要条件和手段，可以起到引领食品产业发展、规范食品产业发展和优化食品产业发展的作用。食品标准的制定可丰富食品产品种类，使食品产品品种系列化、专业化和规模化，可降低生产成本和提高生产效率；同时，还可确保由不同生产商生产的食品产品和服务实现兼容和匹配。市场竞争不仅是食品产品品种和质量安全方面的竞争，也是产品价格、交货期限和服务等的竞争，因此，企业采用先进的标准、现代化的手段快速销售产品，是提高食品企业适应市场竞争时效性的需要。

3. 食品标准化有利于企业现代化科学管理

科学管理的创始人泰勒曾说过："正像当年工业革命引进机器一样，引进科学管理必将结出丰硕之果"。他把标准化引进到管理科学中，"使所有的工具和工作条件实现标准化……"他又把标准化列为科学管理四大原理的首要原理。后来，他在论述科学管理的机制时，又进一步重申："使所有专业工具、设备以及工人做各种工作时的每一个操作都达到标准化"。可见，他把标准化看作实现科学管理的主要基础。

4. 食品标准化影响国际贸易

为了保证国际经济贸易活动正常有序地开展，国际上已经和正在形成一系列统一通行的国际经贸条约、规则和惯例。在国际贸易中，一种很重要的贸易壁垒就是技术壁垒，它主要是以商品质量标准和商品生产企业质量体系限制不需要的商品进口和限制销售。其中，标准化是国际通行条约和惯例做法的一个重要组成部分，是国际贸易中需要遵守的技术准则。同样，我国也可以通过高的标准及其生产企业质量体系标准筑起技术壁垒限制不合格商品进口，保护我国人民利益；当然，还可以通过采用国际标准和国外先进标准打破国外的技术壁垒，开拓我国商品销售的国际市场。因此，在产品或服务进入国际市场、参与国际竞争的过程中，就必须了解、参与和遵守这些条约和规则。在这个全球统一大市场的发展过程中，世界各国以及 WTO 意识到标准在建立共同遵守的规则方面，在保证商品质量和提高市场信任度方面，在维护公平竞争秩序加速商品流通方面，尤其是在消除或减少贸易壁垒，促进贸易发展方面的作用，对标准化予以格外关注。我国作为 WTO 成员，要积极参与国际标准化活动，积极采用国际标准以促进国际商贸活动中货物的自由交换。因此，标准化还是市场经济活动国际性的技术纽带。WTO/TBT 协定规定成员方制定本方技术法规、标准和合格评定程序时，要以国际标准为基础，要尽可能地采用国际标准。世界贸易组织/实施卫生与植物卫生措施协定（Agreement of Sanitary and Phytosanitary Measures，SPS 协定）中规定成员方制定卫生和植物卫生措施时，应采取协调一致、共同采用国际标准的原则，成员方应将本方的措施建立在已有的国际标准、准则或建议的基础上。

5. 食品标准化促进产品质量提高

标准、计量和合格评定是国家质量基础支撑，没有标准，计量和合格评定会因缺少统一的依据而无的放矢。产品质量是指产品适合一定用途并能满足国家建设和人民生活需要所具备的质量特性。这些特性一般概括为食品感官指标、理化指标、微生物指标等方面。食品标准就是衡量食品这些质量特性的主要技术依据，没有标准，或者有了标准不严格认真实施，产品质量安全往往不能得到保证。标准对产品的质量安全指标、检验方法及包装和储运条件等做出明确规定，严格按照标准组织生产和依据标准进行产品检验，可确保食品的质量安全。市场竞争的实质是产品质量和人才的竞争，但有的企业产品质量标准检验合格，却不能占领市场，问题的原因在于食品企业是否制定了符合市场与不同顾客群需求的产品标准，是否建立起以食品标准为核心的有效运转的企业标准体系，是否将产品标准化向纵深推进，运用多种标准化形式支持食品开发。因此，标准化才是促进食品质量提高和赢得市场竞争的金钥匙。另外，专业化是社会化生产的必然发展趋势，也是提高劳动生产率的重要手段，其实质是把同类产品或其要素集中起来加工，使生产批量扩大，以便采用专门化高效率的技术装备，取得高质量和高效率。而标准化工程的运用可稳定产品结构、扩大生产数量，从而促进新技术的应用并提高专业化水平。同时，市场经济是竞争经济，市场主体运用标准化加快新产品开发或执行先进的质量安全标准，可以提高食品的质量安全和竞争力。

6. 食品标准化保护相关方权益

市场经济的良好运转，不可能完全靠进入市场的经济主体来维护，国家的干预是必要的。维护公平竞争、保护消费者权益是政府义不容辞的责任。因为食品标准与市场上的商品直接相关，同时标准又是在有关各方共同参与并有效协调的基础上制定的，它就可以作为市场调节的一种工具，为生产者、销售者、消费者所认同，既可直接推动市场交易，又可成为政府对市场实施干预、维护公平竞争、保护消费者利益的手段。对于食品的属性和质量安全，消费者所掌握的信息远不如生产者，这使消费者难以在交易前正确判断食品质量安全，但是，借助于标准，可以表示出食品所满足的最低要求，帮助消费者正确认识产品的质量，以减少市场信息的不对称状况，同时也可提高消费者对食品的信任度。通过法规规定要求企业在食品标签或说明书中标明采用的标准，既便于政府和消费者监督，又有利于企业保护自身利益。标准是市场经济活动的合同、契约和纠纷仲裁的技术依据，如合同中应明确规定产品质量和产品安全性的标准，并以此作为供需双方检验产品质量的依据，所以，标准能使供需双方在产品质量问题上受到保护和制约。

7. 食品标准化有利于产业可持续发展

尽管人们已认识到良好环境对提高生存质量和保证可持续发展极其重要，各国政府也纷纷加强对环境的监管力度，但在食品标准规范下进行生产是降低生产对环境负面影响的有效手段之一。近年来，食物节约正逐渐成为我国社会各个年龄层人群的共识。一方面，在气候变化的大背景下，人们意识到农业以及食物加工会产生巨量碳排放，节约食物本身就是环保之举，可为遏制全球变暖作贡献；另一方面，我国食物浪费情况确实较为严重。从统计数据可以看出，农业生产、食物加工和批发零售等环节浪费的食物比例高达 34%。这也意味着，食物从生产到消费整个产业链存在着严重的浪费。有的专家认为，片面追求商业利益是造成食物浪费的重要原因。例如追求食物好卖相，很多农产品在收获阶段便因为长成了“歪瓜裂枣”等形状而被弃置；还有物流过程中的小磕碰，也让大量农产品在运抵超市后没来得及上货架就被扔掉。另外，有些蔬果经过清洗、切分或包装等工业化预处理，而这些产品为了满足流水线自动化处理要求，大量产品因为长短粗细不适合机械清洗而被丢弃。再加上追求商业利益最大化也体现在食物组织对食物保质期的设定上，为了避免可能出现的责任以及多销售产品，加工食物标注的保质期往往有很大余地。有些食物往往在保质期过后的数周、数月乃至数年后仍能正常食用。中国以全世界 7%的耕地面积供养着 20%的人口，食物安全问题备受关注。目前，我国的食物损失和浪费形势却十分严峻，其中消费端的浪费情况最为严重。食品标准化可减少整个供应链中的食物损失和浪费，不仅可以节省生产者、消费者以及政府的开支，更为重要的是未来将在一定程度上减轻人口增长对食物需求的压力，为保障食物安全提供另一条重要选择途径；同时可以降低来自食物供应链中的负面环境影响，改进食物系统效率，这也是可持续食物生产以及可持续食物消费的重要内容之一。

标准既是一个企业、一个民族、一个国家核心竞争力的重要组成部分，也是合法保护我国权益的坚盾。科技进步日新月异，生产要素流动和产业转移加快，国际环境复杂多变，影响食品质量和安全的因素日益增多，对我国食品标准化的发展提出了新的挑战。如何按照我国经济社会发展目标以及消费结构变化方向，科学分析食品标准化工作的现状和发展趋势，合理制定标准，对于全面提高我国食品质量安全水平和国际竞争力具有重要的战略意义。

第五节　食品法律法规与标准研究的内容及意义

一、 食品法律法规与标准研究内容

食品法律法规与标准的研究对象是“从农场到餐桌”的食品相关产业链的全过程的质量安全有关法律法规与标准，从标准与法规的制定与完善层面，提高我国食品质量安全水平、保护自然环境、促进市场贸易和规范企业生产。需要不断研究食品法律法规实施和食品标准化活动过程中的规律和方法，涉及食品生产与经营等活动，既包括法律法规与标准的制定与实施，又涵盖有关监督与评价；既要规范协调企业和消费者双方，又要涉及政府、行业组织等管理机构，还要涉及监督和评价等机构。因此，食品法律法规与标准注重研究和食品有关的法律法规和管理制度，法规的产生、规定要求、实施以及变化的规律以及基于食品生产经营活动中需要制定、实施和监督评价的食品标准，构建和完善食品标准体系等。考虑到食品法律法规与标准学科的综合性、系统性和动态发展性，主要研究内容可包括食品法律法规与标准体系的研究和分析，研究我国食品法律法规与标准中的具体规定和要求，分析研究我国现行食品法律法规与标准对于食品监管规定的进步与不足，探索构建我国法律法规与标准体系的有效途径，提出完善我国法律法规与标准的措施和建议等。具体研究内容应体现在法律法规与标准概念、功能及相互关系，法律法规与标准对市场和贸易的影响，食品法律法规与标准基础知识，国内外食品法律法规与标准，食品标准化基础知识，我国的食品标准制定、实施、监督与评价等方面。

二、 食品法律法规与标准研究意义

随着我国国民经济的快速发展和人民对美好生活的向往，对食品质量安全提出了越来越高的要求，食品法律法规与标准研究将在人们社会和经济生活中发挥重要的作用。

1. 有利于维护公民和国家利益

从社会法治的角度来讲，保障公民能够安全摄取食物，维持基本的生理机能，是人权中生命健康权的核心内容，也是社会主义法治的基本要求。食品安全问题是关系到人民群众日常生产、生活和整个社会可持续性发展的理论和实践课题，切实完善食品法律法规与标准体

系，加强我国食品安全监管，保证食品生产、销售等环节的安全、稳定，不仅有利于保障公民的生命和身体健康权不受侵犯，还有利于维护社会主义市场经济秩序，完善社会主义法治社会。

2. 满足消费者食品营养与健康的需求

人民群众收入的增加和生活水平的提高为食品工业发展提供了广阔的市场空间。随着我国国民经济的发展和居民消费的多样化，恩格尔系数将逐步下降，但食品消费的总量仍将不断增加，食品消费的档次、结构也将发生较大变化，一些营养与健康食品有较大的需求增长潜力，对优质品牌的消费意识将普遍增强。因此，完善食品法律法规与标准体系，进一步为食品生产经营活动提供制度保障和技术支持，可满足消费者对食品营养与健康的需求。

3. 扩大对外贸易的需要

食品安全问题已经成为一个世界性的问题，由食品安全问题引发的国际贸易中的绿色贸易壁垒愈演愈烈，并且对我国食品出口贸易的影响日益明显。在我国国民经济中，食品工业已成为第一大产业，同时我国也是世界最主要的食品出口国之一，随着经济日益全球化和国际食品贸易的日益扩大，食品需要在更大范围内实现配置和流通。为此，研究完善食品法律法规与标准体系，可确保食品质量安全，并在“一带一路”倡议下，进一步扩大对外贸易，为促进食品产业高质量发展提供保障。

思考题

1. “标准”和“标准化”的联系和区别是什么？
2. 开展食品法律法规与标准化的研究的意义是什么？

CHAPTER 2

第二章 我国食品法律法规

学习目标与要求

1. 了解法相关的基础知识，我国的立法体制及食品法律法规的制定原则；
2. 了解我国食品法律法规体系；
3. 掌握《中华人民共和国食品安全法》《中华人民共和国标准化法》的基本内容；
4. 熟悉《中华人民共和国农产品质量安全法》的基本内容。

食品安全无小事，一粒米一桌餐，牵动着千家万户，关乎人民群众的身体健康和生命安全。随着经济的快速发展和物质的极大丰富，注重食品安全、倡导健康生活早已成为社会共识。鉴于此，我国出台了一系列食品法律法规，监管体系逐步完善。

本章介绍我国的立法体制和食品立法的基本原则，综述我国食品法规体系，重点讲解《中华人民共和国食品安全法》《中华人民共和国标准化法》和《中华人民共和国农产品质量安全法》。

《中华人民共和国食品安全法》

《中华人民共和国标准化法》

《中华人民共和国农产品质量安全法》

第一节　食品法律法规基础知识

一、法的概述

1. 法的概念

法是由国家制定、认可并保证实施的，反映由特定物质生活条件所决定的统治阶级的意志，以权利义务为内容，以确认、保护和发展统治阶级所期望的社会关系和社会秩序为目的的行为规范体系。

法的概念应从五方面来掌握：①从实施主体来讲，法是由国家制定的，同时由国家强制力来保证实施；②从反映的对象看，法反映的是统治阶级的共同意志，而不是统治阶级中少数人的意志；③从内容上看，法是以权利和义务为主要内容的，这里讲的权利和义务是泛指，其中包括了国家机关及其代理人在执行公务时所行使的职权和承担的职责；④从目的上看，法是以确认、保护和发展社会关系和社会秩序为目的，这些社会关系和社会秩序是与统治阶级的利益密切相关的，因而也是统治阶级所期望的；⑤法是行为规范的体系。

2. 法的基本特征

法的基本特征主要包括以下几个方面。

（1）法是调整人们行为的规范，具有规范性和普遍性。

规范性：法律规定了人们的一般行为模式；法律针对的对象是不特定的大多数人；法律在其有效期间内针对同样的情况反复适用；法律只对规范制定生效后发生的行为有效。

普遍性：在一国主权范围内，法具有普遍效力，所有人都要遵守；法律对同样的事和人同样适用，即法律面前人人平等。

（2）法是由国家制定或认可的社会规范，具有国家意志性和权威性。

法是由国家制定、认可并具有普遍约束力的社会规范。国家制定或者认可是法的两种产生方式，也体现了国家的意志，所以法具有国家意志性。人们必须遵守或服从法律。当法律与道德、宗教、政策等发生冲突时，法律作为国家意志的体现具有更大的权威性。

（3）法是由国家强制力保证实施的社会规范，具有国家强制性和程序性。

法是由国家强制力保证实施的，这是法保障实施的力量。国家强制力是法实施的最后力量而不是唯一力量。国家强制性是法最为主要、最为核心的特征，违反法律会受到法律的追究。法从制定到执行、适用、遵守都要遵循相应的程序，充分体现出了法的程序性。

（4）法是以权利和义务为内容的社会规范，具有权利和义务的一致性。

法所规定的权利和义务的对象不仅指个人、组织（法人）及国家（作为普通法律主体）的权利和义务，而且包括国家机关及其公职人员在依法执行公务时所行使的职权和职责。

二、我国的立法体制

我国是统一的、单一制的国家，同时地域大，各地方的经济社会发展不平衡。与这一国情相适应，在最高国家权力机关集中行使立法权的前提下，为了使我们的法律既能通行全国，又能适应各地方不同情况的需要，根据宪法“遵循在中央的统一领导下，充分发挥地方的主动性、积极性的原则”，立法确立了我国统一的、分层次的立法体制。概括地说，就是在全国人民代表大会及其常务委员会统一行使国家立法权的同时，赋予国务院制定行政法规和设区的市的人民代表大会及其常务委员会制定地方性法规的权限，还赋予民族自治地方制定自治条例和单行条例，以及经济特区所在省、市制定经济特区法规的权限。

全国人民代表大会及其常务委员会行使国家立法权。全国人民代表大会行使制定和修改刑事、民事、国家机构的和其他的基本法律的职权。全国人民代表大会常务委员会制定和修改除应当由全国人民代表大会制定的法律以外的其他法律；在全国人民代表大会闭会期间，对全国人民代表大会制定的法律进行部分补充和修改，但不得同该法律的基本原则相抵触。国务院根据宪法和法律制定行政法规。省、自治区、直辖市的人民代表大会及其常务委员会根据本行政区域的具体情况和实际需要，在不同宪法、法律、行政法规相抵触的前提下，可以制定地方性法规。设区的市、自治州的人民代表大会及其常务委员会根据本市、州的具体情况和实际需要，在不同宪法、法律、行政法规和本省、自治区的地方性法规相抵触的前提下，可以对城乡建设与管理、环境保护、历史文化保护等方面的事项制定地方性法规，报省、自治区的人民代表大会常务委员会批准后施行。自治区、自治州、自治县的人民代表大会有权依照当地民族的政治、经济和文化的特点制定自治条例和单行条例。自治条例和单行条例可以依照当地民族的特点，对法律和行政法规的规定做出变通规定，但不得违背法律或者行政法规的基本原则，不得对宪法和民族区域自治法的规定以及其他有关法律、行政法规专门就民族自治地方所作的规定做出变通。经济特区所在地的省、市的人民代表大会及其常务委员会根据全国人民代表大会的授权决定可以制定经济特区法规。国务院各部、委员会，中国人民银行，审计署和具有行政管理职能的直属机构可以根据法律和国务院的行政法规、决定、命令制定规章。

三、 食品法律法规制定的基本原则

1. 遵循宪法的基本原则

宪法规定国家的根本制度、根本任务和国家生活中最重要的原则，是一切法律、行政法规、地方性法规的立法基础。宪法明确规定：“一切法律、行政法规和地方性法规都不得同宪法相抵触。”宪法确立的基本原则，是一切法的规范必须遵循的。宪法以国家根本大法的形式，对党和国家在社会主义初级阶段的基本路线作了完整、准确的规定。党和国家的一切工作都要坚持基本路线，我国所有立法工作也必须坚持这条基本路线，这是立法工作坚持正确的政治方向，维护人民利益的根本保证，当然也是食品立法所必须遵循的基本原则。

2. 从国家整体利益出发，维护社会主义法制的统一和尊严的原则

我国是一个统一的、多民族的单一制国家。维护法制统一，是维护国家统一的重要保证。宪法第五条规定，“国家维护社会主义法制的统一和尊严。”食品立法活动应当从国家整体利益出发，以最广大人民群众的根本利益为依归，不得以部门利益、地方利益等局部利益凌驾于国家整体利益之上。这是依法治国，建设社会主义法治国家的必然要求。

3. 坚持民主立法原则

中华人民共和国的一切权力属于人民。食品立法活动应当体现人民的意志，发扬社会主义民主，保障人民通过多种途径参与食品立法活动，如将草案向社会公布，公开征求群众意见和召开座谈会、听证会、论证会等各种形式，广泛听取人民群众的意见，以使制定出来的

法律、法规真正体现人民的意志，反映最广大人民群众的根本利益。

4. 从实际出发的原则

食品法律法规的制定，最根本的是从我国的国情出发，深入实际，调查研究，充分考虑我国社会经济基础、生产力水平、各地的生活条件、饮食习惯、人员素质等状况，落实科学发展观，认真总结自己的经验，将经过实践证明行之有效的成功做法和经验上升为法律。同时，也应当注意研究和借鉴国外的法律制度，充分考虑我国的基本国情，吸收和借鉴其中对我们有益的经验。

5. 依照法定的权限和程序的原则

各国家机关应当严格在宪法和法律规定的范围内行使职权。国家机关的立法活动也不例外，应当在法定的范围内进行。这是社会主义法治的一项重要原则。食品立法活动不仅须依照法定的权限，还必须严格遵守法定的程序。严格按照依法程序进行立法活动，对于规范立法行为，保证立法质量，是非常重要的。

6. 食品安全至上的原则

食品的安全性是实现人健康权利的保证，也是食品质量安全制度的重要基础。联合国提倡的食品安全包含三层含义，一是食品数量安全，即一个国家或地区能够生产民族基本生存所需的膳食需要；二是食品质量安全，指提供的食品在营养、卫生方面满足和保障人群的健康需要；三是食品可持续安全，从发展角度要求食品的获取需要注重生态环境的良好保护和资源利用的可持续。所有食品生产经营者必须把食品安全放在高于其他诸如追求利润等目的之上，以安全性统领所有食品生产经营活动。食品安全性保护的质量是每个人关心的问题，但一般来说，消费者并不能全部判断食品安全性保护质量的高低、优劣，这就需要政府立法加以监督。

7. 预防为主的原则

食品污染及其对人体健康的危害，涉及面相当广泛，如食品受病原微生物的污染，在食品上大量繁殖或产生毒素时，可引起食物中毒，如果食品被某些有害化学物质所污染，含量虽少，但当长期连续地通过食物作用于人体，可表现为慢性中毒、致畸、致突变、致癌等潜在的毒害。所以，必须防患于未然，预先防范可能出现的食品安全问题，把食品立法活动放到以预防为主的方针上，是最好的保障食品安全的方法。

8. 政府主导和社会共治的原则

我国是一个幅员辽阔，人口众多，民族众多的国家。各地区、各民族的饮食习惯有很大不同，并且食品生产与经营范围广，涉及面宽。因此，要充分发挥政府机构的主导作用，发挥生产经营者确保食品安全的主体作用，发挥其他食品安全监管社会组织和人员的参与作用，实现食品监管无缝衔接，建立有效的食品安全监控社会联动机制。改革完善食品监管体制，整合机构和职责，要有利于形成一体化、广覆盖、专业化、高效率的食品监管体系，形成食品监管社会共治格局，更好地推动解决关系人民群众切身利益的食品安全问题。

第二节 我国食品法律法规体系

食品法律法规是指由国家制定或认可，以加强食品监督管理，确保食品卫生与安全，防止食品污染和有害因素对人体的危害，保障人民身体健康，增强人民体质为目的，通过国家强制力保障实施的法律法规的总和。食品法律法规体系是指以法律或政令形式颁布的，对全社会有约束力的权威性规定。依据食品法律、法规和规范效力层级的高低，食品法律法规体系可由食品法律、行政法规和部门规章组成。

一、食品法律

食品法律是由全国人民代表大会和全国人民代表大会常务委员会依据特定的立法程序制定的有关食品的规范性法律文件。当前，我国涉及食品的法律包括《中华人民共和国宪法》《中华人民共和国民法总则》《中华人民共和国环境保护法》《中华人民共和国固体废弃物污染环境防治法》《中华人民共和国清洁生产促进法》《中华人民共和国食品安全法》《中华人民共和国产品质量法》《中华人民共和国标准化法》《中华人民共和国进出口商品检验法》《中华人民共和国农产品质量安全法》《中华人民共和国农业法》《中华人民共和国进出境动植物检疫法》《中华人民共和国广告法》《中华人民共和国消费者权益保护法》《中华人民共和国反不正当竞争法》和《中华人民共和国商标法》等。其中《中华人民共和国食品安全法》是专门针对食品制定的最高的规范性文件。

二、行政法规

行政法规分国务院制定行政法规和地方性行政法规两类，是对法律的补充，在完善的情况下会被补充进法律，其地位仅次于宪法和法律。食品行业管理行政法规是指国务院的部委依法制定的规范性文件，行政法规的名称为条例、规定和办法。对某一方面的行政工作做出比较全面、系统的规定，称为"条例"；对某一方面的行政工作做出部分的规定，称为"规定"；对某一项行政工作做出比较具体的规定，称为"办法"。地方性食品行政法规是指省、自治区、直辖市人民代表大会及其常务委员会依法制定的规范性文件，这种法规只在本辖区内有效，且不得与宪法、法律和行政法规等相抵触，并报全国人民代表大会常务委员会备案，才可生效。

1. 国务院制定的与食品有关的行政法规

国务院从农产品种养殖、食品生产加工、流通、销售、进出口检验等不同角度制定了各种与食品有关的行政法规。包括《中华人民共和国食品安全法实施条例》《中华人民共和国进出境动植物检疫法实施条例》《中华人民共和国商标法实施条例》《粮食流通管理条例》《生猪屠宰管理条例》《农业转基因生物安全管理条例》《乳品质量安全监督管理条例》《国务院关于加强食品等产品安全监督管理的特别规定》《食盐加碘消除碘缺乏危害管理条例》

和《食盐专营办法》等。

2. 地方性行政法规

地方性行政法规在所管辖的范围内具有约束力，也是我国法律体系不可或缺的重要有机体。为保证食品安全，保障公众身体健康和生命安全，我国多省市根据《中华人民共和国食品安全法》等有关法律和行政法规，结合实际，制定了条例，例如：《上海市食品安全条例》《福建省食品安全条例》《黑龙江省食品安全条例》和《湖北省食品安全条例》等。

三、 食品部门规章

食品部门规章包括国务院各行政部门制定的部门规章和地方人民政府制定的规章。

1. 我国现行的有关食品的主要部门规章

为了加强食品安全监督管理和规范食品生产经营活动，国家市场监督管理总局和原国家质量监督检验检疫总局根据相关法律和行政法规，制定了包括《食品标识管理规定》《食品安全抽样检验管理办法》《食品生产经营监督检查管理办法》《食品生产许可管理办法》《食品经营许可管理办法》《食盐质量安全监督管理办法》《药品、医疗器械、保健食品、特殊医学用途配方食品广告审查管理暂行办法》和《保健食品原料目录与保健功能目录管理办法》等主要部门规章。

为了加强各类食品的监督管理和规范食品新原料、新品种、新添加剂和新标准的安全性评估材料审查工作，我国卫生行政管理部门根据相关法律和行政法规，制定了包括《新食品原料安全性审查管理办法》《食品相关产品新品种行政许可管理规定》《食品安全国家标准管理办法》和《食品添加剂新品种管理办法》等部门规章。

为了保障进出口食品安全，海关总署根据相关法律和行政法规，制定了包括《中华人民共和国进出口食品安全管理办法》和《兽药进口管理办法》等食品相关部门规章。

为了保障农产品的质量安全，规范农产品的生产经营行为，原农业部根据相关法律和行政法规，制定了包括《农产品包装和标识管理办法》《生鲜乳生产收购管理办法》《食用菌菌种管理办法》《水产养殖质量安全管理规定》《农业转基因生物加工审批办法》《农产品产地安全管理办法》《农药登记试验管理办法》和《饲料质量安全管理规范》等食品相关部门规章。

2. 有关食品的地方政府规章

在部门规章体系中，除了国家层面的部门规章，还有地方政府规章。例如，为了加强清真食品生产经营管理，河南省和天津市人民政府根据相关法律法规，结合本地实际，分别制定了《河南省清真食品管理办法》和《天津市生产经营清真食品管理办法》。

第三节　中华人民共和国食品安全法

《中华人民共和国食品安全法》（以下简称《食品安全法》）于2009年2月28日第十一

届全国人民代表大会常务委员会第七次会议通过，根据2021年4月29日第十三届全国人民代表大会常务委员会第二十八次会议《关于修改〈中华人民共和国道路交通安全法〉等八部法律的决定》第二次修正，共设十章一百五十四条。

一、立法背景

我国党和政府历来高度重视食品安全，于1995年正式颁布了《中华人民共和国食品卫生法》。我国社会转型和改革开放的关键时期，食品安全工作出现了一些新情况、新问题。为了从制度上解决问题，亟需对现行食品卫生制度加以修改、补充、完善。2004年7月，国务院第五十九次常务会议和9月份公布的《国务院关于进一步加强食品安全工作的决定》要求法制办抓紧组织修改《食品卫生法》。法制办成立了《食品卫生法》修改领导小组，组织起草《食品卫生法（修订草案）》。2006年，修订《食品卫生法》被列入年度立法计划，此后，修订《食品卫生法》被改为制定《食品安全法》。2009年，《食品安全法》在十一届全国人民代表大会常务委员会第七次会议上获得通过，《食品卫生法》同时废止。

《食品安全法》实施以来，我国食品安全整体水平稳步提升，食品安全总体形势不断好转。但仍存在食品贮存、运输环节不够规范，食品虚假宣传时有发生等问题，需要进一步解决。随着人们生活水平和富裕程度的提高，社会公众对于食品安全的关注程度也大大增加。我国发生的食品安全事件，例如“苏丹红事件”“多宝鱼事件”以及多起严重的“问题奶粉事件”，充分说明食品安全已经成为严重影响公众身体健康和生命安全的重要问题。“国以民为本，民以食为天”，食品安全关系到国家和社会的稳定发展，关系到公民的生命健康权利。如何解决食品安全问题，保护公众身体健康和生命安全，已成为摆在世界各国政府面前的一项重要的战略任务。食品安全事件屡屡引发社会公众对食品安全的心理恐慌，对国家和社会的稳定以及经济的良性发展造成巨大冲击。

党的十八大以来，党中央、国务院进一步改革完善我国食品安全监管体制，着力建立最严格的食品安全监管制度，积极推进食品安全社会共治格局，为了以法律形式固定监管体制改革成果、完善监管制度机制，解决当前食品安全领域存在的突出问题，以法治方式维护食品安全，为最严格的食品安全监管提供体制制度保障，立法部门对《食品安全法》进行了修订和修正。

二、立法意义

食品安全直接关系广大人民群众的身体健康和生命安全，关系国家的健康发展，关系社会的和谐稳定。《食品安全法》的实施对保障食品安全，保证公众身体健康和生命安全，树立我国重视和保障食品安全的良好国际形象，推动我国对外食品贸易的发展，进一步完善我国的食品安全法律制度，营造良好消费环境，保障公平竞争的需要，以及更好地满足食品安全对人民群众给予美好生活的新期待具有重要意义。

三、内容体系

《食品安全法》的立法宗旨是“保障公众身体健康和生命安全”，更加集中凸显“安全”

二字，涵盖了“从农田到餐桌”的全过程，对我国食品安全法律制度进一步加以完善，在一个更为科学的体系下，用食品安全标准来统筹食品相关标准，避免标准之间交叉与重复的局面，更好地保证食品安全。

1. 适用范围

（1）食品生产和加工（以下称食品生产），食品销售和餐饮服务（以下称食品经营）；

（2）食品添加剂的生产经营；

（3）用于食品的包装材料、容器、洗涤剂、消毒剂和用于食品生产经营的工具、设备（以下称食品相关产品）的生产经营；

（4）食品生产经营者使用食品添加剂、食品相关产品；

（5）食品的贮存和运输；

（6）对食品、食品添加剂、食品相关产品的安全管理。

供食用的源于农业的初级产品（以下称食用农产品）的质量安全管理，遵守《中华人民共和国农产品质量安全法》的规定。但是，食用农产品的市场销售、有关质量安全标准的制定、有关安全信息的公布和本法对农业投入品作出规定的，应当遵守本法的规定。

2. 监管机制

《食品安全法》建立了统一而且权威的负责食品安全工作的监管机关。通过此举，全面结束了原来多个部门各管一块的分段式管理机制，明确了“国务院设立食品安全委员会”，作为一个高层次的议事协调机构。《食品安全法》进一步明确了各部门的职责：国务院食品安全监督管理部门对食品生产经营活动实施监督管理；国务院卫生行政部门负责食品安全风险监测和风险评估，会同国务院食品安全监督管理部门制定并公布食品安全国家标准。《食品安全法》还加强了地方政府的监管职责：县级以上地方人民政府统一领导、组织、协调本行政区域的食品安全监督管理工作以及食品安全突发事件应对工作，建立健全食品安全全程监督管理工作机制和信息共享机制，负责对本级食品安全监督管理部门、其他有关部门的食品安全监督管理工作和下一级人民政府的食品安全监督管理工作进行评议、考核。

《食品安全法》注重以预防为主体，落实了对风险实施防范的措施。国家建立了食品安全风险监测制度，对食源性疾病、食品污染以及食品中的有害因素进行监测；建立了食品安全风险评估制度，对食品、食品添加剂、食品相关产品中生物性、化学性和物理性危害因素进行风险评估。该法持续强化对食品安全所进行的风险监测与评价，明确了风险分级化管理等重点监管制度：技术机构承担食品安全风险监测工作，保证监测数据真实、准确，报送监测数据和分析结果；县级以上人民政府卫生行政部门负责将食品安全风险监测信息通报同级食品安全监督管理等部门，并报告本级人民政府和上级人民政府卫生行政部门；省级以上人民政府卫生行政、农业行政部门应当及时相互通报食品安全风险监测信息；国务院食品安全监督管理、农业行政等部门负责食品安全状况进行综合分析，向国务院卫生行政部门提出食品安全风险评估的建议，并提供风险来源、相关检验数据和结论等信息、资料。

《食品安全法》还明确了食品安全风险交流制度。县级以上人民政府食品安全监督管理部门和其他有关部门、食品安全风险评估专家委员会及其技术机构，应当按照科学、客观、及时、公开的原则，组织食品生产经营者、食品检验机构、认证机构、食品行业协会、消费者协会以及新闻媒体等，就食品安全风险评估信息和食品安全监督管理信息进行交流沟通。

3. 食品安全标准

《食品安全法》创建了严格的执行标准，明确了监管部门必须参与到食品安全相关标准的出台工作之中，明确了食品安全标准的制定以及执行等工作。食品安全相关标准包括三类：①食品安全国家标准，由国务院卫生行政部门会同国务院食品安全监督管理部门制定、公布；②食品安全地方标准，由省、自治区、直辖市人民政府卫生行政部门制定、公布，并报国务院卫生行政部门备案；③企业标准，由食品生产企业制定、发布，在本企业适用，并报省、自治区、直辖市人民政府卫生行政部门备案。食品安全国家标准制定后，该地方标准即行废止。企业标准严于食品安全国家标准或者地方标准。省级以上人民政府卫生行政部门会同同级食品安全监督管理、农业行政等部门，负责对食品安全国家标准和地方标准的执行情况进行跟踪评价，并根据评价结果及时修订食品安全标准。

食品安全标准应当包括的内容：

①食品、食品添加剂、食品相关产品中的致病性微生物、农药残留、兽药残留、生物毒素、重金属等污染物质以及其他危害人体健康物质的限量规定；

②食品添加剂的品种、使用范围、用量；

③专供婴幼儿和其他特定人群的主辅食品的营养成分要求；

④对与卫生、营养等食品安全要求有关的标签、标志、说明书的要求；

⑤食品生产经营过程的卫生要求；

⑥与食品安全有关的质量要求；

⑦与食品安全有关的食品检验方法与规程；

⑧其他需要制定为食品安全标准的内容。

4. 食品生产经营

（1）国家对食品生产经营实行许可制度　从事食品生产经营活动应当依法取得许可，应当符合食品安全标准和与其生产经营规模、条件相适应的食品安全要求，并保证所生产经营的食品卫生、无毒、无害。但是，销售食用农产品和仅销售预包装食品的，不需要取得许可。

（2）国家对食品添加剂生产实行许可制度　食品添加剂，指为了改善食品品质和色、香、味以及为防腐、保鲜和加工工艺的需要而加入食品中的人工合成或者天然物质。食品添加剂如果使用不当或者过量使用，将会给人体健康带来危害。因此，加强对食品添加剂的管理至关重要。食品添加剂生产者应当建立食品添加剂出厂检验记录制度，查验出厂产品的检验合格证和安全状况，并保存相关凭证。食品添加剂应当在技术上确有必要且经过风险评估证明安全可靠，方可列入允许使用的范围。食品添加剂经营者采购食品添加剂，应当依法查验供货者的许可证和产品合格证明文件，并保存相关凭证。

（3）国家建立了食品安全全程追溯制度　国家鼓励食品生产经营者采用信息化手段采集、留存生产经营信息，建立食品安全追溯体系。国务院食品安全监督管理部门会同国务院农业行政等有关部门建立食品安全全程追溯协作机制。通过建立食品出厂检验记录制度，查验出厂食品的检验合格证和安全状况。使食品、食品添加剂、食用农产品全程可追溯。

(4) 国家建立了食品召回制度 “食品召回”是指食品生产者按照规定程序，对由其生产原因造成的某一批次或类别的不安全食品，通过换货、退货、补充或修正消费说明等方式，及时消除或减少食品安全危害的活动。根据食品召回程序的启动方式，食品召回可分为食品生产者主动召回和监管部门强制召回两种。

①主动召回的程序：食品生产者发现其生产的食品不符合食品安全标准，应当立即停止生产，召回已经上市销售的食品；食品生产者应当及时通知相关生产经营者停止生产经营，通知消费者停止消费；食品生产者应当记录召回和通知的情况，如食品召回的批次、数量，通知的方式、范围等；食品生产者应当及时对召回的不安全食品根据具体情况采取补救、无害化处理、销毁等措施，防止不安全食品再次流入市场；食品生产者应当及时向监管部门报告食品召回和处理情况；食品经营者发现其经营的食品不符合食品安全标准，应当立即停止经营，通知相关生产经营者和消费者，并记录停止经营和通知情况。

②责令召回的程序：县级以上质量监督、工商行政管理部门发现食品生产经营者未依照本条规定召回或者停止经营不符合食品安全标准的食品的，可以责令其召回或者停止经营；食品生产者在接到责令召回的通知后，应当立即停止生产，并按照本条规定的程序召回不符合食品安全标准的食品；食品经营者在接到责令停止经营的通知后，应当立即停止经营。

(5)《食品安全法》规定，食品生产经营企业应当建立健全食品安全管理制度，建立并执行从业人员健康管理制度，食品安全自查制度，定期对食品安全状况进行检查评价。食品生产企业应当建立食品原料、食品添加剂、食品相关产品进货查验记录制度，记录相关信息，有利于食品可追溯，确保监管链条不断。

食品经营者采购食品，应当查验供货者的许可证和食品出厂检验合格证或者其他合格证明，按照保证食品安全的要求贮存食品，定期检查库存食品，及时清理变质或者超过保质期的食品。

(6)《食品安全法》加强了特定标识监管 预包装食品的包装上应当有名称、规格、净含量、生产日期、成分等标签。散装食品的容器，外包装上标明食品的名称、生产日期或者生产批号、保质期以及生产经营者名称、地址、联系方式等内容。生产经营转基因食品应当按照规定显著标示。保健食品的标签、说明书不得涉及疾病预防、治疗功能，内容应当真实，并声明“本品不能代替药物”。食品添加剂应当有标签、说明书和包装。食品和食品添加剂的标签、说明书，不得含有虚假内容，不得涉及疾病预防、治疗功能。

(7)《食品安全法》对保健食品、特殊医学用途配方食品和婴幼儿配方食品等特殊食品实行严格监督管理。特殊医学用途配方食品、使用保健食品原料目录以外原料的保健食品和首次进口的保健食品应当经国务院食品安全监督管理部门注册。婴幼儿配方食品生产企业应当实施全过程质量控制。

(8) 学校、托幼机构、养老机构、建筑工地等集中用餐单位的食堂应当严格遵守法律、法规和食品安全标准。餐饮服务提供者应当制定并实施原料控制要求，不得采购不符合食品安全标准的食品原料。餐具、饮具集中消毒服务单位应当具备相应的作业场所、清洗消毒设备或者设施。网络食品交易第三方平台提供者应当对入网食品经营者进行实名登记，明确其食品安全管理责任；依法应当取得许可证的，还应当审查其许可证。

5. 食品检验

食品检验是指食品检验机构根据有关国家标准，对食品原料、辅助材料、成本的质量和安全性进行的检验，包括对食品理化指标、卫生指标、外观特性以及外包装、内包装、标志等进行的检验。建立食品检验机构，开展食品原料、生产和市场流通等环节检验工作，是进行食品质量安全监管的重要辅助手段。

（1）食品检验机构按照国家有关认证认可的规定取得资质认定后，方可从事食品检验活动。有效的食品监管工作往往依赖于食品检验的结果，为了增强食品检验机构检验结果的科学性、公正性和权威性，应当对食品检验机构设定资质要求。食品检验机构的资质认定条件和检验规范，由国务院食品安全监督管理部门规定。目前我国食品检验机构的资质取得有以下几种：取得国务院认证认可监督管理部门确定的认可机构的资质认可；经省级以上人民政府产品质量监督部门或者其授权的部门考核合格；经省级以上人民政府农业行政主管部门或者其授权的部门考核合格。

（2）食品检验由食品检验机构指定的检验人独立进行，实行食品检验机构与检验人负责制。通过赋予检验人以独立检验权，来防止食品检验机构的不独立性所带来的负面影响。检验人要熟悉有关食品检验的法律法规规定，依法检验，在许可或者认定的检验范围内检验，不得超范围检验。检验人还需要熟练掌握食品安全标准和检验规范，熟悉检验标准和检测方法，掌握仪器设备的操作技能，正确使用计量器具，负责所使用仪器设备的维护，认真填写记录，具备与检验业务相关专业知识及对检测结果的判断能力等。

（3）为了强化检验人的责任意识，平衡检验机构与检验人之间的权利义务，理顺责任分担机制，明确规定了食品检验实行食品检验机构与检验人员负责制，食品检验机构与检验人员对出具的食品检验报告负责，食品检验机构在食品检验报告上加盖公章，检验人签名或者盖章。

（4）县级以上人民政府食品安全监督管理部门应当对食品进行定期或者不定期的抽样检验，并依据有关规定公布检验结果，不得免检。

食品安全抽样检验包括定期和不定期的抽样检验两种，定期检验一般是常规的工作安排，不定期检验具有一定的灵活性，有利于迅速检查发现问题，及时排除食品安全隐患。

抽样检验是对食品安全进行监督检查的一种主要方式。抽样检查的样品应当在市场上或者食品生产经营者成品仓库内的待销产品中抽取，而且应是经生产经营者检验合格的产品，以保证检验结果的公平和代表性。

（5）对依照本法规定实施的检验结论有异议的，食品生产经营者可以自收到检验结论之日起七个工作日内向实施抽样检验的食品安全监督管理部门或者其上一级食品安全监督管理部门提出复检申请，由受理复检申请的食品安全监督管理部门在公布的复检机构名录中随机确定复检机构进行复检。复检机构出具的复检结论为最终检验结论。复检机构与初检机构不得为同一机构。复检机构名录由国务院认证认可监督管理、食品安全监督管理、卫生行政、农业行政等部门共同公布。

（6）食品生产企业可以自行对所生产的食品进行检验，也可以委托符合本法规定的食品检验机构进行检验。具备出厂检验能力的企业，可以按要求自行进行出厂检验。不具备产品出厂检验能力的企业，必须委托有资质的检验机构进行出厂检验。

食品行业协会和消费者协会等组织、消费者需要委托食品检验机构对食品进行检验的，应当委托符合本法规定的食品检验机构进行。

6. 食品进出口

《食品安全法》明确规定，国家出入境检验检疫部门负责进出口食品安全监督管理，应当收集、汇总进出口食品安全信息，并及时通报相关部门、机构和企业。境外发生的食品安全事件可能对我国境内造成影响，或者在进口食品、食品添加剂、食品相关产品中发现严重食品安全问题的，国家出入境检验检疫部门应当及时采取风险预警或者控制措施，并向国务院食品安全监督管理、卫生行政、农业行政部门通报。

在进口食品监管方面，要求境外出口商或者代理商、进口商应向国家出入境检验检疫部门备案，进口商应当建立食品、食品添加剂进口和销售记录制度，并保存相关凭证。进口的食品、食品添加剂、食品相关产品应当符合我国食品安全国家标准。进口尚无食品安全国家标准的食品，由境外出口商、境外生产企业或者其委托的进口商向国务院卫生行政部门提交所执行的相关国家（地区）标准或者国际标准。进口的预包装食品、食品添加剂应当有中文标签、中文说明书。

在出口食品监管方面，要求出口食品生产企业保证其出口食品符合进口国（地区）的标准或者合同要求。

7. 食品安全事故处置

国务院组织制定国家食品安全事故应急预案。食品安全事故应急预案，是指经过一定程序制定的开展食品安全事故应急处理工作的事先指导方案。按照食品安全事故的性质、危害程度和涉及范围，重大食品安全事故分为特别重大食品安全事故（Ⅰ级）、重大食品安全事故（Ⅱ级）、较大食品安全事故（Ⅲ级）和一般食品安全事故（Ⅳ级）四个级别，并对适用范围、工作原则、应急处理指挥机构、监测预警报告制度、重大食品安全事故的应急响应、后期处置及应急保障作了规定。

第一，一般食品安全事故由县级以上卫生行政部门调查处理。县级以上卫生行政部门接到食品安全事故的报告，排除了为重大食品安全事故后，应当立即会同有关监督管理部门进行调查处理并采取有关措施。

第二，如果属于重大食品安全事故中的一般食品安全事故，县级人民政府应成立应急指挥机构，负责组织有关部门开展应急救援工作。县级卫生行政部门应当立即组织调查、确认和评估，及时采取行政措施控制事态发展；按规定向同级人民政府报告，提出是否启动应急救援预案，立即向相关部门报告、通报有关事故情况。市（地）级卫生行政部门应当对事故应急处理工作给予指导、监督和有关方面的支持。

第三，如果属于重大食品安全事故中的较大食品安全事故，由市（地）级人民政府成立应急指挥机构，负责组织发生在本行政区域内的较大食品安全事故的统一领导和指挥，根据卫生行政部门的报告和建议，决定启动较大食品安全事故的应急处置工作。市（地）级卫生行政部门应当立即进行调查确认，对事故进行评估，根据评估确认的结果，按规定向上级报告事故情况；提出启动市（地）级较大食品安全事故应急救援工作，提出应急处理工作建议，及时向其他有关部门、毗邻或可能涉及的市（地）相关部门通报有关情况；相应工作小组立即启动工作，组织、协调、落实各项应急措施；指导、部署相关部门开展应急救援工作。省级卫生行政部门应加强对市（地）级卫生行政部门应急救援工作的指导、监督，协助解决应急救援工作中的困难。

第四，如果属于重大食品安全事故中的重大食品安全事故，由省级人民政府根据省级卫生行政部门的建议和食品安全事故应急处理的需要，成立食品安全事故应急处理指挥机构，负责行政区域内重大食品安全事故应急处理的统一领导和指挥；决定启动重大食品安全事故应急处置工作。省级卫生行政部门应当立即进行调查确认，对事故进行评估，根据评估确认的结果，按规定向上级报告事故情况；提出启动省级重大食品安全事故应急指挥部工作程序，提出应急处理工作建议；及时向其他有关部门、毗邻或可能涉及的省（区、市）相关部门通报情况；有关工作小组立即启动，组织、协调、落实各项应急措施；指导、部署市（地）相关部门开展应急救援工作。重大食品安全事故发生地人民政府及有关部门在省级人民政府或者省级应急指挥部的统一指挥下，按照要求认真履行职责，落实有关工作。国务院卫生行政部门应加强对省级卫生行政部门的督导，根据需要会同国务院有关部门赴事发地指导督办应急处理工作。对于属于重大食品安全事故中重大食品安全事故以下的事故级别，由省级人民政府决定。

第五，如果属于特别重大食品安全事故，则由国家应急指挥部或办公室组织实施调查处理应急工作。事发地人民政府应当按照相应的预案全力以赴地组织救援，并及时报告救援工作的进展情况。

8. 监督管理

（1）县级以上人民政府食品安全监督管理部门根据食品安全风险监测、风险评估结果和食品安全状况等，确定监督管理的重点、方式和频次，实施风险分级管理。在食品安全监督管理工作中其可以采用国家规定的快速检测方法对食品进行抽查检测。

（2）对食品安全风险评估结果证明食品存在安全隐患，需要制定、修订食品安全标准的，在制定、修订食品安全标准前，国务院卫生行政部门应当及时会同国务院有关部门规定食品中有害物质的临时限量值和临时检验方法，作为生产经营和监督管理的依据。

（3）县级以上人民政府食品安全监督管理部门应当建立食品生产经营者食品安全信用档案，记录许可颁发、日常监督检查结果、违法行为查处等情况，依法向社会公布并实时更新。

（4）食品生产经营过程中存在食品安全隐患，未及时采取措施消除的，县级以上人民政府食品安全监督管理部门可以对食品生产经营者的法定代表人或者主要负责人进行责任约谈。

（5）县级以上人民政府食品安全监督管理等部门应当公布本部门的电子邮件地址或者电话，接受咨询、投诉、举报。并应当加强对执法人员食品安全法律、法规、标准和专业知识与执法能力等的培训，并组织考核。

（6）国家建立统一的食品安全信息平台，实行食品安全信息统一公布制度。

（7）县级以上地方人民政府食品安全监督管理、卫生行政、农业行政部门获知本法规定需要统一公布的信息，应当向上级主管部门报告，由上级主管部门立即报告国务院食品安全监督管理部门；必要时，可以直接向国务院食品安全监督管理部门报告。

（8）任何单位和个人不得编造、散布虚假食品安全信息。

（9）县级以上人民政府食品安全监督管理等部门发现涉嫌食品安全犯罪的，应当按照有关规定及时将案件移送公安机关。

9. 法律责任

食品生产经营活动关系到公众的身体健康和社会安全，必须依法进行。对于违反本法规定的行为，由有关监督管理部门进行行政处罚（没收违法所得、没收非法财物和罚款），情节严重的，责令停产停业，直至吊销许可证；构成违反治安管理行为的，由公安机关依法给予治安管理处罚；违反本法规定，对举报人以解除、变更劳动合同或者其他方式打击报复的，应当依照有关法律的规定承担责任；违反本法规定，构成犯罪的，依法追究刑事责任。

第四节　中华人民共和国标准化法

《中华人民共和国标准化法》（以下简称《标准化法》）由中华人民共和国第七届全国人民代表大会常务委员会第五次会议于 1988 年 12 月 29 日通过，1989 年 4 月 1 日起施行。2017 年 11 月 4 日全国人民代表大会常务委员会第三十次全体会议审议通过了新修订的《标准化法》，自 2018 年 1 月 1 日起施行。

一、　立法背景

20 世纪 80 年代中期，随着商品经济的发展，标准化工作出现了一些新的问题，无标生产、有标不依、标准实施的监督不到位、企业标准化意识淡薄等，对国民经济的健康发展，国内外贸易的扩大和消费者权益的保护十分不利。为此，当时的国家标准局起草了《标准化法》，于 1988 年 12 月 29 日第七届全国人民代表大会常务委员会第五次会议通过。《标准化法》是在中国由计划经济向市场经济过渡的特殊时期产生的，突破了把计划经济同商品经济对立起来的传统观念，确认中国社会主义经济是公有制基础上的有计划的商品经济，及时并强有力地推动了我国标准化工作的改革，从而为我国经济的改革与发展，做出了不可磨灭的贡献。

中国特色社会主义已进入新的时代，我国经济社会发展已由过去高速度增长转入高质量发展阶段。《中共中央、国务院关于开展质量提升行动的指导意见》全面部署了质量提升行动。党的十九大提出“必须坚持质量第一、效益优先”。由于《标准化法》具有一定的时代局限性，已经无法满足我国目前社会主义市场经济发展的要求，主要包括强制性标准制定主体分散，范围过宽，内容交叉重复矛盾，不利于建立统一市场体系，标准体系不够合理，政府主导制定标准过多，导致标准有效供给不足等。因此，国家标准委适时启动了《标准化法》的修订，以解决以上法律运行中的突出问题。

二、 立法意义

《标准化法》有利于加强国家标准化工作，提升产品和服务质量，促进科学技术进步，保障人身健康和生命财产安全，维护国家安全、生态环境安全，提高经济社会发展水平。

三、 内容体系

本法共六章四十五条，标准化工作的范围包括制定标准、组织实施标准以及对标准的制定、实施进行监督，涵盖了标准化活动的全过程。制定标准是由标准制定主体按照其既定的制定程序编制和发布标准。组织实施标准是指标准化机构宣传、推广标准，社会各方面应用、实施标准。对标准的制定、实施进行监督是指法定监管部门依法对标准的制定程序、标准的内容以及实施标准的行为等进行监督，并对相关违法行为追究法律责任。

1. 标准化工作管理体制

我国实施统一管理、分工负责的标准化工作管理体制。

国务院标准化行政主管部门统一管理全国标准化工作，负责组织贯彻国家有关标准化工作的法律、法规、方针、政策；组织制定全国标准化工作规划、计划；负责强制性国家标准的立项、编号、对外通报和批准发布；负责制定推荐性国家标准；指导国务院有关行政主管部门和省、自治区、直辖市人民政府标准化行政主管部门的标准化工作，协调和处理有关标准化工作问题；组织实施标准；对标准的制定和实施情况进行监督检查；负责国务院标准化协调推进部际联席会议日常工作；代表国家参加国际标准化组织（International Organization for Standardization，ISO）、国际电工委员会（International Electrotechnical Commission，IEC）等有关国际组织的标准化活动，负责管理国内各部门、各地方参与国际或区域性标准化组织活动的工作等。

国务院有关行政主管部门分工管理本部门、本行业的标准化工作，负责贯彻国家标准化工作的法律、法规、方针、政策，并制定在本部门、本行业实施的具体办法；制定本部门、本行业的标准化工作规划、计划；负责强制性国家标准的项目提出、组织起草、征求意见、技术审查，承担国家下达的草拟推荐性国家标准的任务；组织制定行业标准；指导省、自治区、直辖市有关行政主管部门的标准化工作；组织本部门、本行业实施标准；对标准实施情况进行监督检查等。

县级以上地方人民政府标准化行政主管部门统一管理本行政区域的标准化工作，负责贯彻国家标准化工作的法律、法规、方针、政策，并制定在本行政区域实施的具体办法；制定地方标准化工作规划、计划；指导本行政区域有关行政主管部门的标准化工作，协调和处理有关标准化工作问题；在本行政区域组织实施标准；对标准实施情况进行监督检查；依法对本行政区域内的团体标准和企业标准进行监督。设区的市级以上地方人民政府标准化行政主管部门还依法履行组织制定地方标准的职责。

县级以上地方人民政府有关行政主管部门分工管理本行政区域内本部门、本行业的标准化工作，负责贯彻国家和本部门、本行业、本行政区域标准化工作的法律、法规、方针、政策，并制定实施的具体办法；制定本行政区域内本部门、本行业的标准化工作规划、计划；承担设区的市级以上地方人民政府标准化行政主管部门下达的草拟地方标准的任务；在本行政区域内组织本部门、本行业实施标准；对标准实施情况进行监督检查。

2. 标准的制定

（1）强制性国家标准严格限定在保障人身健康和生命财产安全、国家安全、生态环境安全和满足社会经济管理基本需求的范围之内。强制性国家标准由国务院批准发布或者授权批准发布。为了加强强制性标准的统一管理，避免交叉重复、矛盾冲突，保证执法的统一性，除法律、行政法规和国务院决定对强制性标准的制定另有规定外，只设强制性国家标准一级，行业标准和地方标准均为推荐性标准。强制性国家标准制定程序包括项目提出、立项、组织起草、征求意见、技术审查、对外通报、编号、批准发布等。强制性国家标准所规定的技术要求是全社会应遵守的底线要求，其他标准技术要求都不应低于强制性国家标准的相关技术要求。

（2）推荐性国家标准作为政府主导制定的标准，应定位于政府职责范围内的公益类标准。推荐性国家标准重点制定基础通用、与强制性国家标准配套、对各有关行业起引领作用的标准。推荐性国家标准由国务院标准化行政主管部门制定，即由国务院标准化行政主管部门负责推荐性国家标准的立项、组织起草、审查、编号、批准发布等工作。

（3）行业标准是推荐性国家标准的补充。行业标准的制定范围应当同时满足两个要求。一是没有推荐性国家标准，即已有推荐性国家标准的，不得制定行业标准；二是在本行业范围内需要统一的技术要求，即不能超越行业范围、不能超越国务院有关行政主管部门的职责制定行业标准。作为政府主导制定的标准，行业标准也应定位于政府职责范围内的公益类标准。行业标准由国务院有关行政主管部门制定，即由国务院有关行政主管部门负责行业标准的立项、组织起草、审查、编号、批准发布等工作，由制定标准的部门报国务院标准化行政主管部门备案。

（4）地方标准的制定主体包括省、自治区、直辖市人民政府标准化行政主管部门和设区的市级人民政府标准化行政主管部门。但设区的市级人民政府标准化行政主管部门的地方标准制定权须经省、自治区、直辖市人民政府标准化行政主管部门批准后才能获得。地方标准的制定包括地方标准的立项、组织起草、审查、编号、批准发布等工作。设区的市制定的标准也属于地方标准范畴，不能与国家标准、行业标准和省级标准化主管部门制定的地方标准相互交叉、重复矛盾。

（5）团体标准是市场自主制定的标准。设立团体标准的目的是激发社会团体制定标准、运用标准的活力，充分发挥市场在标准化资源配置中的决定性作用，快速响应创新和市场对标准的需求，增加标准的有效供给。团体标准的制定主体是学会、协会、商会、联合会、产业技术联盟等社会团体。团体标准作为标准体系的重要组成部分，开放、透明、公平是制定团体标准所应遵循的原则。

（6）企业根据自己生产和经营的需要，可自行制定本企业所需要的标准，不必经过其他机构的批准或认定。企业标准既可以是单个企业自己制定，也可以由多个企业联合起来制定。自行制定的企业标准和联合制定的企业标准，都属于企业标准，制定程序和编号规则都应按照企业标准进行。

（7）优先制定急需标准包括强制性国家标准以及经济社会发展急需的标准，这些也是国家规划的重点。如保障农产品安全、消费品安全、生产安全、食品安全等领域急需的标准。针对这些重要的标准，制定标准的部门应当及时组织评估、优先保证立项、及时下达计划，必要时可缩短相关程序周期；负责起草的部门要及时组织起草，及时完成编制任务，国务院标准化行政主管部门应当加大对这些项目的周期管理和过程控制，确保项目及时完成。

3. 标准的实施

（1）不符合强制性标准的产品、服务，不得生产、销售、进口或者提供。从事生产、销售、进口、服务的单位和个人应当严格执行强制性标准的各项规定。不符合强制性标准的产品和服务禁止生产、销售、进口和提供。产品的生产者、销售者、进口商以及服务的提供者要有强制性标准意识。违反强制性标准的，将依法承担相应的法律责任。

（2）出口产品、服务的技术要求，按照合同的约定执行。出口产品或服务需要符合进口国市场当地的法律法规和相应的技术要求，双方在签订合同时可以约定对于产品或服务的技术要求。双方可以约定采用国际标准、进口国标准、出口国标准、第三国标准等，还可以直接约定出口产品和服务的技术要求。

（3）国家实行团体标准、企业标准自我声明公开和监督制度。为宣传推广团体标准，促进团体标准实施，国家实行团体标准自我声明公开和监督制度。社会团体应当公开其团体标准的名称、编号等信息。团体标准涉及专利的，还应当公开标准涉及专利的信息。鼓励社会团体公开其团体标准的全文或主要技术内容。鼓励社会团体通过标准信息公共服务平台自我声明公开其团体标准信息。

建立企业标准自我声明公开和监督制度，是营造公平竞争市场环境的重要举措。企业标准自我声明公开和监督制度调整的对象是企业生产的产品和提供的服务所执行的标准，这类标准规定了企业生产的产品和提供的服务所应达到的各类技术指标和要求，是企业对其产品和服务质量的硬承诺，应当公开并接受市场监督。因此，企业产品和服务标准公开是企业的法定义务。国家建立标准信息公共服务平台为企业开展标准自我声明公开提供服务，鼓励企业在国家统一的平台开展自我声明公开。

（4）企业研制新产品、改进产品、进行技术改造，应当符合本法规定的标准化要求。企业研制新产品、改进产品、进行技术改造要符合的标准化要求包括两方面：一是执行国家标准、行业标准、地方标准的要求，尤其要执行强制性国家标准要求。二是要在产品研发和技术改造过程中，按照本法规定的标准化要求制修订企业标准，并在企业生产经营活动中贯彻落实。

（5）国家建立强制性标准实施情况统计分析报告制度。建立强制性国家标准实施情况统计分析报告制度是对强制性国家标准进行监督管理的一种重要方式，通过对强制性标准进行跟踪、信息收集、统计、反馈，提高强制性标准的适用性。

（6）标准的实施信息反馈、评估和标准复审机制。标准实施信息反馈、标准评估和标准复审机制是形成标准化闭环管理，维持标准“新陈代谢”，保持标准生命力的重要措施。标准实施信息反馈是指标准实施后，标准制定部门收集标准实施情况和实施中遇到的问题并进行处理的过程。标准评估是指标准实施后，对标准的实施应用情况，标准对经济社会活动所产生的影响进行测算、评价的过程。标准复审是指对标准的技术内容是否适应经济社会发展需要所进行的重新审查。

对于标准实施信息反馈、评估、复审情况中反映出的标准之间重复交叉或者不衔接配套的问题，国务院标准化行政主管部门会同国务院有关行政主管部门作出处理，包括对相关标准作出整合、修订、废止的决定，并由责任部门落实。如果通过上述途径仍无法解决的，由国务院标准化行政主管部门提出处理意见，提交国务院标准化协调机制解决。

4. 监督管理

监督管理的主体包括两类：

（1）县级以上人民政府标准化行政主管部门，包括国务院标准化行政主管部门和县级以上地方人民政府标准化行政主管部门。

（2）县级以上人民政府有关行政主管部门，包括国务院有关行政主管部门和县级以上地方人民政府有关行政主管部门。

监督管理的对象包括两类：

（1）对标准的制定进行指导和监督　对标准的制定进行指导主要是通过制定规章、规范性文件、政策文件、基础标准等途径实现，主要包括四个方面：国务院标准化行政主管部门对国务院有关行政主管部门的标准制定活动进行指导和监督；上级标准化行政主管部门对拥有标准制定权的下级标准化行政主管部门进行指导和监督；县级以上人民政府标准化行政主管部门和有关行政主管部门对社会团体、企业的标准制定进行指导和监督；国务院标准化行政主管部门对国家标准的制定履行指导和监督职责，通过日常工作、接受投诉举报等途径，对国家标准制定中发现的问题进行监督检查。

（2）对标准的实施进行监督检查　对标准的实施进行监督检查是指对标准贯彻执行情况进行督促、检查和处理的活动。如企业的生产经营活动是否执行了强制性标准，是否执行了自我声明公开的标准。监督检查的方式包括主动监督、接受并处理投诉举报等，随机抽查是主动监督的重要方法。

5. 法律责任

本法对生产、销售、进口产品或者提供服务不符合强制性标准，或者企业生产的产品、提供的服务不符合其公开标准的技术要求等各种违反本法的行为作出了相应的行政法规处理。

生产、销售、进口产品或者提供服务不符合强制性标准的，依照《中华人民共和国产品质量法》《中华人民共和国进出口商品检验法》《中华人民共和国消费者权益保护法》等法律、行政法规的规定查处，记入信用记录，并依照有关法律、行政法规的规定予以公示；构成犯罪的，依法追究刑事责任。

企业未依照本法的规定公开其执行的标准的，县级以上人民政府标准化行政主管部门按照属地管辖原则责令其改正，逾期不改的，由负责查处的部门将违法情况在标准信息公共服务平台向社会公示。

第五节 中华人民共和国农产品质量安全法

《中华人民共和国农产品质量安全法》（以下简称《农产品质量安全法》）于 2006 年 4 月 29 日由中华人民共和国第十届全国人民代表大会常务委员会第二十一次会议通过，自 2006 年 11 月 1 日起施行。我国现行的《农产品质量安全法》根据 2022 年 9 月 2 日第十三届全国人民代表大会常务委员会第三十六次会议第一次修订。

一、 立法背景

随着改革开放深入，国内农产品品种数量不断增加，群众的温饱问题基本解决，但是农药残留超标，食物中毒事件也不断增加。农产品作为城镇居民的主要食物来源，农产品质量安全问题直接关系着广大人民群众的身体健康和生命安全。保证人民群众吃得安全、吃得放心，是坚持以人为本，对人民高度负责的体现。在党中央的高度重视和各有关方面的共同努力下，我国农产品质量状况总体上不断提高，但亟待依法规范，加强管理。为了从源头上保障农产品质量安全，维护公众的身体健康，促进农业和农村经济发展，我国专门制定了本法。本法涵盖了农产品从产地到市场的全过程，明确了各个农产品质量安全监管相关部门的权责，拟从立法层面解决百姓“菜篮子”质量安全问题。

二、 立法意义

《农产品质量安全法》立法是为保障农产品质量安全，维护公众健康，促进农业和农村经济发展。《农产品质量安全法》确立了政府统一领导、农业主管部门依法监管、其他有关部门分工负责的农产品质量安全管理体制，为我国的农产品质量的管理确定了依据；制定了农产品质量安全标准的强制实施制度，有利于保障农产品质量安全和维护公众健康；规范了农产品生产过程，明确了农产品包装标志要求，有利于建设规范的市场秩序。

三、 内容体系

《农产品质量安全法》共八章八十一条，包括总则、农产品质量安全风险管理和标准制定、农产品产地、农产品生产、农产品销售、监督管理、法律责任和附录。

1. 总则

本法所称农产品，是指来源于种植业、林业、畜牧业和渔业等的初级产品，即在农业活动中获得的植物、动物、微生物及其产品。本法所称农产品质量安全，是指农产品质量达到农产品质量安全标准，符合保障人的健康、安全的要求。

“农业活动”既包括传统的种植、养殖、采、捕捞等农业活动，也包括设施农业、生物工程等现代农业活动。“植物、动物、微生物及其产品”是指在农业活动中直接获得的以及经过分拣、去皮、剥壳、粉碎、清洗、切割、冷冻、打蜡、分级、包装等加工，但未改变其产品的基本自然性状和化学性质。“初级农产品”是指未加工的原始形态的产品，包括初步加工的产品和用于制造其他产品的原料。

农产品质量安全标准是强制性的技术规范；市场上销售的农产品必须符合农产品质量安全标准；禁止生产、销售不符合国家规定的农产品质量安全标准的农产品。符合农产品质量安全标准的农产品通常称为无公害农产品。无公害农产品是指使用安全的农药、兽药、饲料和饲料添加剂、化肥等农业投入品，按照规定的技术要求生产的农产品，其产地环境、产品质量符合国家保障农产品质量安全的强制性的最低要求。

本法健全了农产品质量安全责任机制：一是明确农产品质量安全工作坚持预防为主、风险管理、源头治理、全程控制的原则；二是明确农产品生产经营者对其生产经营的农产品质量安全负责，要求生产经营者诚信自律，接受社会监督，承担社会责任；三是落实地方人民政府的属地管理责任和部门监督管理职责，规定县级以上地方人民政府对本行政区域的农产品质量安全工作负责；各级农业农村、市场监督管理等有关部门依法依职责承担农产品质量安全监管工作；四是构建协同、高效的社会共治体系，要求注重发挥基层群众性自治组织在农产品质量安全管理中的优势和作用，鼓励其建立农产品质量安全信息员制度，协助开展有关工作。

2. 农产品质量安全风险管理和标准制定

（1）国家完善了农产品质量安全风险监测制度　明确国务院农业农村主管部门负责制定风险监测计划，对重点区域、重点农产品品种进行质量安全风险监测；省级农业农村主管部门负责制定本行政区域风险监测实施方案；县级以上地方农业农村主管部门负责组织实施。

（2）国家完善了农产品质量安全风险评估制度　明确国务院农业农村主管部门设立农产品质量安全风险评估专家委员会，对可能影响农产品质量安全的潜在危害进行风险分析和评估。明确农产品质量安全风险评估专家委员会的成员由农业、食品、营养、生物、环境、医学、化工等方面的专家组成。

（3）国家建立健全了农产品质量安全标准体系　农产品质量安全标准体系是农业标准体系中涉及农产品安全和质量中强制性的技术规范的有机系统。农业标准体系是范围或领域、内容、层级组成的三维立体结构：①农业标准体系范围包括种植业、畜牧业、渔业等行业所涉及的标准。②农业标准体系内容包括安全和质量两类标准。安全类标准，主要是影响农产品安全的物理性、化学性和生物性危害因素的标准；质量类标准，主要是农产品质量标准以及与农产品质量有关的标准。③我国现行农业标准体系的层级由农业国家标准、行业标准、地方标准和企业标准四级组成。

制定农产品质量安全标准应当充分考虑农产品质量安全风险评估结果，并听取农产品生产者、销售者和消费者的意见，保障消费安全。风险评估是在特定条件下，对动植物和人类或环境暴露于某危害因素产生或将产生不良效应的可能性及严重性的科学评价。突出风险评估地位，实现了我国农产品质量安全管理的科学化。农产品质量安全标准是政府依法监管、依法行政的重要技术支撑，事关人体健康和生命安全，事关产业发展。农产品质量安全标准在制定过程中广泛征求和听取生产者、经营者、消费者、管理者等利益相关主体的意见，是确保符合各相关主体的利益和提高执法效果的科学方法。

农产品质量安全标准应当根据科学技术发展水平以及农产品质量安全的需要，及时修订。农产品质量安全标准是人类在农业生产、消费活动中形成的自然知识和社会知识的集合。随着人类对世界的不断认识和不断改造，知识总是在不断发展。如随着研究的深入，最早作为科研成果进行推广的“瘦肉精”被发现会对人体健康产生危害，故目前在农产品质量安全标准中，规定“瘦肉精”不得检出。作为科学技术和生产实践相结合的产物，农产品质量安全标准需要综合考虑产业发展需求、行政管理需要以及技术的成熟度和适用性等因素，不断完善修订。

农产品质量安全标准由农业行政主管部门同有关部门组织实施。“农产品质量安全标准实施”是指有组织、有计划、有措施地贯彻执行农产品质量安全标准的活动，是组织农产品生产经营者将标准规定的内容贯彻到生产、流通等环节中的过程。

3. 农产品产地

农产品产地是影响农产品质量安全的重要源头。工业“三废”和城市垃圾的不合理排放，农产品种养殖过程中投入品的不合理使用，产地自身的重金属状况等，都可能给部分农业用地、畜牧生产环境、渔业水域环境造成污染。《农产品质量安全法》对农产品产地监测制度，农产品禁止生产区域的确定，农产品标准化生产基地的建设，农业投入品的合理使用等方面作出了规定。从源头上控制污染物进入农产品生产过程，防止因农产品产地污染而危及农产品质量安全。

国家建立了农产品产地监测制度，要求县级以上地方农业农村主管部门会同生态环境、自然资源等有关部门制定监测计划，加强农产品产地安全调查、监测和评价工作。

“农产品禁止生产区域”是指由于人为或者自然的原因，致使农产品产地有毒有害物质超过产地安全相关标准，并导致所生产的农产品中有毒有害物质超过标准，经县级以上地方人民政府批准后，禁止生产农产品的区域。如耕地土壤重金属严重超标，经采取技术措施仍然达不到某类粮食或蔬菜生产标准的要求，则应当列为粮食或蔬菜禁止生产区域；严重污染的河流和湖泊，经过治理后水质仍然达不到某类水产品生产标准的，应列为该类水产品禁止生产区域。

农产品标准化生产基地的建设应当以提高农产品市场竞争力为核心，以突出生产条件标准化建设为载体，以实现产品质量标准化为主线，通过政府投入，引导企业参与，整合物质、技术和管理资源，强化生产条件建设和改造，由点带面，由面连片，全面推行生产技术规程、经营管理的标准化。

农业生物生长过程是与周围环境进行物质能量传递、转化的过程，如果生长区域大气、土壤或者水体中存在过量的有毒有害物质，会被动植物在生长过程中吸收，在体内积累富集，造成农产品中有毒有害物质超标，食用后会危害人体和动植物健康。为了确保食用农产品的质量安全，必须禁止在有毒有害物质超过规定标准的区域生产、捕捞、采集食用农产品；禁止向农产品产地排放或者倾倒废水、废气、固体废物或者其他有毒有害物质；合理使用化肥、农药、兽药、农用薄膜等化工产品，防止对农产品产地造成污染。

4. 农产品生产

《农产品质量安全法》对农产品生产技术规范的制定，农业投入品的生产许可与监督抽查，农产品质量安全技术培训与推广，农产品生产档案记录，农产品生产者自检，农产品行业协会自律等方面进行了规定。生产者只有严格按照规定的技术要求和操作规程进行农产品生产，科学合理地使用符合国际要求的农药、塑料及塑料添加剂等农业投入品，适时的收获、捕捞和屠宰动植物或其产品，才能生产出符合质量安全标准要求的农产品，才能保证消费安全。同时，要充分发挥农业行政管理部门、农业科技教育推广机构、中介组织、农产品生产企业和农户等生产者的各自作用，让各生产者履行各自职责，才能事半功倍。

技术要求和操作规程是对农产品生产过程的要求和规范，涉及农业资源与环境保护、病虫害测报、动植物疫病防治、种子种苗繁育、种植养殖过程中操作与管理等方面。保障农产品质量安全的技术要求和操作规程应当由县级以上地方人民政府农业农村主管部门根据本地区的实际情况制定。县级以上人民政府农业行政主管部门应当加强对农产品生产的指导，要结合本地区产业和生产实际，制定农民可操作的生产手册或明白纸、明白卡、模式图等，使广大农户准确掌握核心技术。

农业投入品使用不当或不合理是影响农产品质量安全和导致环境污染的重要因素。使用不合格的农药、兽药、农作物种子、饲料和饲料添加剂、肥料等农业投入品，或者不合理使用农业投入品，都会导致农产品中有毒有害物质污染，危及农产品的质量安全。因此，本法规定，对可能影响农产品质量安全的农药、兽药、饲料和饲料添加剂、肥料、兽医器械，依照有关法律、行政法规的规定实行许可制度。农产品生产经营者应当依照有关法律、行政法规和国家有关强制性标准、国务院农业农村主管部门的规定，科学合理使用农药、兽药、饲料和饲料添加剂、肥料等农业投入品，严格执行农业投入品使用安全间隔期或者休药期的规定；不得超范围、超剂量使用农业投入品危及农产品质量安全。禁止在农产品生产经营过程中使用国家禁止使用的农业投入品以及其他有毒有害物质。

建立健全农业投入品的安全使用制度是一种既保障农产品质量安全，又保护人类健康、动植物卫生和生态环境的制度。县级以上人民政府农业农村主管部门应当加强对农业投入品使用的监督管理和指导，建立健全农业投入品的安全使用制度，推广农业投入品科学使用技术，普及安全、环保农业投入品的使用。

《农产品质量安全法》加强了地理标志农产品保护和管理，鼓励和支持农产品生产经营者选用优质特色农产品品种，采用绿色生产技术和全程质量控制技术，提高农产品品质，打造农产品品牌。

5. 农产品销售

《农产品质量安全法》对农产品分类包装、包装标识、包装材质、转基因标识、动植物检疫标识和优质农产品质量标志作出了规定。建立农产品包装和标识制度，是实施农产品追踪和溯源，建立农产品质量安全责任追究制度的前提，也利于保障消费者的知情权和选择权。

本法建立了内控管理制度，规定农产品生产企业应当建立农产品质量安全管理制度，鼓励、支持农产品生产企业、农民专业合作社、农业社会化服务组织建立和实施危害分析和关键控制点体系。

农产品在包装、保鲜、储存、运输中所使用的保鲜剂、防腐剂、包装材料等，应当符合国家有关强制性标准以及其他农产品质量安全规定。储存、运输农产品的容器、工具和设备应当安全、无害。禁止将农产品与有毒有害物质一同储存、运输，防止污染农产品。

农产品生产企业、农民专业合作社以及从事农产品收购的单位或者个人销售的农产品，按照规定应当包装或者附加承诺达标合格证等标识的，须经包装或者附加标识后方可销售。包装物或者标识上应当按照规定标明产品的品名、产地、生产者、生产日期、保质期、产品质量等级等内容；使用添加剂的，还应当按照规定标明添加剂的名称。具体办法由国务院农业农村主管部门制定。

《农产品质量安全法》建立了食用农产品质量安全追溯制度，规定农产品生产企业、农民专业合作社应当依法开具食用农产品质量安全承诺合格证，并对其销售的农产品质量安全负责；对列入食用农产品质量安全追溯目录的食用农产品实施追溯管理。

农产品质量符合国家规定的有关优质农产品标准的，农产品生产经营者可以申请使用农产品质量标志。禁止冒用农产品质量标志。

属于农业转基因生物的农产品，应当按照农业转基因生物安全管理的有关规定进行标识。依法需要实施检疫的动植物及其产品，应当附具检疫标志、检疫证明。

6. 监督管理

《农产品质量安全法》完善了农产品质量安全监督管理措施。一是规范监督抽查工作，规定县级以上人民政府农业农村主管部门应当建立健全随机抽查机制，确定抽查的重点、方式和频次，组织开展农产品质量安全监督抽查；要求检测人员具备相应专业知识和技能，恪守职业道德，严禁检测机构出具虚假检测报告。二是加强农产品生产日常检查，重点检查产地环境、农业投入品等内容；建立农产品生产经营者信用记录制度。三是完善监督检查措施，规定开展农产品质量安全监督检查，有权采取进入生产经营场所进行现场检查，查阅复制农产品生产记录等资料，抽样检测，查封扣押不符合农产品质量安全标准的农产品、农业投入品和用于违法生产经营的设施设备等措施。四是强化考核问责，规定上级人民政府应当督促下级人民政府履行农产品质量安全监管职责，对落实不力、问题突出的地方人民政府，可以对其主要负责人进行责任约谈。五是完善应急措施，规定国务院农业农村主管部门会同有关部门制定国家农产品质量安全突发事件应急预案，县级以上地方政府制定本行政区域的农产品质量安全突发事件应急预案。六是强化行刑衔接，规定县级以上农业农村、市场监督管理、公安等有关部门应当做好执法衔接和配合。

农产品质量安全检测工作应当充分利用现有的符合条件的检测机构，避免质检机构的重复建设和资源浪费。建立农产品质量安全监测机构，包括农业环境、农业投入品质量检测机构，开展农产品质量安全监测工作。国务院农业农村主管部门负责制定农产品质量安全检测机构考核认定管理办法，明确农产品质量安全检测机构的组织与管理、质量体系、人员、仪器设备、环境设施、检测工作等方面的具体要求。只有考核合格的农产品质量安全检测机构，才能接受政府及其相关部门的委托，从事农产品质量安全检测工作。

思考题

1. 我国的立法体制是什么？
2. 我国食品法律法规制定的基本原则是什么？
3. 什么是食品法律法规体系？
4. 《中华人民共和国食品安全法》立法背景和意义是什么？
5. 《中华人民共和国食品安全法》的基本内容是什么？
6. 《中华人民共和国标准化法》立法背景和意义是什么？
7. 《中华人民共和国标准化法》的基本内容是什么？
8. 《中华人民共和国农产品质量安全法》规定的农产品质量安全监测制度是什么？

第三章 食品标准化

CHAPTER 3

学习目标与要求

1. 了解食品标准化的意义；
2. 掌握食品标准和标准化的基本概念；
3. 掌握食品标准化的基本特征、基本原理与方法；
4. 理解食品标准化的基本原则；
5. 熟悉食品标准化的主要内容。

标准化是人类在长期生产实践过程中逐渐摸索和创立起来的一门学科，也是一门重要的应用技术。标准化是组织现代化生产的重要手段，是发展市场经济的技术基础，是科学管理的重要组成部分。标准化的水平反映了一个国家的生产技术水平和管理水平。食品标准水平代表一个国家在食品安全、食品质量方面的保护水平，也体现一个国家在国际食品贸易中的保护水平。食品标准化是全面提升食品质量和安全水平，保障消费者健康的关键；是提高国家食品产业竞争力的重要技术支撑；是实现食品产业结构调整的重要手段；是国家食品监督管理、规范市场秩序的依据。

目前，我国食品标准化在加大重要食品标准的基础性研究工作以及专家队伍建设，积极应对食品安全突发事件等方面已取得显著成效，已初步建立了食品安全标准体系，有力促进了食品行业的发展，为国民经济的持续、健康、快速发展以及社会主义和谐社会的构建发挥了重要作用，食品标准化为食品质量安全提供了支撑。但随着科技日新月异，生产要素流动和产业转移加快，国际环境复杂多变，影响食品质量和安全的因素日益增多，这些都对我国食品标准化的发展提出了新的挑战。如何按照我国经济社会发展目标以及消费需求，深入分析食品标准化工作的现状和发展趋势，科学规划食品标准化，采取切实有效措施，对于全面提升我国食品质量安全水平以及国际竞争力具有重要的意义和作用。作为食品相关专业人员必须具备和掌握标准化的基本知识，具有较强的标准化意识，熟悉与食品专业等有关的主要的国家、国际和行业标准，自觉实施现行标准。

第一节　食品标准化基本概念

标准化的概念是标准化概念体系中最基本的概念，是人们对标准化有关范畴本质特征的概括。研究标准化的概念，对于标准化学科的建设和发展以及开展和传播标准化的活动具有重要意义。

食品标准化是一门新兴的具有明显实践意义的学科，学科的跨度和涉及的专业范围很广，包括食品科学、卫生与毒理学、产品质量安全监督与管理、检验检测等专业。在讨论食品标准化之前，要根据食品和食品工业的特点，认识和掌握食品标准化的基本概念。阐述食品标准化的基本概念，既要综合理解标准化的一些基本原理，又要与食品生产加工等技术特点紧密结合。食品标准化作为标准化的有机组成部分和具体应用，其最基本的概念包括“标准”“标准化”“标准化文件”“食品标准”“食品标准化”等。下面重点对标准化的基本概念、食品标准化及其含义进行阐述和剖析。

一、　标准化文件

GB/T 20000.1—2014《标准化工作指南　第 1 部分：标准化和相关活动的通用术语》定义 5.2 中，标准化文件是指“通过标准化活动制定的文件”。属于规范性文件的一种，与其他规范性文件在形成过程上的主要区别在于它产生于标准化活动。

标准化文件中的大部分为标准，标准之外的为其他标准化文件。根据文件的内容以及文件形成过程履行程序的情况，其他标准化文件可以分为规范或规程、技术报告、协议、指南等。

标准与其他标准化文件之间的主要区别在于是否履行了协商一致程序并达到了形成标准所要求的协商一致程度。此外，其他标准化文件与标准在文件代号上有明显的区别，通常情况下，在文件代号中除了有文件发布组织的代号外，还有文件类型的特定代号（技术规范为 TS、可公开提供规范为 PAS、技术报告为 TR、指南为 Guide 等）。我国的国家标准化指导性技术文件的文件代号为 GB/Z。

二、　食品标准与食品标准化

1. 食品标准

食品标准的概念与标准的概念是密不可分的。结合食品的特点，引申应用标准的概念，可将“食品标准”定义为：通过标准化活动，以食品科学技术和生产实践经验的综合成果为基础，按照规定的程序经协商一致制定，为食品生产经营等活动或其结果提供规则、指南或特性，供共同使用和重复使用的文件。

2. 食品标准化

结合标准化的概念以及食品满足人们基本健康需求的属性，食品标准化是指为了在既定范围内获得最佳秩序，促进共同效益，对食品领域内的现实问题或潜在问题确定共同使用和重复使用的条款的活动。

第二节　食品标准化基本特征

食品标准的制定和发布是食品标准化的基础工作。标准化的根本目的是要在一定的范围内“获得最佳秩序”。由于食品生产涉及多个领域，食品标准化要从整个国家和全社会的利益来考虑食品工业的发展并为之服务，因此，食品标准化就有一个或多个目的。通过标准化活动实现食品领域内的“最佳秩序”。食品标准化的目标可以是多方位的，如控制食品种类、改进食品品质、生产过程、保障食品安全、保护消费者健康、保护环境等。应用标准化的基本原理可知，实现食品标准化的目标和作用，必须通过制定和贯彻具体的食品标准来体现。为规范糕点类食品的生产，制定了糕点术语，规定了糕点、面包的指标要求、食品添加剂、生产加工过程中的技术要求、包装、标识、贮存及运输要求和检验方法，并且贯彻实施这些标准，为糕点类产品的质量安全提供技术支持。因此，食品标准化活动的“内核”就是要围绕着食品标准的制修订与实施而展开。根据标准化的概念可知，食品标准化具有经济性、科学性、民主性、法规性、动态性、综合性和多样性。

一、经济性

《中华人民共和国标准化法》第一条指出“为了加强标准化工作，提升产品和服务质量，促进科学技术进步，保障人身健康和生命财产安全，维护国家安全、生态环境安全，提高经济社会发展水平，制定本法”。此外，由标准化的概念可知，标准化的目的就是在既定范围内获得最佳秩序，促进共同效益。

食品标准化的经济性主要体现在以下四个方面。

1. 食品标准化是实现食品产业结构调整的重要手段

调查表明，全国目前有多达百万家食品企业，但70%左右是10人以下的小企业、小作坊，部分生产企业加工设备落后，从业人员素质低、法治意识淡薄，有些企业不具备生产合格食品的条件或不按标准进行生产加工。通过标准的技术要求，设置合理的市场进入门槛，限制产品质量低劣、浪费资源、污染严重和不具备安全生产条件的企业的发展，淘汰一大批落后的产品、设备、技术和工艺，压缩过剩生产能力，推广先进技术，使整个食品产业统筹规划、突出重点、合理布局，从而实现整个食品产业结构的战略性调整。

2. 食品标准化是国家食品监督管理、规范市场秩序的重要依据

食品标准规定了食品生产、加工、流通和销售等过程以及食品产品及其性能、试验方法等的质量安全基本要求和具体指标，食品质量标准是判定食品合格与否的依据，是食品进入市场的门槛。依据食品标准，可以鉴别以次充好、假冒伪劣食品，保护消费者的利益，整顿

和规范市场经济秩序，营造公平竞争的市场环境。进而达到获得“获得最佳秩序，促进共同效益”的目的。

3. 食品标准化是全面提升食品质量和安全水平，保障消费者健康的关键

食品标准化是为了对食品质量安全实施全过程控制而建立的。食品标准化的有效实施，可以使食品生产全过程标准化、规范化，为食品质量安全提供控制目标、技术依据和技术保证，实现对食品安全各个关键环节和关键因素的有效监控，满足食品质量安全标准的规定和要求，全面保证和提升食品质量安全水平，切实保护消费者的健康和权益。

4. 食品标准化是提高国家食品产业竞争力的重要技术支撑

食品行业是我国的支柱性产业，其发达程度直接影响到我国的综合国力和国际竞争力。一个既符合我国国情又与国际接轨的食品标准化体系，可为企业提供一套完整有效、科学合理的安全生产和监控管理技术标准与规程，引导和规范企业行为，促进企业加强质量管理，强化食品从业人员的自主管理意识，采用新技术、新设备，全面提高产品质量，增强我国食品产业的国际市场竞争力。同时食品标准化将有助于我国跨越和打破食品贸易技术壁垒，建立技术性贸易措施，促进食品贸易全球化。

二、 科学性

标准化是科学、技术与实验的综合成果发展的产物。它不仅奠定了当前的基础，而且还决定了将来的发展，它始终和发展的步伐保持基本一致。说明了标准化活动是以生产实践和科学实验的经验总结为基础的。标准来自实践，反过来又指导实践，标准化奠定了当前生产活动的基础，还促进了未来的发展。由此可见，标准化活动具有严格的科学性和规律性。食品标准的制定离不开食品科技发展的综合成果，将科学研究和技术进步的新成果同实践中取得的先进经验相互结合，并被纳入标准。近年来，为了提高食品标准的科学性，风险分析原则和方法在食品标准制修订过程中逐步得到应用。我国自 20 世纪 70 年代开始组成了食品中化学污染物限量标准研制协作组，开展了对食品中化学污染物的危险性评估，主要研究内容包括：动物毒理学试验、人群健康影响的流行学调查、食品污染水平调查、日允许摄入量确定等。

三、 民主性

标准化活动是为了所有有关方面的利益，在所有有关方面的协作下进行的“有秩序的特定活动”。这就充分地体现了标准化的民主性。各方面的不同利益是客观存在的，为了更好地协调各方面的利益，就必须进行协商与相互协作，这是标准化工作最基本的要求。少数人做决定不可能制定出符合大多数人认同的标准，缺乏民主性的标准在实际贯彻执行中也很难被社会接受。

食品标准化的民主性主要体现在三个方面。一是食品标准的研制是经过分析、比较和选择之后加以综合的过程。二是具备系统的食品标准管理体制；国务院授权由国家标准化管理委员会统一管理全国食品标准化工作，与食品相关各行业主管部委，如国家卫生健康委员

会、农业农村部、国家粮食和物资储备局等，按照分工管理本部门、本行业的食品标准化工作；各级地方质量技术监督部门及相关行政主管部门按照“统一管理、分工负责”的原则对本行政区域内的食品标准化工作进行管理。三是注重食品专家队伍建设，通过食品标准化工作的开展，我国培养了一批食品标准化工作的专家，建立了一支标准化专家队伍，为标准制修订和实施提供了技术支持。

四、 法规性

没有确定的规定，就不能成为标准。标准要求对标准化的对象作出明确统一的制定，不允许有任何模棱两可的解释。标准不仅有“质”的要求，而且还有“量”的规定，标准的内容应有严格规定，同时又对形式和生效范围作出明确规定。标准一旦由国家、企业或组织发布实施就必须严格按标准组织生产、产品检验和验收，也会成为合同、契约、协议的条件和仲裁检验的依据，说明标准具有法规性。

五、 动态性

食品标准化具有标准化的共同特征，它不是一个孤立的事物，食品标准化具有动态性，是因为标准化过程是一个不断循环、螺旋式上升的发展过程。通过制定、发布、实施、反馈、修订，到再发布、实施等活动，每完成一个循环，标准的水平就提升一步。食品标准化活动过程的三个环节相互关联，缺少任何一个环节都谈不上标准化。食品标准化作为标准化科学中的一个分支学科，就是要不断研究食品标准化活动过程中的规律和方法。《中华人民共和国标准化法》第三条规定明确指出，标准化工作的任务是制定标准、组织实施标准和对标准的实施进行监督。标准化工作应当纳入国民经济和社会发展计划。食品标准化工作作为整个标准化工作中的一环，就是根据食品工业发展客观情况的变化不断促进循环过程的进行和发展，达到一种相对和谐的状态。

同样，食品标准化是一个活动过程，主要是制定食品标准、组织实施食品标准和对食品标准的实施情况进行反馈与监督，进而修订标准的过程。以食品中脂肪的测定为例，最初的标准为 GB/T 5009.6—1985《食品中脂肪的测定方法》，随着技术的改进以及食品种类的增加，被 GB/T 5009.6—2003《食品中脂肪的测定》替代；但由于国内相关标准存在检测范围不明确、分类依据模糊以及交叉重复严重等问题，2016 年发布了 GB 5009.6—2016《食品安全国家标准　食品中脂肪的测定》，该版本在原本的基础上，整合了 GB/T 9695.1—2008《肉与肉制品　游离脂肪含量测定》、GB 5413.3—2010《食品安全国家标准　婴幼儿食品和乳品中脂肪的测定》、GB/T 9695.7—2008《肉与肉制品　总脂肪含量测定》、GB/T 14772—2008《食品中粗脂肪的测定》、GB/T 5512—2008《粮油检验　粮食中粗脂肪含量测定》、GB/T 15674—2009《食用菌中粗脂肪含量的测定》、GB/T 22427.3—2008《淀粉总脂肪测定》、GB/T 10359—2008《油料饼粕　含油量的测定　第 1 部分：己烷（或石油醚）提取法》，检测范围更加明确；但根据反馈意见，现有版本存在适用范围不够广泛、蛋制品以及高糖制品提取溶剂不适合等问题，仍需进一步修订。

六、 综合性

标准化具有很强的综合性，标准化是制定食品标准、实施标准和监督标准的综合活动，贯穿其中的既有管理方面的内容，也有技术方面的内容。

食品标准化的综合性体现在以下几个方面。首先，食品标准化作为国家食品管理活动的一部分，提出食品管理的技术要求，能够及时有效填补国家食品法律法规中不可能细化到的内容，为食品生产加工管理提供重要的、基础性的技术支撑。其次，食品标准化规定了大量的、具体的技术内容，为食品生产加工提供指导。如食品中安全限量标准，给出各种有害物质的残留限量指标或适宜使用限量指标，食品生产加工控制标准则具体规定了质量安全控制应该遵守的规范。

七、 多样性

食品标准化具有复杂多样的规范内容。食品标准化的对象涉及食品、与食品相关的事物和活动，因此标准化的内容多种多样，既有标准化管理活动要求，食品生产活动规范等，又有硬件指标、技术指标等；既有食品安全要求（如以人类健康为目标，不以企业经济效益为目标），又有食品质量要求（如以追求食品品种多元化、品质多样化为目标）；既有食品自身的要求，又有食品相关外围生产资料和行为的要求。另外，标准化的对象还存在层次之分，目的性差异等，所有这些变化决定了食品标准化内容的多样性。

第三节 食品标准化基本原理与方法

认知食品标准化活动的基本规律和原理，寻求有效方法解决食品标准化过程中的问题，是食品标准化理论研究的主要内容。标准化的方法原理的形成是长期的标准化工作和实践经验的高度概括，反过来用它来指导人类社会的标准化活动。

我国早在2000多年前提出的“不以规矩，不能成方圆”的观点，至今仍被作为揭示标准化本质特征的至理名言，这可称得上是古典的标准化理论。美国的泰勒（Frederick. W. Taylor）通过对动作和时间的研究，建立并实行了操作方法和工作方法，工时定额和计件工资以及培训方法的标准化。1911年出版的《科学管理原理》，使所有工具和工作条件实现标准化和完美化，促进了管理标准化和以标准化为基础的科学管理。

20世纪50年代以前，约翰·盖拉德（John. Gaillard）1934年发表的《工业标准化——原理与应用》论述了标准化的许多原理和实践。1952年ISO成立了标准化原理委员会，随后一些国家也设立了相应的机构，这对标准化理论研究起到了推动作用。1972年出版了桑德斯（T. R. B. Sanders）的《标准化的目的与原理》，提出了标准化7条原理，这7条原理主要围绕着标准化的目的和作用以及标准的制修订工作来阐述。日本政法大学松浦四郎教授在《工业标准化原理》一书中，对简化的理论和方法进行了研究，提出了19项原理。1974年我国标准化工作者在总结机械工业标准化实践经验的基础上，提出了“相似设计原理”和“组合化原理”等。经过国内外标准化工作者的不断探索和实践，形成了目前比较公认的标准化最基本的方法原理。

当今标准化的原理主要有简化、统一化、协调、优化和过程控制等。这些标准化的基本原理是从标准化实践中概括出来的。简化原理与统一化原理是从简化与统一这两种古典的标准化形式中总结出来的，在现代仍然被广泛地应用着。协调原理和最优化原理是从近代标准化的特点中概括出来的。但是，这绝不是说古代标准化就不存在协调和最优化问题，而是说这个问题的重要性在现代更为突出。

一、 简化原理

1. 简化的概念与特点

简化就是在一定范围内缩减标准化对象（事物）的类型数目，使在一定的时间内满足一般需要的标准化形式和方法要求。标准化的简化原理可以概括为，具有同种功能的标准化对象，当多样性的发展规模超出了必要的范围时，即消除其中多余的、可替换的、低功能的环节，保证其构成的精练、合理，并使整体功能最佳。简化一般是事后进行的，即当事物的多样化发展到一定规模之后，才对事物的类型数目或其构成要素进行缩减。

2. 简化的必要性和合理性界限

运用简化原理时必须把握好以下两个界限。

（1）简化的必要性界限　在事后简化的情况下，只有“当多样性的发展规模超出了必要的范围时”就应该（或才允许）简化。所谓必要的范围，是通过对象的发展规模（如品种、规格的数量）与客观实际的需要程度相比较而确定的。运用技术经济分析等方法，可以使“范围”具体化，“界限”定量化。

（2）简化的合理性界限　简化的合理性界限，就是通过简化应达到“总体功能最佳”的目标。“总体”指的是简化对象的品种构成，“最佳”指的是从全局看效果最佳。它是衡量简化是否做到了既“精练”又“合理”的唯一标准。运用最优化的方法，可以从几种接近的简化方案中选择“总体功能最佳”的方案。

3. 简化的一般原则

简化的实质是对客观事物的构成加以调整，并使之最优化的一种有目的的标准化活动。必须遵循标准化原理和一般的要求：①对客观事物进行简化时，既要对不必要的多样性加以压缩，又要防止过分压缩；②对简化方案的论证应以确定的时间、空间范围为前提；③简化的结果必须保证在既定的时间内满足一般需要，不能因简化而损害用户和消费者的利益；④对产品的简化要形成系列，其参数组合应尽量符合标准数值分级规定。

4. 简化原理在食品标准化中的应用

食品标准化的简化表现在以下三个方面。

（1）食品品种和分类的科学化　由于科学技术、市场竞争和人们生活需求的不断发展，使得食品产品的品种急剧增多。必须科学分类、简化食品类别，特别是对于交叉技术产生的新型食品类别，如生物技术食品，可能涉及多种食品生产，像发酵食品、调味品、果蔬制品等，若品种分类不科学，势必造成相互之间的交叉，必须确定原则，进行简化，促使同一层次上食品分类涵盖内容的协调。

（2）食品生产技术的简化　食品标准化的对象是食品，食品生产的主体是各种食品企业，既有大企业、中型企业，也有几个人的小作坊。将复杂的食品技术转化成简单的食品生产技术标准，用以指导食品生产，需要以一种简化的形式，将生产工艺的关键技术以图解等的形式显示出来，有利于标准的执行，如很多车间内的操作流程图解就是将食品生产工艺标准以简化的形式进行执行。总之，通过生产技术的形式简化、图解说明，将复杂的食品技术通俗化、可操作化。

（3）食品标准内容的简化　根据食品标准的共性特征，将相对分散的标准整合、简化，提高标准的适用性。如根据提高通用性的原则，我国将近 80 项食品中农药残留限量标准整合为 1 个标准 GB 2763—2021《食品安全国家标准　食品中农药残留最大限量》，这是根据标准体系建设要求利用简化原理的一个实例，其中将多个农药限量标准中重复的内容简化，仅保留实质内容。

二、统一化原理

1. 统一化的概念

标准化的统一原理就是为了保证事物发展所必需的秩序和效率，对事物的形成、功能或其他特性，确定适合于一定时期和一定条件的一致规范，并使这种一致规范与被取代的对象在功能上达到等效。统一性的一般原理是：

（1）等效是统一的前提条件　只有统一后的标准与被统一的对象具有功能上的等效性，才能替代。

（2）统一要先进、科学、合理、有度　统一是有一定范围或层级的，由此，确定标准宜制定为国家标准，还是企业标准。统一是在一定水平上的，由此，决定标准的先进性即技术指标的高低。统一又是有一定量度的，为此，有的标准要规定统一的量值，如食品中有害物质含量、食品中营养成分含量等。

（3）统一要适时进行　过早统一，有可能将尚不完善、不稳定、不成熟的类型以标准的形式固定下来，这不利于科学技术的发展和更优秀的类型出现；过迟统一，当低效能类型大量出现并形成定局时，要统一就比较困难，而且要付出一定的经济代价。

（4）统一又分为绝对统一和相对统一　绝对统一不允许有灵活性，如制定食品安全限量标准、食品标签标识等强制性标准。相对统一是出发点和总趋势统一，这种统一具有灵活性，可以根据情况区别对待。如一些推荐性的食品标准化术语、食品检测方法标准等。

2. 统一化的一般原则及其在食品标准化中的应用

食品标准化的统一化一般应把握好以下四个原则。

（1）适时原则　统一化是事物发展到一定规模、一定水平时，人为进行干预的一种标准化形式。干预的时机是否恰当，对事物未来的发展有很大影响。为较准确地把握统一化的时机，可通过预测技术和经济效益分析，经济技术发展规划、趋势的研究等科学地加以确定。在具体的标准化活动实践中，统一过早的事例并不多见，但统一过迟的事例却屡见不鲜。把握好统一的时机，是搞好食品标准化统一的关键。

我国 1995 年发布实施了 GB/T 15091—1994《食品工业术语与分类》标准，该标准规定了食品工业常用的基本术语。标准适用于食品工业生产、科研、教学及其他有关领域。该标准发布实施时，我国食品工业发展进入快速增长期，此时，人们追求的是各类食品的质量、营养和安全，为统一食品行业内的一些概念和认识，发布这项标准是合时宜的。如果在人们生活困难时期，衣食无保，或者食品工业极度落后，推出这项（或这类）标准没有使用主体，则没有体现食品标准应有的意义。

（2）适度原则　所谓“适度”，就是要合理地确定统一化的范围和指标水平。“度”是在一定质的规定中所具有的一定量的值，度就是量的数量界限。对客观事物进行统一化，既要有定性的要求（质的规定），又要有定量的要求。如在对产品进行统一化时，不仅要对哪些方面必须统一、哪些方面不做统一、哪些要在全国范围统一、哪些仅在局部进行统一、哪些统一要严格、哪些统一要灵活等作出明确的规定，而且必须恰当地规定每项要求的数量界限。在对标准化对象的某一特性做定量规定时，对可以灵活规定的技术特性指标，还要掌握好指标的灵活度。

对于食品基础标准、食品质量安全标准等，都是要在全国统一实施。而对于特定地域的农产品生产技术田间操作规程，就不宜在全国范围内统一，只适合在某一地区统一。东北的大米和江南的大米就是在不同地理条件和栽培条件下的品种，第一是需要制定它们的标准，第二制定标准的适用范围要适度，第三是制定对应的指标也要适度。

如我国食品方面的行业标准，主要包括农业、粮食、商业、轻工等，许多食品行业标准是在地方标准或企业标准基础上，经过一段时间、在一定范围的实施后，经过调查研究，需要在全国范围统一时，才修订改变标准的适用范围后发布实施的。

（3）等效原则　所谓等效是指把同类事物两种以上的表现形式归并为一种（或限定在某一范围）时，被确定的“一致性”与被取代事物之间必须具有功能上的可替代性。只有统一后的标准与被统一的对象具有功能上的等效性，才能替代。

（4）先进性原则　等效原则只是对统一化提出了最低要求，因为只有等效才有统一可谈。而统一的目标是使建立起来的统一性具有比被淘汰的对象更高的功能。为此，还须贯彻先进性原则。

所谓先进性，就是指确定的一致性（或所做的统一规定）应有利于促进生产发展和技术进步，有利于更好地满足社会需求。如我国目前加强食品风险分析技术研究，制定食品风险分析基本原则，制定食品安全全程控制的 GB/T 22000—2006《食品安全管理体系　食品链中各类组织的要求》、食品企业危害分析与关键控制点（Hazard Analysis and Critical Control Point，HACCP）体系等标准，都充分体现了标准化活动的前瞻性、先进性。

三、协调原理

1. 协调的概念

协调是指在一定的时间和空间内，使标准化对象内外相关因素达到平衡和相对稳定。目的是使系统的功能达到最优。一项先进的技术标准应该是一个最佳协调的结果。一个好的产品、先进的工艺方法、合理的设计结构、最佳的参数和技术指标以及正确的管理方法等，都应该是经过系统内外协调的产物。

2. 协调的原理

标准系统的功能取决于标准之间相互适应的程度。为达到整体系统功能最佳的目标，必须对各子系统进行协调，使系统中各组成部分或各相关因素之间建立起最合理的秩序或相对平衡关系。在标准系统中，只有各项标准之间的功能彼此协调时，才能实现整体系统的功能最佳，这就是协调的原理。具体体现在以下三个方面：

（1）标准内部系统之间的协调　在理化检验标准中，对各个参数进行优化，满足最佳检测性能。

（2）相关标准之间的协调　如谷物质量安全标准涉及谷物种子、栽培技术实施、病虫害防治、生产环境、储存条件等方面，应从最终产品质量要求出发，对各个环节或要素规定必要的要求，从而保证所有相关标准的标准系统之间的整体功能最佳。

（3）标准之间的协调　如集装箱运输标准化就涉及公路、铁路运输系统和海运以及空运系统的标准化问题，集装箱的外形大小和质量等参数受不同运输系统的制约，只有相互协调统一，才能发挥集装箱的整体运输优势，产生巨大的经济和社会效益。

3. 食品标准化的协调化过程

任何一项标准都是标准系统中的一个功能单元，既受系统的约束，又影响系统功能的发挥。所以，每制定或修订一项新标准都需进行协调。同样，任何一项食品标准一定存在某个层级食品标准体系之中，又最终被纳入国家食品标准体系内。如果把一项具体的食品标准都看作一个小单位，每项标准又跟另外一些标准密切相关，进行形成更大的系统。食品标准系统的功能取决于各系统功能的发挥及各子系统之间互相适应的程度，为了实现整体功能的最佳，必须对子系统进行协调，使整个食品标准体系中各组成部分或相关因素之间建立起合理的秩序或相对平衡的关系。所谓协调化，就是在食品标准体系中，只有当各个局部（子体系）的功能彼此协调时，才能实现整体系统的功能最佳。食品本身是涉及多个领域的大体系，它包括管理、技术和社会等各个子系统。在食品生产中，各个子系统都有其相对的独立性，而各个子系统之间又需要很好地协调以达到有机的结合。

四、优化原理

1. 优化的概念

标准化的最终目的是取得最佳效益，因此在标准制定和实施过程中一定要贯彻最优化原则。没有最优，就没有标准化。最优方案的选择和设计，不是凭经验的直观判断；更不是用调和争执、折中不同意见的办法所能做到的，而是要借助于数学方法，进行定量的分析，对于较为复杂的标准化课题，要应用包括计算机在内的最优化技术。对于较为简单的方案的优选，可运用技术经济分析的方法求解。

优化原理是指按照特定的目标，在一定的限制条件下，对标准系统的构成因素及其相互关系进行选择、设计或调整，使之达到最理想的效果。优化原理包括以下具体内容：

（1）标准化对象应在能获得效益的问题中确定，没有标准化效益问题，就没有必要实行标准化。

（2）在能获得标准化效益的问题中，首先应考虑能获得最大效益的问题。在考虑标准化效益时，不只是考虑对象的局部标准化效益，而应该考虑对象所在依存主体系统即全局的最佳效益，包括经济效益、社会效益和生态效益。

2. 优化的程序

标准化的优化方法多种多样，举例来说，优化的一般程序为：

（1）确定目标　从整体出发提出最优化目标及效能准则（即衡量目标的标准）。

（2）收集资料　收集、整理并提供必要的数据和给定一部分约束条件。

（3）建立数字模型　在充分了解情况的基础上，找出反映问题本质因素的数学方程（某些变量或参数之间的关系）和逻辑框图。

（4）计算　编制程序，通过计算求解，并提出若干可行方案加以比较。

（5）评价和决策　经过对方案的分析比较，选出最优方案，由执行部分选定和决策。

3. 食品标准化的最优化过程

优化是对食品标准系统中的标准与标准之间的相互关系及标准中的具体内容的优化，这种优化必须有明确的特定目标。这种目标可以是标准系统的整个功能目标，也可以是单项标准所要达到的目标。如 GB 2763—2021《食品安全国家标准　食品中农药残留最大残留限量》、GB 2762—2022《食品安全国家标准　食品中污染物限量》都是我国食品标准体系调整的完善优化过程，由原来的垂直型“产品标准”转化为水平通用型“通用标准”，逐步完善我国的食品标准体系。最优化是食品标准体系不断完善发展的内在要求。

五、 过程控制原理

食品过程控制原理是食品标准化最基本、最重要的原理。过程控制原理主要体现在两个方面：食品生产全程控制和信息全程控制。

1. 食品生产全程控制

目前，食品生产全程控制是确保食品安全的有效手段，已得到了世界各国的一致认同。对于与食品相关的各类组织而言，食品生产全程控制就是对整个过程进行控制，建立食品的研究设计、生产制造、流通消费等活动全过程的质量安全保证体系，以确保食品质量安全，满足消费者需要。全程控制的主要特点包括 3 个方面。

（1）预防为主　全程控制就是把过去的消极的事后检验和把关为主转变为积极的预防和改进为主；从管结果变为管因素，把影响质量安全的诸多因素查出来，抓住主要矛盾，依靠科学管理的理论、程序和方法，使生产的全过程都处于控制状态。

（2）参与面广　食品安全控制从少数人管理质量改为发动全员、全部门参加质量管理；从只重视产品质量，改为不仅保证产品质量，而且更重视服务质量、工作质量和降低成本。

（3）信息透明　从凭经验管理质量改为运用统计分析，用数据说话来控制质量；从以国家标准来衡量产品质量改为最终以用户意见、使用价值作为标准。从而使质量控制、生产指挥、经营管理都发生新的变化，推动企业各个方面的工作。

2. 信息全程控制

标准化的基本过程是指标准从制定、实施到信息反馈的一次循环过程。上述的标准化过程的三个环节，可以看作是由一系列活动组成的三个子过程。它们之间的关系以及各自的地位、作用可以用一个等边三角形来表示。三角形的三个边连接在一起，形成了一个信息传递（转换）的闭环通道。标准化过程实际上就是由标准信息的生成、传递、转化、反馈等环节组成的连续过程。其中的任何一个环节发生缺失或功能不足都会对整个过程的效果产生直接影响；如果个别环节发生中断则整个过程便会中断，闭环变成开环，反馈过程变成无反馈的失控过程。标准化过程中发生的许多不良反应，都可通过对这个三角形的解析找到原因。

标准以系统形式存在并发挥作用，这个系统又必须随着环境的变化而改进并能适应环境的要求。但是，由于标准系统离开控制既无法形成和发展，也难以有效地发挥作用。对于标准，尤其是标准系统的全程控制，便成为对标准化过程进行管理的重要任务。因此，标准化全程控制也是食品标准化的基本原理之一。

上述的标准化原理，由于是从不同形式的标准化活动中概括出来的，因而带有显著的方法性特点。所以，这些原理也可以说是标准化的方法性原理。

标准化的原理不是孤立存在、独立地起作用的，它们相互之间不仅有着密切的联系，而且在实际应用中又是互相渗透、互相依存的，形成一个有机整体，综合反映了标准化活动的规律。

第四节　食品标准化基本原则

一、超前预防的原则

标准化的对象不仅要在依存主体的实际问题中选取，而且更应从潜在问题中选取，以避免该对象非标准化造成的损失。

21 世纪，科学技术迅猛发展、日新月异，而依据科学技术与实验的成果为基础制定的标准，作为共同使用和重复使用的一种规范性文件，又要求具有相对的稳定性，为协调好这一发展和稳定的关系，对潜在问题实行超前标准化是一个有效的原则，这可有效地预防其多样化和复杂化，避免非标准化造成的损失。如安全、卫生和环境等方面，在制定标准时必须进行综合分析考虑，以避免不必要的人身财产安全问题和经济损失。

二、 协商一致的原则

标准化的成果应建立在相关各方协商一致的基础上。标准化活动要得到社会的接受和执行，就要坚持标准化民主性，经过标准使用各方进行充分协商讨论，最终形成一致的标准，这个标准才能在实际生产和工作中得到顺利的贯彻实施。如许多国际标准对产品质量的要求尽管很高，但有的国际标准与我国的实际情况不相符合，因此，许多国际标准没有被我国采用。

三、 统一有度的原则

在一定范围、一定时期和一定条件下，对标准化对象的特性和特征应作出统一规定，以实现标准化的目的。这一原则是标准化的技术核心，技术指标反映标准水平，要根据科学技术的发展水平和产品、管理等方面的实际情况来确定技术指标，必须坚持统一有度的原则。如食品中有毒有害元素的最高限量、农兽药残留的最高限量、食品营养成分的最低限量等。

四、 动变有序的原则

标准应依据其所处环境的变化而按规定的程序适时修订，才能保证标准的先进性和适用性。一个标准制定完成之后，绝不是一成不变的，随着科学技术的不断进步和社会、人们生活水平的提高，要适时地对标准进行修订，国家标准一般每 5 年修订一次，企业标准每 3 年修订一次。标准的制定是一个严肃的工作，在制定的过程中必须谨慎从事，充分论证。

五、 互相兼容的原则

在制定标准时，必须坚持互相兼容的原则，在标准中要统一计量单位、统一制图符号，对一个活动或同一类产品在核心技术上应制定统一的技术要求，达到资源共享的目的，如集装箱的外形尺寸应一致，以方便使用。食品加工机械与设备及其零件等都应有统一的规格；农产品安全质量要求和产地环境条件以及农药残留最大残留限量等都应有统一的规定，以达到互相兼容的要求。

六、 系列优化的原则

标准化的对象应优先考虑其所依存主体系统能获得最佳的效益。标准化的效益既包含经济效益，也包含社会效益，没有效益就不必实行标准化。实行标准化应考虑获取最大效益。在获取标准化效益时，不只是考虑对象自身的局部标准效益，还应考虑对象所在依存主体系统即全局的最佳效益。

在标准制定中，尤其是系列标准的制定中，如通用检测方法的标准、不同档次的产品标准和管理标准、工作标准等一定要坚持系列优化的原则，减少重复，避免人力、物力、财力和资源的浪费，提高经济效益和社会效益。如食品中微生物的测定方法就是一个比较通用的方法，不同种类的食品都可以引用该方法，也便于测定结果的互相比较，保证产品质量。《食品卫生微生物学检验方法》和《食品理化分析检验方法》就是不断完善、系列优化的标准，在食品质量检验工作中具有重要的地位和作用。

七、阶梯发展的原则

标准化活动过程是一个阶梯状的上升发展过程。科学技术的发展和进步以及人们认知水平的提高，对标准化的发展有明显的促进作用，也使得标准的修订不断满足社会生活的要求，标准水平就会像人们攀登阶梯一样不断发展。每次修订标准就把标准水平提高一步，它形象地反映了标准化必须伴随其依存主体的技术或管理水平的提高而提高。如我国 GB 2761—2017《食品安全国家标准 食品中真菌毒素限量》已经历三次重大修订，其标准水平不断提高，其发展过程就是最好的例证。

八、滞阻即废的原则

当标准制约或阻碍依存主体的发展时，应进行更正、修订或废止。任何标准都有二重性。当科学技术和科学管理水平提高到一定阶段后，现行的标准由于制定时的科技水平和认知水平的限制，该标准已经成为阻碍生产力发展和社会进步的因素，就要立即更正、修订或废止，重新制定新标准，以适应社会经济发展的需要。为了保证标准的先进性，国家标准化行政主管部门或企业标准的批准和发布者，要定期对使用的标准进行审定或修订，以发挥标准应用的作用。

第五节 食品标准化主要内容

标准化活动是建立规范的活动，标准是标准化活动的目的。标准化的目的和作用，就是要通过制定和实施具体的标准来体现。也就是说，标准化活动不能脱离制定、实施和修订标准。标准化活动的内容包括四个方面：确立条款、编制文件、发布文件和应用文件。确立条款的主要活动是在众多的技术解决方案中选择一种或重组一种技术解决方案并形成条款；编制文件的主要活动是起草标准草案，同时履行相应的程序；发布文件的主要活动是审核批准已经编制完成的标准草案；应用文件是标准化活动的重要环节，只有标准化文件得到应用，才能建立起最佳秩序并取得效益。在标准化活动中经常会涉及“制定”这一概念，它包含了确立条款、编制文件和发布文件这三项内容，是这三项内容的总称。制定标准的核心工作是确立条款，条款的表述和应用都需要有相应的载体，因此编制文件、发布文件成为标准化活动的内容之一。实际上发布的文件的核心技术内容是条款，应用文件也是要应用文件中的条款。同样，食品标准化作为一门学科，相对独立，有时应用性、经验性很强，它不同于一项具体工作，既有管理的内容，又有技术研究的内容。

一、食品标准化的管理

食品标准化的管理主要是制定食品标准化的宏观政策，从食品标准化的基础支撑地位入手，研究对食品标准化活动的科学管理，包括管理机构体制、方针政策、规章制度、食品产品质量安全认证、食品标准化信息管理、食品标准化与国际贸易、食品物流标准化、食品标准化经济效益评价、食品标准化示范区和示范基地等一整套标准化活动过程的科学管理等内容。食品标准化的管理还包括制定食品标准发展规划、食品标准体系的构建以及推动食品标准的制定、发布和实施监督的过程等。

二、食品标准化的技术研究

技术研究既有对食品标准化实践的科学总结和理论概括，也有前瞻性研究，主要围绕食品制定、发布、实施与监督等方面的发展需求。食品标准化研究和实践的主要内容主要包括以下三个方面。

1. 食品标准制定的前期研究

标准化包括标准体系建设、运行、维护等，涉及各种类型的标准和不同功能的标准，需要根据标准化的目标要求，研究食品标准体系的构成要素和运动规律，确定食品标准的种类、级别、体系及相互关系等，同时需要研究制定食品标准应遵循的原则，应考虑的因素，以及食品标准的制定过程等。因为标准化的整个过程就是不断制定标准、实施标准、调整标准、完善标准的活动过程，所有这些活动都与标准的制定密不可分，因此标准制定的前期研究应是食品标准化的重要内容。

2. 食品标准化活动的一般程序、规律研究

从制定食品标准化规划与计划、食品标准的制定、修订、贯彻执行、效果评价、监督检查等活动出发，探索这些活动的特点和规律，以促进食品发展。

3. 食品标准化的基础理论研究

研究食品标准化的基本原理，如食品标准化理论、方法原理和管理原理研究等，旨在探索食品领域标准化的基本过程、有效方法和效果评价。食品标准化基础理论研究为食品标准化工作奠定了坚实的基础。

三、食品标准的制定

制定标准是标准化工作的重要任务，影响面大、政策性强，不仅需要大量的技术工作，而且需要大量的组织和协调工作。标准是社会广泛参与的产物，在市场经济条件下，严格按照统一规定的程序开展标准制定工作，是保障标准编制质量，提高标准技术水平，缩短标准制定周期，实现标准制定过程开放、公平、公正、协调、有序的基础和前提。在制定食品标准时，起草人员除了要明确制定食品标准的范围、用途和目的，还要了解制定食品标准的基本原则、程序以及综合考虑合理处置专利问题等。

标准的编写包括确立条款和起草标准化文件两项工作内容，协调一致且使用性好的标准

文本，取决于标准中规范性技术要素的正确选取与确立，取决于标准文本结构的合理搭建，更取决于标准要素、技术内容表述的清楚与准确。准确把握标准技术内容选择和表述原则，将影响对编写标准具体规则的理解与应用，进而影响标准的最终质量。食品标准的编写应严格遵循 GB/T 1.1—2020《标准化工作导则　第 1 部分：标准化文件的结构和起草规则》中第 5 章的目标、原则和要求，尤其要注意以下几个方面：①国家标准、行业标准、地方标准、企业标准四层标准之间下层标准要与上层标准协调统一，国家标准、行业标准、地方标准同层标准之间要协调统一，本企业标准之间要协调统一；②标准中所规定的技术指标，应当有相应的试验方法；③不用空洞内容追求标准文本的完整性；④编写术语标准时，要熟练掌握 GB/T 10112—2019《术语工作　原则与方法》；⑤编写化学分析方法标准时，要遵循 GB/T 20001.4—2015《标准编写规则　第 4 部分：试验方法标准》；⑥食品的性能特性（营养成分、理化指标、微生物学等）要量化，如不同品级番茄酱中要明确番茄红素的含量，而非描述为“呈现很好的颜色”；⑦涉及食品安全卫生要求、营养成分要求、原料要求的，应尽量引用现行食品标准。

四、 食品标准的实施与监督

食品标准的制定、发布和实施是食品标准化活动的基本任务和主要内容，其中食品标准的实施是整个食品标准化活动中最重要的一环。食品标准的实施是指有组织、有计划、有步骤地贯彻执行食品标准的活动，是标准制定者和使用者将标准规定的内容贯彻到食品生产、加工、流通等各个领域的过程。食品标准只有在生产实践中认真地贯彻执行，才能发挥其应有的作用。一项食品标准制定得是否科学合理，是否能圆满地实现其预定目标，只有在实施中得到验证，通过标准的实施发现问题，也为进一步修订标准提供依据。认真实施食品标准，是将食品科学技术指导实践的转化，同时可以提高企业的竞争力与产品的质量水平，促进食品行业的健康发展，保证消费者的健康，维护消费者的权益。

食品标准的实施是食品标准化工作的目的，也是整个食品标准化活动中最重要的一环。为保证食品标准实施的有效性，必须建立配套的标准实施监督体制，运用政府与社会的力量，共同做好食品标准的实施工作。

1. 食品标准的实施

食品标准的实施是一项需要食品标准制定者和使用者共同完成的任务。食品标准是确保食品安全，提高食品质量，优化产业结构的技术保证，但要发挥食品标准的作用，还必须将食品标准应用到生产、流通、消费等各环节。

食品标准的实施是一项复杂细致的工作。由于食品供应链的日益复杂以及食品质量安全对社会影响巨大，很难用统一的方法来实施食品标准，但一般来说，大致都包括组织宣贯、贯彻执行、实施效果评价、监督检查这四项主要任务。一项标准的实施也绝不是只靠哪一个政府部门或生产企业自己努力就能做好的，应该加强各相关部门的联系和企业间的合作，密切配合，分工协作，共同做好食品标准的实施工作。

2. 食品标准实施的监督

标准实施的监督是指对标准贯彻执行情况进行督促、检查和处理的活动，其目的是促进标准的贯彻，监督标准实施的效果，预防和阻止违反标准后果的发生，及时发现标准中存在的问题，为进一步修订标准和完善标准体系提供依据。同时，可通过对标准实施情况的监督，进一步发现与其他相关标准的关系，从而把标准化活动引向深入，推动标准化活动的良性循环。

对食品标准的实施进行监督检查时，主要依据国家标准、行业标准、地方标准和企业标准。食品标准实施监督的主要内容有：①强制性标准实施情况；②已被食品企业采用作为生产加工依据的推荐性标准实施情况；③被指定为产品质量认证所使用的国家标准或行业标准实施情况；④企业已经申报备案的产品标准实施情况；⑤对于企业在研制新产品、改进产品、进行技术改造活动中所采用的标准实施情况。

思考题

1. 简述食品标准与食品标准化的区别。
2. 简述食品标准化的基本特征。
3. 简述标准化的基本原理及其在食品标准化中的具体体现。
4. 简述食品标准化的基本原则。
5. 简述食品标准化活动的主要内容。

第四章 食品标准体系

CHAPTER 4

学习目标与要求

1. 掌握食品标准体系的基本概念、作用和特点；
2. 了解我国食品标准体系的现状、构成和意义；
3. 掌握食品标准体系构建的原则、方法和过程；
4. 掌握食品标准体系表的编制方法；
5. 了解食品企业标准体系构建的意义、依据和步骤。

食品标准体系是以系统科学及标准化原理为指导，对食品的生产环节、加工环节、流通环节及消费环节进行风险分析，即对食品“从农田到餐桌”整体过程中的每个影响食品安全及质量相关要素进行分析及控制的整体化安全评价标准，根据相关要素之间的关联性，构成一个系统化、科学化且合理可行的食品安全整体体系。在实际的食品安全监管中，严格按照食品标准体系的要求对食品安全进行科学有效地监控，促进我国食品安全整体水平的提升。

本章首先重点讲解食品标准体系的基本概念，然后介绍我国食品标准体系的现状、作用和特点，重点阐述我国食品标准体系的组成和构建，在此基础上讲解食品标准体系表的编制方法以及食品企业标准体系的构建。

第一节　食品标准体系基本概念

自新中国成立以来，食品特别是食品行业经历了天翻地覆的变化，食品工业发展推动了对食品标准的需求，引发了多次食品标准的进步。我国完成了食品标准体系的清理整合，初步构建了覆盖从农田到餐桌、与国际食品法典标准和主要发达国家食品标准基本一致的我国食品标准体系。

一、 标准体系

标准体系是指一定范围内的标准按其内在联系形成的科学有机整体。标准体系是一定范围内标准化工作的规划和蓝图，是标准制修订工作的重要基础。构建标准体系是识别标准之间的内在联系，并按照这种内在联系，使各标准之间互相联系、互相支撑、互相依存、协调统一，实现整个体系优化简化协调统一的论证过程。

标准体系是一定时期整个国民经济体制、经济结构、科技水平、资源条件、生产社会化程度的综合反映。它体现了人们对客观规律的认识，又反映了人们的意志与愿望，是一个人造系统。正如一家企业围绕生产某种产品，需要经过设计、制造等各个阶段，在设计阶段要进行设计计算、制图，要确定产品型号、参数、技术要求等；在制造阶段需要原材料、工艺、设备、动力等；产品制成后还要包装、运输、贮存等。此外，为了进行有效生产，还需要进行一系列管理活动。所有这些事物和过程都是互相联系、互相影响、互相制约的。那么，以它们为对象所制定的标准也必然是互相联系、互相制约的。这样，在这家企业内部所有这些标准就构成了一个独立的、完整的有机整体，成为该企业的标准体系。一个企业是这样的，一个行业乃至一个国家也是这样的。所以标准体系不是主观的产物，而是标准化对象本身就存在的客观联系在它们标准之间的反映。

二、 食品标准体系

食品标准体系是指一定范围内的食品标准按其内在联系形成的科学有机整体。《食品安全国家标准“十二五”规划》指出：《食品安全法》公布施行前，我国已有食品、食品添加剂、食品相关产品国家标准 2000 余项，行业标准 2900 余项，地方标准 1200 余项，基本建立了以国家标准为核心，行业标准、地方标准、企业标准和团体标准为补充的食品标准体系。

按照“十四五”规划的整体目标要求，全球经济发展格局变化对食品标准体系建设提出了新的挑战。“十四五”期间，食品标准的各主管部门应致力于进一步构建“最严谨的标准”体系，以食品安全国家标准体系建设为核心，同时推进构建符合国情、与安全标准体系协调配套的食品质量标准体系，与《食品安全法》和《食品安全法实施条例》等法律法规共同保障行业健康发展。

在实际的食品安全管制中，根据标准的约束性，可以将食品标准体系分成强制性标准及推荐性标准两种。

1. 新型食品标准体系架构

新型食品标准体系架构如图 4-1 所示。

2. 食品标准体系管理模式

食品标准体系管理模式如表 4-1 所示。

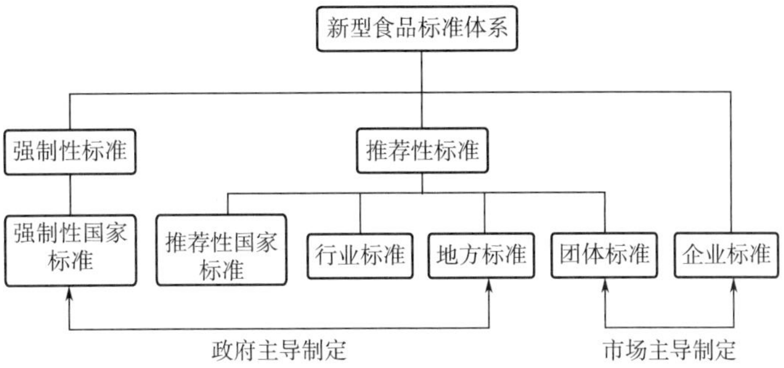

图 4-1　新型食品标准体系架构

表 4-1　　食品标准体系管理模式

标准类别	编制主体	发布主体
强制性国家标准	国务院各部委	国务院标准化主管部门
推荐性国家标准	全国专业标准化技术委员会	国务院标准化主管部门
行业标准	全国专业标准化技术委员会	国务院各部门
地方标准	地方技术机构	地方标准化主管部门
团体标准	社会团体	社会团体
企业标准	企业	企业

（1）强制性国家标准　保障人身健康和生命财产安全、国家安全、生态环境安全以及满足经济社会管理基本需要的技术要求，是唯一具有强制性的标准。

（2）推荐性国家标准　满足基础通用，与强制性国家标准配套，对各有关行业起引领作用等需要的技术要求。

（3）行业标准　没有推荐性国家标准，需要在全国某个行业范围内统一的技术要求。

（4）地方标准　满足地方自然条件、风俗习惯等特殊的技术要求。对地方特色食品，没有食品安全国家标准的，省、自治区、直辖市人民政府卫生行政部门可以制定并公布食品安全地方标准，报国务院卫生行政部门备案。食品安全国家标准制定后，该地方标准即行废止。

（5）团体标准　国家鼓励学会、协会、商会、联合会、产业技术联盟等社会团体协调相关市场主体共同制定满足市场和创新需要的团体标准，由本团体成员约定采用或者按照本团体的规定供社会自愿采用。

（6）企业标准　企业可以根据需要自行制定企业标准，或者与其他企业联合制定企业标准。国家鼓励食品生产企业制定严于食品安全国家标准或者地方标准的企业标准，在本企业适用，并报省、自治区、直辖市人民政府卫生行政部门备案。

第二节　我国食品标准体系现状

一、 我国食品标准体系发展概况

食品标准体系是我国食品法律法规体系的重要组成部分，以系统科学和标准化原理为指导，按照风险分析的原则和方法，对食品生产、加工、流通、消费，即“从农田到餐桌”全过程各个环节影响食品质量和安全的关键要素及其控制所涉及的全部标准，按其内在的联系形成的系统、科学、合理且可行的有机整体。

近十年来，我国力求全面打造最严谨食品标准体系，由食品安全标准体系与食品质量标准体系共同构建我国食品标准体系。截至 2022 年 8 月 30 日，我国已发布食品安全国家标准 1455 项，包含 2 万余项指标，涵盖了从农田到餐桌、从生产加工到产品，全链条、各环节主要的健康危害因素，保障包括儿童、老年人在内的全人群的饮食安全。与食品安全标准相协调，食品质量标准体系由国家标准、行业标准、地方标准和团体标准组成，由国家市场监督管理总局（国家标准化管理委员会）统一管理，涉及工业和信息化部、农业农村部和卫生健康委员会等 16 个行业主管部门，由食品工业、酿酒、粮油、食品接触材料及制品等 43 个标准化技术委员会或工作组负责标准起草和技术审查等工作，标准内容涉及术语、分类、质量指标、控制管理和检测方法等多个方面。食品质量标准的内容主要包括：①食品术语、分类等基础标准；②与食品质量有关的食品中基本属性指标、营养指标和品质指标等规定；③食品质量分级要求；④与食品质量要求有关的标签、标志、说明书的要求；⑤食品生产经营过程的质量控制管理要求；⑥与食品质量有关的食品检验方法与规程；⑦其他需要制定为食品质量标准的内容。食品质量标准体系在逐渐完善，并且形成了以基础通用、产品质量分级检测方法、食品加工质量控制管理和追溯规范食品产品质量标准为主体的食品质量标准体系。

二、 现有食品标准体系存在的问题

保障食品安全需要有相应完善的食品标准体系作为支持，但在当前的食品标准化体系的建设中仍存在着不少问题，现从以下几个方面进行阐述。

1. 体系构建不完善

食品安全的保障需要有细化且具体的标准体系作为支撑。在制定食品标准过程中，与国家标准管理办法及要求相结合。目前，有权发布标准的部门较多，部门间的沟通联系较为薄弱，使得出台的一些标准代号、内容和发布形式不规范，食品标准的混乱将直接影响标准的实施，这对食品安全管理工作的顺利开展会产生很大影响。我国当前食品标准体系构建不完善主要体现在食品与标准不对应、标准参数不统一和安全标准覆盖面窄这三个方面。

（1）食品与标准不对应 由于食品种类繁多，分类不统一，导致食品品种底数不清，食品与食品标准没有对应关系，出现不法企业以“特色”为噱头，故意制定新的食品品种标准，逃避监管的问题。如市场上销售的“竹筒酒”，它既不属于白酒范畴，也不是配制酒，生产地区也没有将其归为“特色”食品发布相关食品安全地方标准。在生产企业没有统一的标准对“竹筒酒”的质量和安全进行评估控制时，以“竹子里的酒”为卖点进行宣传销售，易导致消费者上当受骗，严重者造成食品安全威胁。

（2）标准参数不统一 同一食品存在不同分类，食品标准之间存在相互矛盾等问题，造成标准之间指标混乱，给生产经营和监管带来不便。以馒头为例，按照 GB 2760—2014《食品安全国家标准 食品添加剂使用标准》中附录 E 分类，馒头属于“06. 03. 02. 03 发酵面制品”，根据同一标准表 A. 1 中“山梨酸及其钾盐”含量，类别“06. 03. 02. 03 发酵面制品”不允许使用山梨酸及其钾盐；按照食品生产许可分类，馒头属于“糕点”类别中“热加工糕点”（代码 2401），而“糕点”在该标准附录 E 食品分类中为“07. 02 糕点”，根据同一标准表 A. 1 中“山梨酸及其钾盐”含量，类别为“07. 02 糕点”中山梨酸及其钾盐的最大使用量为 1. 0g/kg（以山梨酸计），即馒头中允许使用山梨酸及其钾盐。

（3）安全标准覆盖面窄 食品安全标准化体系的覆盖范围相对较窄，部分应由国家统一的、重要的食品安全标准缺失，导致企业无执行标准，监管无适用标准。如食品添加剂有 23 个类别、2600 多个品种，但截至 2022 年 8 月 1 日，我国共发布食品添加剂质量规格及相关标准 650 项、食品营养强化剂质量规格标准 62 项，尚有部分食品添加剂无质量规格及相关标准。另外，现行食品安全国家标准多适用于预包装食品，对现制现售的食品涉及较少，这也导致了各省份许多具有地方特色的现制食品、小吃缺少产品标准。由于食品安全标准覆盖面不广，使得安全标准的使用受到限制。

2. 体系标准之间不协调

食品标准之间统一协调性不足，没有准确定位，造成食品标准化体系不完善。在我国，不同的政府职能部门依职责分别制定国家标准和行业标准，各个地方都根据本地需要制定地方标准。企业还会根据实际需要建立企业标准，在这些标准中，既会出现交叉的情况，又会出现衔接不上的情况。如苹果既有国家标准，又有农业部颁布的无公害标准、绿色标准、苹果外观等级标准，还有原商业部颁布的苹果销售质量标准。同一产品有多个标准，并且检测方法、限量值都不一样，不仅检测人员没有统一的判定标准，食品的生产及市场监管也无法适应，影响了实际的食品安全监管工作。

3. 体系与国际不接轨

从整体上来说，国内目前的食品标准化发展还不成熟。长期以来，我国在建设食品标准体系的过程中，将食品供给量作为工作的重点，然而却没有制定相应的要求和规定来保障食品安全。在粮食、蔬菜和水果的农药残留限量标准方面，我国不如欧盟及其他一些国家和组织分类具体。如我国的粮食是指原粮产品，而欧盟进一步细分为大麦、小麦、黑麦、燕麦、大米；我国的蔬菜包括叶菜、果菜和块根类等，而日本等国将蔬菜细分为黄瓜、菜花、甘蓝等；在我国水果只是一大类，而欧盟分为干果、鲜果、硬果和软果等，其中鲜果又分苹果、葡萄、柑橘等；我国基本都是对每类作物定一个统一的最大残留量（Maximum Residue Limits，MRLs），而欧盟等地区和国家每一种农产品都对应各自不同种农药的MRLs。我国农药残留限量指标过于单一，使生产上农药使用受到限制，不利于科学、合理安排农药使用，容易造成单一农药品种大量使用。同时，由于国际上对不同种类的农药要求细化，有松有紧，我国的指标单一化现象不利于分类指导出口农产品生产。

除此之外，我国食品标准体系与国际标准体系不接轨，还表现在我国食品安全标准采用国际标准和国外先进标准的比例偏低，某些重要食品中有害物质的限量远低于国际标准，有时并不能真正起到食品安全控制作用，这导致我国食品出口需重新认证而增加成本，也容易产生贸易壁垒，从而引发国际贸易争端。

三、 对完善我国食品标准体系的建议

1. 建立统一化的食品标准管理体系

现阶段我国的食品标准体系还存在很多问题，这很大程度上与现行的食品标准管理体制发展不合理有关。在实施食品标准化体系时应该注重强化国家标准化管理部门和行业部门的沟通与协调，充分调动各部门的工作积极性及发挥各部门的工作职能，在国家食品标准化体系的部署下，全面落实四个统一国家标准管理职能，即“统一计划、统一审查、统一编号、统一批准发布”。

2. 借鉴其他国家先进的食品标准体系

新时期食品监管需要以国家标准为依据，但考虑到标准滞后及较为混乱的问题，可以参考美国、欧盟和日本等国家和组织的先进经验并结合我国实际情况进行制定、更新和发布，这样我国出口的农产品、食品加工品等就具有了更强的国际竞争力。

3. 健全食品标准体系

我国在食品标准体系的制定中，要从实际出发，在食品的标准制定方面要因地制宜，做好基础研究工作，获得标准的第一手资料，通过充分的科学数据支撑，保障安全指标的客观性。保障食品标准化体系的完善建设，需要明确建设发展的目标，以规范统一食品安全国家标准为要点。①结合当前我国存在的食品标准短缺以及不统一等问题，相应部门要积极组织制定完善的食品标准体系，从国家标准以及行业标准和地方标准等标准体系进行完善建设，对不同标准进行整合，优化食品标准体系的完善建设工作。②制定食品标准的过程中，构建国家标准信息资源交流平台，积极鼓励食品生产经营者以及消费者，通过这一平台为制定食品标准建言献策，提高社会成员的积极参与性。③食品标准的制定要与国际接轨，以此为发展方向，不断完善我国食品标准体系。

鉴于我国食品标准体系包括食品安全标准体系和食品质量标准体系，涉及多个管理部门，因此应着力加强食品安全标准与食品质量标准相互配套，充分发挥强制性食品安全标准“保底线”，推荐性食品质量标准“拉高线”的作用，保证食品安全标准与食品质量标准协同配合，共同构建食品标准体系，满足食品行业健康与高质量发展的需要。

第三节 食品标准体系的作用与特点

一、 食品标准体系的作用

1. 食品标准体系是国家食品监督管理、规范市场秩序的重要依据

食品标准体系的一整套标准规定了食品生产、加工、流通等过程中的技术要求，同时也提供了食品产品及其性能、试验方法等的质量安全基本要求和具体指标，如食品中有害物质限量指标规定等，食品质量安全标准是食品产品合格与否的判据，是能否获得市场准入的关键。依据食品标准可以鉴别以次充好、假冒伪劣食品，保护消费者的利益，整顿和规范市场经济秩序，营造公平竞争市场环境。完善科学合理的食品标准体系是国家食品管理部门评定产品质量、规范市场行为的重要依据，为建立和完善食品市场规则体系、法律法规体系和市场管理体系奠定基础，提供技术依据和支撑。

2. 食品标准体系为确定食品标准化工作的整体框架和发展方向提供依据

研究与构建食品标准体系，首先是在应用系统科学的理论和科学方法的基础上，运用标准化原理和全程质量控制原理，通过分析食品应予以标准化的全部对象和关键过程要素，设计食品标准体系总体框架；然后在总体框架的指导下，充实食品标准的全部内容；最后按标准体系的内在联系进行简化、协调和优化，编制标准体系表，使食品标准化达到科学的最佳秩序。

通过构建和编制食品标准体系及标准体系表，明确了食品标准体系的结构及组成，全面地了解食品领域内现有的、应有的以及预计发展的标准全貌，为确定今后的发展方向、工作重点和目标奠定基础；同时也是进行食品标准化规划的重要依据。

3. 食品标准体系为食品领域标准制、修订计划的编制提供依据

食品标准体系反映了食品标准的整体状况与全貌。通过研究与构建食品标准体系，能够全面了解我国目前食品标准体系的现状，找出与国外食品标准体系的差距，并对现有标准体系进行调整和改造，为我国今后编制食品标准制修、订计划，采用国际标准和国外先进标准以及制定食品标准化有关措施提供科学依据。同时，在食品标准化活动中，分清轻重缓急，有的放矢，避免盲目性和低效重复劳动，节省人力、物力与财力，使食品标准化有计划、高效益地向前发展。

4. 食品标准体系是提升食品安全水平，保障消费者健康的关键

食品标准体系是为了对食品安全、食品质量实施全过程控制而建立的，由涉及食品生产、加工、流通全过程中影响食品质量安全的各个环节和因素，及其控制和管理的技术标准、技术规程构成的相互联系、相互协调的有机整体。通过食品标准体系的有效实施，可以使食品生产全过程标准化、规范化，为食品质量安全提供控制目标、技术依据和技术保证，

实现对关键环节和关键因素的有效监控，全面保证和提升食品质量安全水平，为消费者营造放心消费环境，提供安全卫生的食品，切实保护消费者的健康安全和权益。

5. 食品标准体系是提高国家食品产业竞争力的重要技术支撑

食品工业是我国的支柱性产业，食品质量安全水平的高低直接影响到我国的综合国力和国际竞争力。符合我国国情并与国际接轨的食品标准体系，可为企业提供一套完整有效、科学合理的安全生产和监控管理技术标准与规程，引导和规范企业行为，促进企业加强质量管理，强化食品从业者的自主管理意识，采用新技术、新设备，全面提高产品质量，增强我国食品产业的国际市场竞争力。

由于各国政府和消费者对食品安全的高度重视，与食品安全管理相关的技术性法规和标准越来越多地成为食品国际贸易过程中必须考虑的重要方面。国际间的经济竞争、企业间的竞争在很大程度上表现为标准的竞争。随着经济全球化和贸易自由化的进一步发展，我国的食品产业将不可避免地受到国外食品的巨大冲击，甚至国内市场可能成为一些国外劣质产品的倾销地，直接威胁到我国的经济安全和境内食品产业的生存和发展。食品标准体系将有助于我国合理设置食品贸易技术壁垒，建立技术性贸易措施体系，促进食品贸易全球化。

总之，构建食品标准体系是国家食品监督管理、规范市场秩序的重要依据，是规划食品标准化，制定标准制、修订计划和标准化科研计划的重要科学依据，是食品标准构成趋向科学化、合理化和系统化的重要手段，是了解、掌握相关专业和领域国际、国外先进标准整体状况的主要途径，是促进食品标准化工作持续、稳定、快速发展的重要保证。

二、 食品标准体系的特点

食品标准体系由相互联系、相互协调的各类型食品标准有机组成。这里将一般意义上的食品标准体系的主要特点归纳为如下六个方面。

1. 整体性

我国食品标准体系中，强制性标准、推荐性标准和企业标准相结合，国家标准、行业标准、地方标准、团体标准、企业标准相配套，形成了一个较为完整的标准体系。

2. 复杂性

食品标准体系的复杂性主要是由于食品涉及产品种类多、生产加工涉及环节多、影响食品质量的因素多。要实现对食品生产加工的全面控制，就要研究各类制品标准、生产工艺标准和控制对象，研究食品要素的共性、特性，研究它们的协调性，考虑食品相关的概念等，食品标准体系的建设相当复杂。

3. 规划性

食品标准体系针对食品管理控制的目标而建立，对涉及的食品标准有全面整体的规划。这个体系不是一个从来就有的系统，而是一个人造的动态系统，围绕食品标准化活动，食品标准体系的规划和形成包含大量智慧性的劳动，包含一整套既有现实适用性，又有前瞻性的食品标准，并经过合理化、整体优化。

4. 层次性

食品标准体系中食品标准具有层次性。层次是体系的一个主要特征，食品标准体系中层次主要来源于标准适用范围的差异，使用范围最广的标准，处于最高层次，如食品的基本术语和分类，全程的食品管理与控制标准，食品风险分析导则等。适用范围较窄的标准处于较低层次，如调味品术语与分类等。具体的产品标准范围最窄，一般处于最低层次，如雪糕产品标准。

5. 协调性

食品标准体系中的标准必须相互协调，这是体系自身建设的需要。由于一个体系有不同层次的子体系，相互之间的协调是避免重复、降低体系建设成本的要求。如食品标准体系中存在食品检测标准子体系，大量的食品产品标准，为达到最优化，需要将共性的检测方法提升，如果每个食品都制定对应的检测标准，则会有大量的重复面，并造成相互之间不协调。

一般来讲，国家层面的食品标准体系是最权威、最全面，也是最重要的体系，它是其他层面食品标准体系的统领。学习了解国家食品标准体系的构建、运行、改进过程，可以为食品企业标准体系的构建与运行提供参照和指南。

6. 开放性

食品标准体系的开放性是很重要的一个特征，同时也是一个必须达到的要求。食品标准体系不是一成不变的，而是动态发展的。一方面是体系自身机构和内容完善的要求，如为满足不断出现的新需求，在构建食品标准体系整体框架时，设置了“其他”，可不断并及时补充制定急需的标准，逐步对标准体系进行拓展、更新和完善。另一方面是与外部环境协调、融合的要求，如为了保持与国际接轨，标准体系的构建考虑了尽可能合理采用国际标准和国外先进标准，并及时更新或淘汰落后的标准，充分体现了标准体系的适用性和开放性。

第四节　食品标准体系构建

构建标准体系是运用系统论指导标准化工作的一种方法。构建标准体系主要体现为编制标准体系结构图和标准明细表，提供标准统计表、编写标准体系编制说明，是开展标准体系建设的基础和前提工作，也是编制标准制、修订规划和计划的依据。构建我国的食品标准体系，可以从宏观上指导我国食品标准化建设，促进我国食品工业技术的发展。因此，食品标准体系的构建是一项兼具战略性和实用性的工作。

一、食品标准体系的构建原则

食品标准体系的构建以满足当前经济结构战略性调整为目标，以市场为导向，以食品安全为重点，通过积极采用国际标准和国外先进标准，加快食品标准制、修订步伐，特别是有自主知识产权的食品标准的制定，提高我国食品标准的整体水平，为确保我国食品的安全和尽快提高食品质量、加工技术水平和经济效益提供技术支撑。构建食品标准体系应遵循以下基本原则。

1. 目标明确原则

食品标准体系是为食品行业服务的，构建食品标准体系应首先明确食品标准化目标。食品标准化的目标是建立食品行业最佳的秩序，保证食品健康、安全和营养，保护消费者健康。

2. 全面成套原则

应围绕着食品标准体系的目标展开，体现在食品标准体系的整体性，即食品标准体系的子体系及子体系的全面完整和食品标准明细表所列标准的全面完整。

3. 层次分明，划分清晰原则

标准体系应具有严密性、层次性，针对我国食品标准中存在的部分标准重复、技术指标不足、重要标准缺乏等问题，力求标准体系结构层次分明、相互协调。应合理设置标准的层次，对综合通用的共性要求尽可能扩大标准的适用范围，提高食品标准的通用性，而对特定要求则允许制定专用性标准，保证标准的适用性和可操作性。同时，应将国家标准与行业标准、强制性标准与推荐性标准和指导性技术文件有机结合，以适应与食品有关的各个层面、各行业的具体需要。食品标准体系表内的子体系或类别的划分，各子体系的范围和边界的确定，主要应按行业、专业或门类等标准化活动性质的同一性，而不宜按行政机构的管辖范围而划分。

4. 风险分析原则

整个食品生产中实施的食品安全控制与管理措施应以科学为依据，并建立在与实际情况相适应的风险分析的基础上。广泛应用风险分析原则和方法，既要客观深入、系统分析各重要食品专业领域各过程环节存在的食品质量和安全问题，按标准化原理提出食品标准需求，又要充分考虑我国当前的生产力实际水平，食品产业发展需要以及国内、国际贸易的需要，构建基于风险分析的科学的食品标准体系。

5. 持续改进原则

食品质量和安全的形势在不断发展变化中，新开发食品和通过现代技术生产的食品将不断提出新的标准需求，重要食品标准的制定也会随着科技的进步不断发展。因此，构建食品标准体系，对食品生产各环节影响食品质量和安全各种因素的划分和确定不应绝对化，需持开放和发展的观点，有利于不断优化、更新与维护。

6. 国际接轨原则

经济全球化趋势要求我国同时发展国内、国际两个市场。由于当贸易商品进入食品生产时，将在其他国家对整个食品生产和供应的安全性产生影响，因此，应充分借鉴其他国家和地区的经验，针对我国现状来构建我国的食品安全标准体系，不仅确保我国的食品安全，而且促进食品国际贸易。

二、 食品标准体系的构建方法

食品标准体系是一个人造的复杂系统，对于它的构建，至今尚没有形成一套十分成熟的、完整的方法，非常值得去研究。但是，食品标准体系作为一种体系，根据其要达到的目标，我们可将它作为一个有限目标的体系，探讨体系形成过程中可循的规律，归纳总结出有益的方法。本书参照标准体系构建的原则和方法，简单介绍一些食品标准体系构建过程中具体遵循的原则和思路。

1. 确立食品标准体系的目标定位

明确构建食品标准体系的目标是前提，即通过对食品标准体系应具备的功能进行分析与定位，提出保证实现体系功能与作用的标准需求，设置与功能相匹配的标准类型，将其作为构建标准体系的基本结构要素。

强调目标定位。食品标准体系作为国家食品控制体系的重要组成部分，应具备一定的功能并发挥其重要作用。通过标准，设定食品质量安全目标，提供监督管理的依据与手段，引导健康与安全消费等。因此在构建食品标准体系时，应准确定位标准体系的功能，设置相应的标准类型，以充分发挥标准体系的作用。

准确定位标准体系的功能十分关键。标准体系首先应具备“目标定位功能”，通过标准规定食品质量安全应达到的目标水平，结合我国国情，提出食品质量安全活动的努力方向，以解决我国食品产品存在的未达标或超标等现象。因此，“目标定位功能”是食品标准体系核心功能。

围绕此核心功能，将全面开展食品质量安全活动：从全过程质量控制与管理的理念出发，体系必须具备“预防控制功能”，以遵循预防为主的原则，引导企业尽可能采用先进的管理与控制技术，达到质量安全目标；从满足食品监督管理的需要出发，体系必须具备监督管理的功能，以提供监督执法的依据和手段。因此，目标定位功能、预防控制功能和监督管理功能是食品标准体系必不可少的 3 个基本功能。

围绕这 3 个基本功能，体系还必须具备引导消费功能，以满足消费者的知情权和指导正确消费；必须具备保障健康的功能，以保障人民的健康需要；必须具备基础支撑功能，以规范开展各项食品质量安全活动。

为保证食品标准体系的各项功能得以充分发挥，合理设置与之匹配的食品标准类型是关键。因此标准体系功能与标准类型之间具有一定的对应关系，如围绕目标定位功能，可设置食品中有毒有害物质限量标准、与食品接触材料卫生要求标准；围绕预防控制功能，可设置食品质量安全控制与管理技术标准；围绕监督管理功能，可设置食品检验检测方法标准；围绕引导消费功能，可设置食品标签标识标准；围绕保障健康功能，可设置特殊食品产品标准；围绕基础支撑功能，可设置食品基础标准。

因此，通过确立食品标准体系的功能定位，明确标准体系中各类标准应具有的作用、地位和功能，可有效避免标准体系完整性与配套性差、重要标准短缺的问题，全面实现食品标准体系在国民经济和社会发展中的技术支撑作用。

2. 调查研究

开展食品标准体系的调查研究，通常包括：①全面了解食品标准体系建设的国内外情况；②全面熟悉现有的食品标准化基础，包括已制定的标准和已开展的相关标准化研究项目和工作项目；③弄清现有的食品标准化存在的相关问题；④对食品标准体系的建设提出需求和建议。

3. 分析整理

根据食品标准体系建设的方针、目标以及具体的标准化需求，借鉴国内外现有的食品标准体系的结构框架，从标准的类型、专业领域、级别、功能、业务的生命周期等若干不同标准化对象的角度，对食品标准体系进行分析，从而确定食品标准体系的结构关系。

4. 编制食品标准体系表

编制食品标准体系表，通常包括：①确定食品标准体系结构图，根据不同维度的标准分析的结果，选择恰当的维度作为食品标准体系框架的主要维度，编制食品标准体系结构图，编写标准体系结构的各级子体系、标准体系模块的内容说明。②编制食品标准明细表，收集整理拟采用的国际标准、国家标准等外部标准和本领域已有的内部标准，提出近期和将来规划拟制定的标准列表，编制标准明细表。③编写食品标准体系表编制说明。

5. 动态维护更新

食品标准体系是一个动态的系统，在使用过程中应不断优化完善，并随着业务需求、技术发展的不断变化进行维护更新。

第五节 食品标准体系表的编制

标准体系表是指一定范围的标准体系内的标准按其内在联系排列起来的图表，用以表达标准体系的构思、设想、整体规划，是表达标准体系概念的模型。

标准体系表是编制标准、制（修）订规划和计划的依据之一；是一定范围内包括现有、应有和预计制定标准的蓝图，它将随着科学技术的发展而不断更新和充实。编制标准体系表是标准化工作的一项重要基础性工作。

食品标准体系表是食品标准体系的有效表达方式，能够直观地概括出食品标准的全貌和局部内容，清楚地显示出每项食品标准的层级、属性等信息，以及食品标准的前瞻性发展方向，从而满足一段时间内食品标准管理的需要。同时，食品标准体系表是标准体系规划的落脚点，如果食品标准体系的研究规划最后不落实到标准的制定、修订上，体系的目标便无法有效地实现。因此，食品标准体系表的编制是建立食品标准体系十分重要而关键的一环。

一、食品标准体系表的编制依据

食品标准体系表的编制依照《标准化法》《食品安全法》以及 GB/T 13016—2018《标准

体系构建原则和要求》等相关法律法规、文件和标准。

二、 食品标准体系表的特性

标准体系表具有发展指导性、范围性、整体性、协调性、开放性、稳定性六个特性。

1. 发展指导性

标准体系表是标准贯彻使用的指导性材料，是一定范围内标准发展的顶层设计。标准体系表系统性地规划了所需标准的发展，为所需标准的制定提供依据，为标准修订的安排提供指导。

2. 范围性

标准体系表按照一定的范围收录标准，构成标准明细表。属于标准体系表范围内的标准一定要纳入标准体系表，不属于体系表范围内的标准不纳入标准体系表。

3. 整体性

标准体系表是一个统一整体，具有其组成部分在分散状态下所没有的特性和功能。整体功能大于其组成部分功能之和。

4. 协调性

标准体系表的协调性体现在两个方面，一方面是标准体系表外部的协调，标准体系表与政策法规等上层文件一致和相容，与上层次标准体系表结构上不矛盾冲突，与同层次标准体系表不交叉重复。

另一方面是标准体系表内部的协调，标准体系表各层次配合得当、各司其职，不存在交叉、重复、矛盾、不协调、不配套等现象。各分体系或子体系不能互相重复或脱节，同一层次之间的标准应按相关程度进行排列，上下之间也要互相衔接、协调。

5. 开放性

标准体系表是一个开放的不断发展的有机整体。标准体系表是科研生产需求、技术水平、研制特点、资源条件、管理和政策等因素的综合反映，标准体系表将随着这些因素的变化而变化。

6. 稳定性

标准体系表是未来一段时间内标准化工作的指导，体系结构图的总体框架、体系的层级关系、标准明细表中标准目录在一定时间内需要保持稳定，才能发挥体系表的重要作用。

三、 食品标准体系表的编制方法

在编制标准体系表时，将所需的所有食品标准，依据标准体系总框架，按照一定的顺序展开。

充分考虑食品类别、标准层次、加工环节、标准属性等多个角度，按照标准层次（通用标准和产品专用标准）—过程环节—标准类型—标准性质的顺序展开。编制步骤可分为五步。

第一步，按照适用于食品门类的不同，将标准划分为通用或专用标准。如果标准适用于所有的食品或适用于两类以上的食品，则将标准提升为通用标准；如果仅适用于某一食品门类，则将标准作为专用标准；

第二步，对归入同一产品门类的标准按照过程环节进行划分，具有相同过程环节的标准归入同一个单元表；

第三步，对同一过程要素单元表中的标准按照标准类型进行划分，具有相同类型的标准归入同一个单元表；

第四步，对相同类型的标准按照标准属性划分为强制标准和推荐标准；

第五步，对同一单元表中集合在一起的标准进行内部编号，形成标准体系号。

通过以上五个步骤，对每一个标准赋予唯一的标准体系编号。

四、 食品标准体系表的编制原则

GB/T 13016—2018《标准体系构建原则和要求》提出的标准体系表的编制原则包括四个方面：目标明确、全面成套、层次恰当和划分清楚。

1. 目标明确

标准体系表的编制，应首先明确建立标准体系的目标。不同的目标，可以编制出不同的标准体系表。

示例：编制标准体系表可以促进标准化工作范围内的标准组成达到科学合理。建立标准体系要有明确目标，企业围绕质量而建立的标准体系，目的是改进企业的质量管理；围绕信息化建设而建立的标准体系，目的是实现数据共享、应用系统集成等。

2. 全面成套

标准体系表的全面成套应围绕着标准体系的目标展开，体现在体系的系统整体性，即体系的子体系及子体系的全面成套和标准明细表所列标准的全面成套。在国家层面，食品标准体系表编制“全面成套”是指针对食品标准体系满足食品质量安全控制与管理目标，要实现食品标准的“全”，要充分体现整体性。只有胸有全局，才能解决主要矛盾，明确主攻方向，特别是对前瞻性的食品技术标准尤为重要，这也是食品标准体系表的重要价值体现。

3. 层次恰当

列入标准明细表内的每一项标准都应安排在恰当的层次上。从一定范围内的若干个标准中，提取共性特征并制定成共性标准，然后将此共性标准安排在标准体系内的被提取的若干个标准之上，这种提取出来的共性标准构成标准体系中的一个层次。基础标准宜安排在较高层次上，即扩大其通用范围以利于一定范围内的统一。应注意同一标准不要同时列入两个以上体系或子体系内，以避免同一标准由两个或以上部门重复制、修订。

根据标准的适用范围，恰当地将标准安排在不同的层次上。一般应尽量扩大标准的适用范围，或尽量安排在高层次上，即应在大范围内协调统一的标准不应在数个小范围内各自制定，达到体系组成尽量合理简化。

食品标准体系表编制“层次恰当”是共性与个性的关系处理必须恰当，否则会出现重复、混乱。一般来讲要尽量扩大共性食品标准的使用范围，并将它们尽量安排在食品标准体系表的高层次上。如食品中微生物的检测方法，要尽量安排在通用的食品检测方法层面上，而不应以产品食品类别划分安排在产品标准范围内，如制定白酒中某微生物的测定、葡萄酒中某微生物的测定等，这会产生过多、过细的标准。

4. 划分清楚

标准体系表内的子体系或类别的划分，主要应按行业、专业或门类等标准化活动性质的同一性，而不宜按行政机构的管辖范围而划分。

食品标准体系表编制“划分清楚”包括多方面含义。如食品分类划分清楚、标准类型划分清楚、标准属性和层级划分清楚等。我国食品标准体系的建设目标是形成重点突出，强制性标准与推荐性标准定位准确，国家标准、行业标准和地方标准相互协调，基础标准、产品标准、方法标准、方法标准和管理标准配套，与国际食品标准体系基本接轨，能适应行业要求，满足进出口需要，科学、合理、完整的食品标准新体系。因此，编制食品标准体系表时划分清楚十分重要，这需要大量的研究基础作支撑。

五、 食品标准体系表的格式及要求

标准体系表包括标准体系结构图、标准明细表、标准统计表和编制说明四个部分。

1. 标准体系结构图

（1）一般要求　标准体系结构图可由总结构方框图和若干个子方框图组成。

标准体系的结构关系一般分为：上下层之间的“层次”关系，或按一定的逻辑顺序排列起来的“序列”关系。也可是由以上几种结构相结合的组合关系。每个方框可编上图号，并按图号编制标准明细表。

（2）符号与约定　标准体系结构图内，方框间用实线或虚线连接。用实线表示方框间的层次关系、序列关系，不表示上述关系的连线用虚线。为了表示与其他系统的协调配套关系，用虚线连接表示本体系方框与相关标准间的关联关系。对虽由本体系负责制定的，而应属其他体系的标准也作为相关标准并用虚线相连，且应在编制说明书中加以说明。带文字下划线的方框，仅表示体系标题之意，不包含具体的标准。

（3）层次结构　我国标准体系的层次结构如图 4-2 所示，包含多个行业产品的标准体系层次结构如图 4-3 所示。

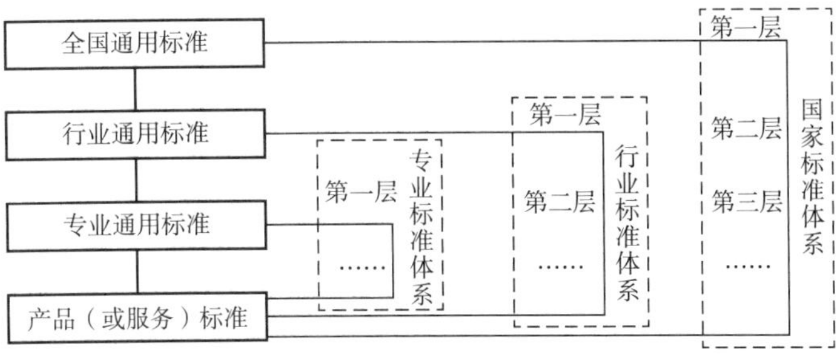

图 4-2　全国、行业、专业标准体系的层次结构图

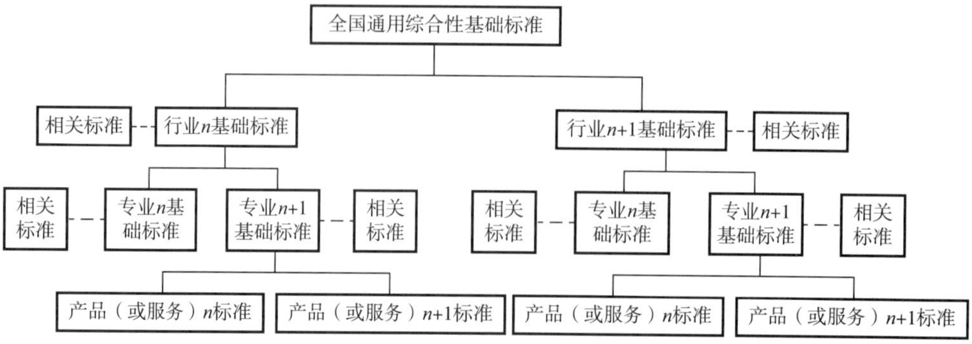

图 4-3 包含多个行业产品的标准体系层次结构图

注：①“行业 n 基础标准”表示第 n 个行业的基础标准；

②“专业 n 基础标准”表示第 n 个行业下的第 n 个专业的基础标准；

③“产品（或服务）n 标准”指第 n 个产品（或服务）标准。

（4）序列结构 序列结构指围绕着产品（或服务）、过程的标准化建设，按生命周期阶段的序列，或空间序列等编制出的序列状标准体系结构图。标准体系按生命周期阶段序列的结构如图 4-4 所示，生命周期阶段对照参见 GB/T 13016—2018《标准体系构建原则和要求》附录 B。

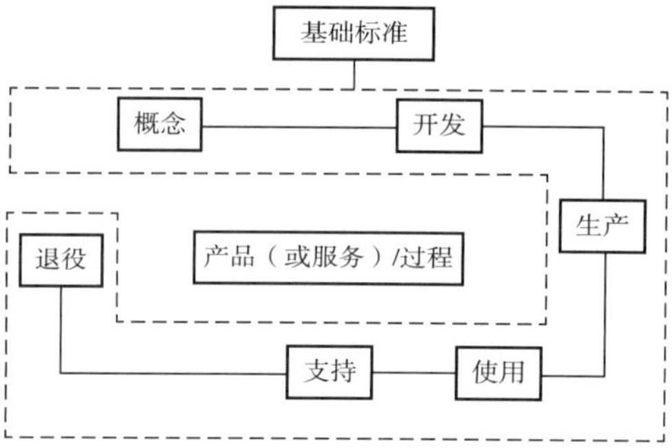

图 4-4 序列结构图

注：①序列中节点名称仅作示例用；

②基础标准指用于指导产品（或服务）、过程等序列标准的上层标准；

③企业编制两个以上的序列结构标准体系表时，应将它们归纳成层次结构标准体系表，以利于综合性管理；

④本图中的序列划分参考 ISO/IEC 15288：2002《系统寿命周期过程》的有关内容；

⑤两个以上的序列结构，宜编制合并为一个层次结构。

2. 标准明细表

对标准体系结构图中各层次或序列中只起标题作用而无标准内容的方框不宜给出编号，而对含有标准内容的方框宜给出编号，此编号同时又是标准明细表的标题编号。

标准明细表的一般格式如表 4-2 所示。

表 4-2　　××（层次或序列编号）标准明细表

序号	标准体系表编号	标准号	标准名称	宜定级别	实施日期	国际国外标准号及采用关系	被替代标准号或作废	备注

表 4-2 中的“标准号”对应于现有标准，而“宜定级别”则对应于尚未制定的标准。对现有标准也可同时标出“标准号”和“宜定级别”，表示拟将标准的现有级别改成宜定级别。“标准体系表编号”指该条明细在本标准明细表中的编号。

3. 标准统计表

根据统计目的，标准统计表可设置不同的标准类别及统计项，一般格式如表 4-3 所示。

表 4-3　　标准统计表

统计项	应有数/个	现有数/个	（现有数/应有数）/%
标准类别			
国家标准			
行业标准			
企业标准			
共计			
基础标准			
方法标准			
产品、过程、服务标准			
零部件、元器件标准			
原材料标准			
安全、卫生、环保标准			
其他			
共计			

4. 编制说明

标准体系表应同时包括编制说明，其内容一般包括：编制体系表的依据及要达到的目标；国内、外标准概括；结合统计表，分析现有标准与国际的差距和薄弱环节，明确今后的主攻方向；专业划分依据和划分情况；与其他体系交叉情况和处理意见；需要其他体系协调配套的意见；其他。

六、 食品体系表的总结构

1. 体系表的结构形式

食品标准体系表由序号、体系号、标准名称、标准号、标准层级和属性、编制状态、采用国际或国外标准状况、备注共 8 列组成二维表格，其中，标准号是指国家或行业已经颁布实施的标准编号，如为需要制定的标准则不填写；标准层级分为国家标准和行业标准；标准属性分为强制性和推荐性；编制状态分为已发布、制定中、拟制定、拟修订 4 种；采用国际或国外标准状况分为修改采用（modified，MOD）、等同采用（identical，IDT）、等效采用（equivalent，EQV）和非等效采用（no equivalent，NEQ），同时需注明国外标准号和标准名称；若未采用国外标准，可以在备注中注明等。食品体系表的结构形式如表 4-4 所示。

表 4-4　食品标准体系表的结构形式

序号	体系号	标准名称	标准号	标准层级和属性	编制状态	采用国际或国外标准状况	备注
1	1-a-1-1	食品分类与基本术语	GB/T 15091—1994	GB/T	已发布		修订中 20050765-T-469
2							
3							

2. 标准体系编号的组成和编码规则

（1）体系编号组成　食品标准体系编号由标准体系顺序号和标准体系分类号组成。标准体系顺序号以流水号表示，反映出标准体系所有标准数目和分布。标准体系分类号由标准层次编码或食品类别编码、过程环节编码、标准类型编码和子顺序号组成，反映出标准的全面分类信息，体系号采用英文和阿拉伯数字混合编号形成。通用标准层次和产品专用层次的体系编码规则分别如下所述。

应该注意的是，每一要素都应该留出“其他”的位置，以保证体系的开放性。食品标准体系表的编码及其含义如下。

标准层次编码：1—通用标准；2—食品产品专用标准。

产品类别编码：根据具体产品情况进行编码。如我国将加工食品分为 19 类，2B—谷类豆类及其制品、2C—食用淀粉和淀粉衍生物、2D—水果和蔬菜及其制品、2E—肉制品和蛋及其制品、2F—水产及其制品、2G—乳制品、2H—食用油脂、2I—食糖、2J—糖果和巧克力、2K—食用蜂产品、2L—茶叶、2M—饮料、2N—饮料酒、2O—调味品、2P—特殊膳食食品、2Q—新型发酵制品、2R—食品添加剂、2S—罐藏食品、2T—其他等，需要依次进行编码。必要时，产品类分得更细，甚至见到具体产品。也要根据层次进行编码。

过程环节编码：也要根据具体产品情况进行编码。如总的过程包括：a—综合通用；b—食品原料；c—食品设施；d—加工；e—贮藏；f—检测；g—其他。

标准类型编码：主要标准类别包括：1—食品安全基础标准；2—食品中有毒有害物质限量标准；3—与食品接触材料安全标准；4—食品安全控制与管理技术标准；5—食品安全检验检测方法标准；6—食品标签标识标准；7—特殊膳食食品安全标准；8—其他食品产品标准等。

（2）标准体系编码规则 食品标准体系表的标准层次编码以数字和一个大写正体英文字母表示。过程要素编码以两个小写正体英文字母表示。食品标准类型编码以一个阿拉伯数字表示。子顺序号以阿拉伯数字表示，食品标准体系表的体系号组成如图 4-5 所示。

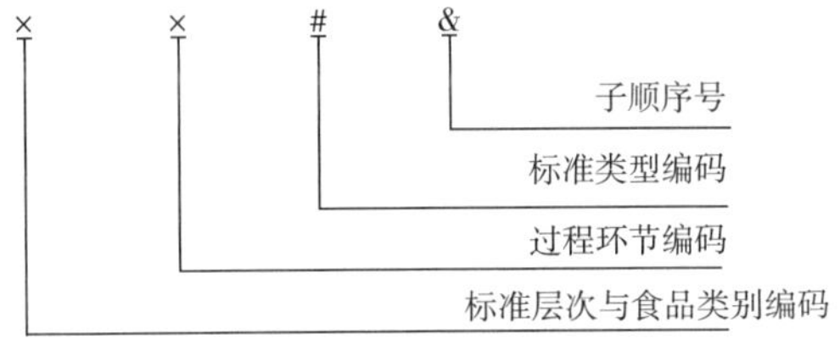

图 4-5 食品标准体系号组成示意图

注：本图示意的标准体系号的编码规则不是唯一的，它的来源主要根据本章中所介绍的标准体系表编制方法得出。由于标准体系的构建方法、所含要素和功能差异，体系表编号的表示方法不同，主要依据体系标准情况自身而定。

七、 编制食品标准体系表的主要流程

编制食品标准体系表的主要流程根据标准体系表的范围、所含标准的类型等有所不同，本书主要对技术标准体系表的编制流程进行总结，其他类型的标准体系表可以参考使用。标准体系表的编制主要包括确定标准体系范围、调查研究、构建标准体系结构图、现行标准清理、拟制定标准梳理、编制标准明细表及统计表、编写编制说明等过程，如图 4-6 所示。

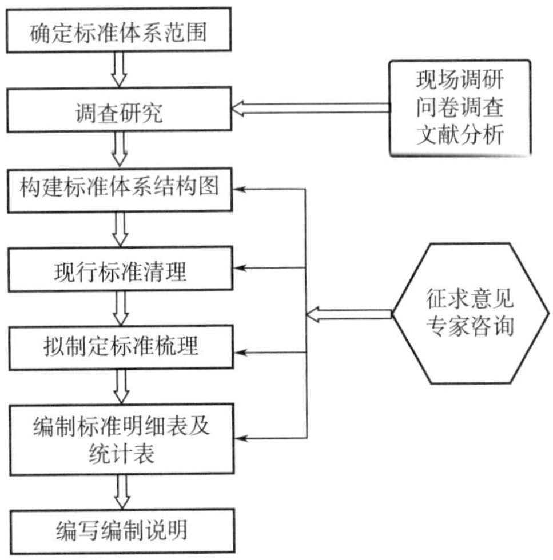

图 4-6 编制标准体系表流程图

1. 确定标准体系范围

根据标准体系表的编制目标，从多个层面确定标准体系表的范围。如从标准级别层面，

确定标准体系表是否包含国际标准、国家标准、行业标准、企业标准；从领域层面，确定标准体系表包含哪些领域的标准等。

2. 调查研究

在明确了标准体系表的编制目标和范围后，有针对性地开展调查研究。调查研究是编制标准体系表的重要基础。调查研究包括现场调研和资料调研两种方式。现场调研的对象应广泛、全面，包括行业具有代表性的各类单位。资料调研包括本行业、企业业务部门，上级主管单位等有关资料，以及有关标准的调查，包括国家标准、行业标准、地方标准、国际标准和国外先进标准等。通过调研，实现以下目的：

①标准体系结构的模块构成建议；

②现行使用的标准清单；

③现行有效标准存在的问题，即了解哪些标准需要修订以及修订要点，哪些标准已经完全不适用需作废；

④标准需求，了解需要制定的标准。

3. 构建标准体系结构图

标准体系结构图是标准体系结构的图形化，是标准体系表编制的顶层文件。标准体系结构图密切结合体系表的编制目的，可以按照系统、领域、流程等进行设计。标准体系结构图通常不少于 3 个层次，逐层细分。常用的结构图是按照企业、产品（或服务）、过程等划分的序列状标准体系结构图。

4. 现行标准清理

（1）标准分析　对现行有效标准进行逐项审查，主要从标准的必要性、协调性和适用性三方面进行分析。

①必要性分析：分析标准是否符合重复使用和共同使用的标准化基本原则；标准名称是否与范围和内容相统一；标准是否得到有效实施。

②协调性分析：分析标准是否同其他标准重复、交叉或矛盾。

③适用性分析：分析标准的内容是否适应当前技术水平的需要；标准所提要求和技术指标是否科学合理、正确可行；是否能够满足实际需要。

（2）提出处理意见　通过标准分析，提出每项标准的处理意见。标准清理的处理意见包括“有效”“修改”“修订”和“废止”。

“有效”指标准可继续有效使用。标准能够反映当前的科学技术水平和实践经验，符合国家的法规政策，适用于当前发展需要。标准具备必要性、协调性和适用性。

“修改”指标准具备必要性和协调性，但有非实质性内容需要更改，且要修改的问题不多，在文字表述、要求、指标等方面稍作更正、修改、补充或删除即可。

“修订”指标准具备必要性，但在协调性或适用性方面存在一定的问题，需要做实质性的内容更改，且修改内容较多。这些问题包括：①标准内容不能完全适应发展需要；②与国家法规政策不相适应；③与其他标准交叉、重复或不相协调；④标准结构有缺陷，影响标准实施。

“废止”指标准存在重大问题，不能再使用。这些问题包括：①违背标准化基本原则，违背现行相关法律、法规；②不具备实施条件；③标准内容空洞，适用性极差，不具备可操作性；④标准实施效果极差。

5. 拟制定标准梳理

根据调研得到的标准需求，结合现行标准清理的结果，编制拟制定标准明细表。分析标准需求的紧迫程度，编制拟制定标准的编制时间。

6. 编制标准明细表及统计表

将清理后的现行标准和需求标准梳理后的拟制定标准，纳入标准体系结构图中各层次的模块中。按照设计的标准体系表的编号规则，对每一项标准进行体系表编号。各模块的标准应排列有序，一般按照国际标准、国家标准、行业标准、地方标准、社会团体标准和企业标准的顺序排列，同一级别标准按照有效、修改、修订、制定的顺序排列。标准明细表建议采用 Microsoft Excel 表格，便于查询、检索、排序和统计。

编制标准明细表后，对体系表中的标准进行统计，标准统计表的表头可由标准级别、应有标准数、实有标准数、实际贯彻标准数、采用国际、国外标准数、标准覆盖率、标准贯彻率等栏组成。

7. 编写编制说明

标准体系表编制说明是标准体系表使用的说明性材料，主要包括以下内容：①标准体系表的编制背景；②标准体系表的目标；③标准体系表的编制原则和编制思路；④标准体系表结构说明；⑤标准明细表使用说明。

八、 综合标准体系表

综合标准体系表应重点突出行业、专业间的配套标准。凡已纳入本产品、过程、服务所属的行业、专业标准体系表内的通用标准，可不再标出或从简标出。行业、专业标准体系表应全面成套，是行业、专业范围内标准体系表的主体。两者纵横配合，组成整体。

为了使不同的综合标准体系表对同一类配套标准的不同要求之间取得协调，既满足于用户需要又有利于生产，应将综合标准体系表对有关行业、专业提出的配套标准，协调和纳入有关行业、专业标准体系表内。综合标准化工作的基本原则和方法见 GB/T 12366—2009《综合标准化工作指南》。

第六节　食品企业标准体系

一、 企业标准体系概述

企业标准是对企业范围内需要协调、统一的技术要求、管理要求和工作要求所制定的标准。GB/T 13017—2018《企业标准体系表编制指南》第3部分“术语和定义”中对于企业标准体系的定义是：企业标准体系是企业内的标准按其内在的联系形成的科学的有机整体。

企业标准体系是制定企业其他管理体系如GB/T 28001—2011《职业健康安全管理体系》、GB/T 19715.1—2005《信息技术安全管理指南》等的基础。企业标准体系是企业战略性决策的结果。

企业标准体系的构建是企业顶层设计的内容。制定企业标准体系，应为企业的生产、服务、经营、管理、安全等方面提供全面系统的作业依据和技术保障，并促进企业形成一套完整的、有机的企业运行机制，提高经济效益。

1. 企业标准体系总体要求

食品生产企业标准化管理是促进企业加强质量管理、保障食品安全、全面提升市场竞争力的重要手段，而科学构建和完善企业标准体系是企业标准化的一项重要基础工作。企业标准体系应覆盖企业经营管理全部领域，满足目标性、完整性、适宜性和有效性的要求。

（1）企业标准体系应遵循策划—实施—检查—处置的循环（PDCA循环）方法构建、运行、评价与改进。企业标准体系的PDCA循环是指：P（plan）——根据相关方要求及期望、外部环境及企业战略需要，进行企业标准体系的设计与构建；D（do）——运行企业标准体系；C（check）——根据目标及要求，对标准体系的运行情况进行检查、测量和评价，并报告结果；A（action）——必要时，对企业标准体系进行优化甚至创新，以改进实施绩效。

（2）企业应以自身企业战略为导向，分析需求，策划企业标准体系，根据分析结果形成企业标准体系构建规划。

（3）企业标准体系应目标明确，体系内所有标准应完整、协调，满足相关方需求。

（4）企业标准体系应层次清晰，结构合理，体系内所有标准边界清楚，接口顺畅，构成有机整体。

（5）企业标准体系应适宜、有效。企业可根据需求和内外部环境变化，调整企业标准体系。

（6）企业应将其他管理体系的标准纳入企业标准体系。

（7）企业应定期开展企业标准体系评价工作，确保体系持续有效。

（8）企业应利用标准化的方针目标评审和体系评价所产生的结果，持续改进和完善企业标准体系。

2. 企业标准体系基本理念

（1）需求导向　以企业战略需求为导向，充分考虑企业内外部环境因素和相关方的需求与期望，以实现企业发展战略为根本目标，构建企业标准体系，并融入企业经营管理系统。

（2）创新设计　企业可按照GB/T 15496—2017《企业标准体系　要求》进行企业标准体系的设计，也可在该标准的基础上，根据企业实际进行创新设计，构建系统、协调、适应企业发展战略和经营管理需要的企业标准体系。

（3）系统管理　运用系统管理的原理和方法，识别企业生产、经营、管理全过程中相互关联、相互作用的标准化要素，建立企业标准体系，并与企业经营管理系统充分融合、相互协调，发挥系统效应，提高企业实现目标的有效性。

（4）持续改进　采用PDCA循环管理模式，实现企业标准体系持续改进。

3. 企业标准体系建设指导标准

我国现行的企业标准体系建设相关标准如下：GB/T 35778—2017《企业标准化工作指南》、GB/T 15496—2017《企业标准体系　要求》、GB/T 15497—2017《企业标准体系　产品实现》、GB/T 15498—2017《企业标准体系　基础保障》、GB/T 19273—2017《企业标准化工作　评价与改进》、GB/T 13016—2018《标准体系构建原则和要求》和GB/T 13017—2018《企业标准体系表编制指南》等。

4. 企业标准体系的构建

（1）需求分析　企业通过对相关方的需求和期望以及企业标准化现状进行分析，形成企业标准体系构建规划、标准化方针、目标，识别企业适用的法律法规和指导标准的要求，构建企业标准体系，如图4-7所示。

企业标准体系中各标准之间是相互关联、协调作用的关系。企业标准体系专注于为实现企业战略提供标准化管理的系统方法和管理平台。各类管理体系文件是企业标准体系的一部分。对于各管理体系的通用要求，可采用整合、兼容和拓展的方式，将相应标准修订后纳入标准体系；对于各管理体系的特定要求，可直接将原管理体系的文件纳入企业标准体系。

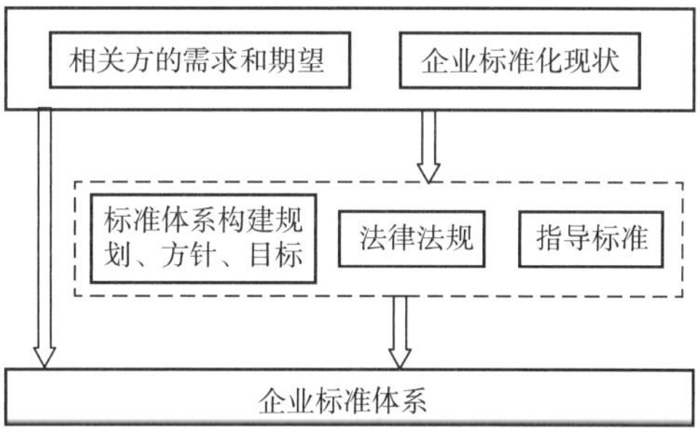

图4-7　企业标准体系构建图

（2）结构设计　根据对相关方的需求和期望、企业标准化现状分析，形成企业标准体系结构图。企业标准体系表的结构一般分为“层次结构”和“序列结构”。“层次结构”是对一定范围内的标准全局进行分析和合理安排后产生的结构，这种结构可以使各项标准覆盖范围明确，标准之间关系明晰，使体系内的标准避免重复、遗漏，达到以最少的制定工作量获得最佳的标准化效果。而“序列结构”强调以产品标准为中心，由若干个相对应的方框与标准明细表组成，这种结构主要适用于局部管理。建议食品企业的标准体系总结构图应采用“层次结构”形式，技术、管理、工作标准体系专业门类、专业序列和层次构成的三维框架结构形式。企业标准体系结构图是表达企业标准体系总体框架中标准的功能定位，以及与其他标准的相互关系的图，如图4-8所示。

企业标准体系由产品实现标准体系、基础保障标准体系和岗位标准体系3个体系组成。

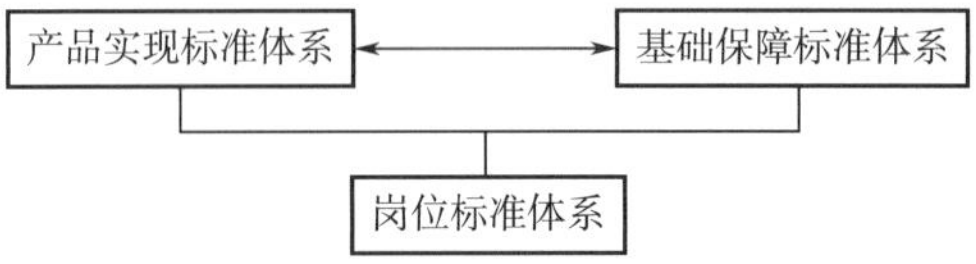

图 4-8 企业标准体系结构图

企业也可根据自身实际对企业标准体系结构进行自我设计，自我设计的结构应满足企业生产、经营、管理等要求并涵盖 GB/T 15496—2017《企业标准体系 要求》、GB/T 15497—2017《企业标准体系 产品实现》和 GB/T 15498—2017《企业标准体系 基础保障》中各子体系要素。GB/T 15496—2017《企业标准体系 要求》给出了企业标准体系其他参考模式。

（3）编制标准明细表 企业应根据企业标准体系结构，对产品实现标准体系、基础保障标准体系和岗位标准体系编制对应的标准明细表。标准明细表格式应满足企业对标准的管理和运用需要，其表头一般包括：序号、体系代码、标准编号、标准名称、责任部门等内容，也可包括编制该项标准的依据文件信息和关联标准信息等。标准明细表格式可参考表 4-5 的示例。

表 4-5 基础保障标准体系——安全和职业健康标准子体系标准明细表

序号	体系代码	标准编号	标准名称	责任部门
1	BZ0701	GB 13495. 1—2015	消防安全标志 第 1 部分：标志	办公室
2	BZ0701	Q/xxx x—xxxx	消防安全管理规范	办公室
3	BZ0701	Q/xxx x—xxxx	应急预案管理方法	办公室
…	…	…	…	…
10	BZ0702	Q/xxx x—xxxx	职业健康管理办法	办公室
…	…	…	…	…

企业标准编号规则应具有唯一性，标准编号宜采用无含义流水号，不与体系代码相关联。标准明细表中的每一类标准均应有体系代码。体系代码应能反映该标准在体系内的位置及其与其他标准的关系，如表 4-5 中的 BZ0701，BZ 为基础保障标准体系的代号；07 是基础保障标准体系的第 7 个子体系，即安全和职业健康标准子体系；01 是该子体系内的第 1 类安全标准。每一类内可以是一个标准也可以是多个标准。

二、 食品企业标准体系的结构与要求

1. 产品实现标准体系

（1）产品实现标准体系的结构与要求

①产品实现标准体系的结构：产品实现标准体系一般包括产品标准、设计和开发标准、生产/服务提供标准、营销标准、售后/交付后标准 5 个子体系，如图 4-9 所示。

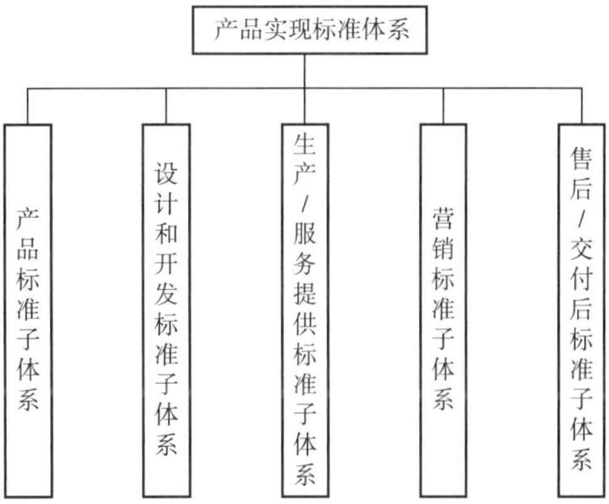

图 4-9　产品实现标准体系结构图

②产品实现标准体系的要求：产品实现标准体系是开放、动态的有机系统。企业可根据产品类型和产品实现的过程对产品实现标准体系及其子体系进行设计，包括删减、增补或整合标准体系的内容等。产品实现标准体系应确保其充分性、适宜性和有效性。产品实现标准体系应与 GB/T 15496—2017《企业标准体系　要求》和 GB/T 15498—2017《企业标准体系　基础保障》的规定相互协调。

（2）产品标准子体系

①产品标准子体系的结构：产品标准子体系结构如图 4-10 所示。

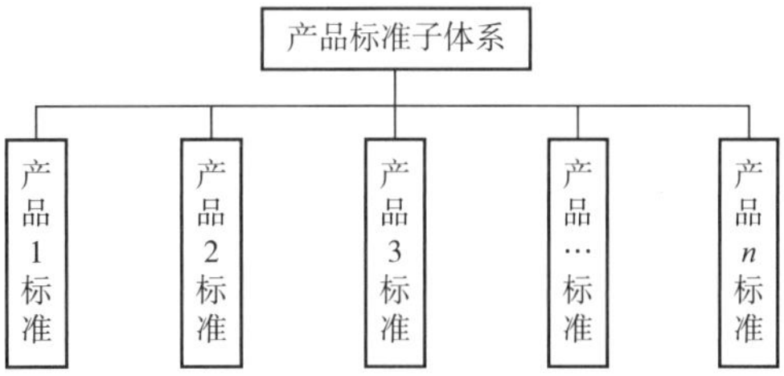

图 4-10　产品标准子体系结构图

②产品标准的内容：企业根据市场和顾客的需求，结合自身的技术和资源优势，对产品结构、规格、质量特性和检验/验证方法等做出技术规定，并对产品进行科学的分类，收集、制定的产品标准可包括但不限于：企业声明执行的国家标准、行业标准、地方标准或团体标准（这类标准可直接收集、使用）；企业声明执行的企业产品和服务标准；为保证和提高产品质量，制定的严于国家标准、行业标准、地方标准、团体标准或企业产品和服务标准，作为内部质量控制的企业产品和服务内控标准，这类标准不作为交付的依据；与顾客约定执行的技术要求或其他标准，其他标准可包括国外技术法规、国际标准、国外先进标准及其他国家的标准等。

2. 基础保障标准体系

（1）基础保障标准体系的结构与要求

①基础保障标准体系的结构：基础保障标准体系一般包括规划计划和企业文化标准、标

准化工作标准、人力资源标准、财务和审计标准、设备设施标准、质量管理标准、安全和职业健康管理标准、环境和能源管理标准、法务和合同标准、知识管理和信息标准、行政事务和综合标准等子体系，如图 4-11 所示。

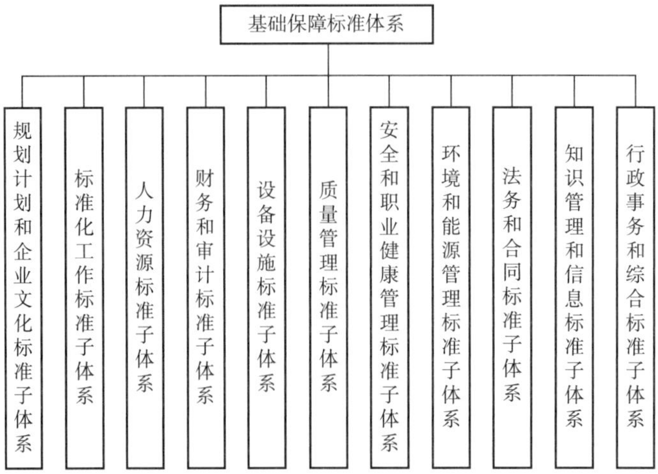

图 4-11　基础保障标准体系结构图

②基础保障标准体系的要求：基础保障标准体系应以保证企业产品实现有序开展为前提进行设计，以生产、经营和管理活动中的保障事项为要素。基础保障标准体系内的标准应在相关法规及其组织环境、企业战略、方针目标和企业标准化管理文件的指导下形成，以企业生产、经营和管理等活动为依据。纳入基础保障标准体系的标准应相互协调，标准内容应符合企业生产、经营和管理活动实际。不同类型的企业可根据生产、经营和管理活动的特点，对基础保障标准体系中的要素进行适当选择、调整、减裁与补充，选择、调整、减裁与补充应确保体系的适宜性、充分性和有效性，且不影响企业的产品实现。构成基础保障标准体系的标准应包括企业适用的国家标准、行业标准、地方标准、团体标准和企业标准。基础保障标准体系的构建，应充分考虑和满足企业质量管理、职业健康安全管理、环境管理、能源管理、信用管理的要求，为企业建立和实施相关管理体系奠定基础。基础保障标准体系应与 GB/T 15496—2017《企业标准体系　要求》和 GB/T 15497—2017《企业标准体系　产品实现》的规定相互协调。

（2）标准化工作标准子体系

①标准化工作标准子体系的结构：标准化工作标准子体系的结构如图 4-12 所示。企业应制定标准化工作标准，规定企业标准化工作的目标、内容、程序、要求、检查和改进方法等。

②标准化工作标准子体系的内容：标准化工作标准子体系主要包括标准化工作组织与管理、标准化工作评价两个方面的内容。

标准化工作组织与管理标准是以企业标准化活动普遍使用的事项形成的标准，包括但不限于：标准化要求；标准化原理和方法；标准化术语；量、单位、符号、代号和缩略语等标准；标准化工作的组织与开展；标准制修订管理；标准化信息管理。

标准化工作评价标准是确定标准化管理效果所采用的标准，包括但不限于：复审及其结果的处置管理；标准实施与检查；标准体系评价与改进；标准化奖励；标准化经济效益与社会效益的评价。

（3）质量管理标准子体系

①质量管理标准子体系的结构：质量管理标准子体系的结构如图 4-13 所示。企业应收集和编制适用的质量管理标准，这些标准包括但不限于：对产品实现过程的质量控制，精细化管理、精益化管理等的质量定位、组织与管理、推进及其测量、评价与改进。

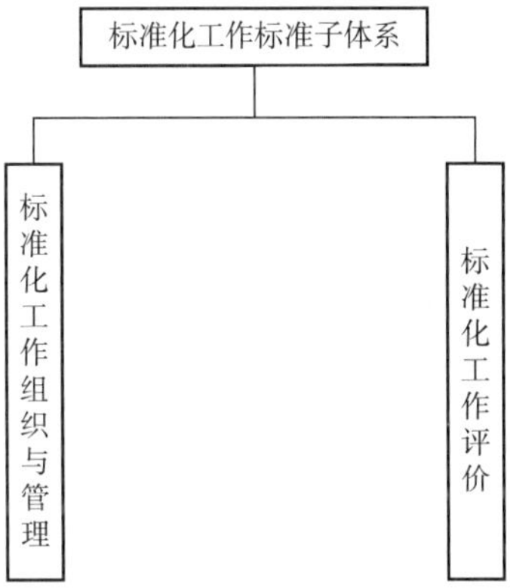

图 4-12　标准化工作标准子体系结构图

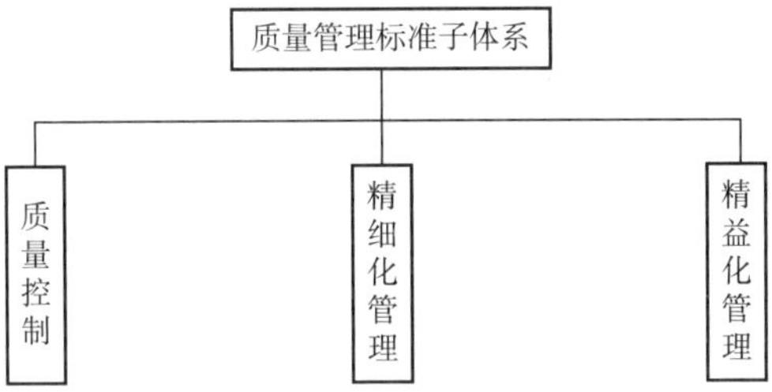

图 4-13　质量管理标准子体系结构图

②质量管理标准子体系的内容：质量管理标准子体系主要包括质量控制、精细化管理和精益化管理 3 个方面的内容。

以保障产品质量满足要求而开展的质量控制标准，包括但不限于：原材料的品质管理与控制要求；不合格及半成品、制成品质量的管理与控制要求；成品质量的管理与控制要求；最终产品品质的管理与控制要求；体系和过程的质量控制。

精细化管理标准是为保障产品质量满足要求而制定的将管理责任具体化、明确化的标准。

精益化管理标准是为保障产品质量满足要求、杜绝浪费和无间断的作业流程而制定的标准，这些标准包含整理、整顿、清扫、清洁、素养。

3. 岗位标准体系

（1）岗位标准体系的结构　岗位标准体系一般包括决策层标准、管理层标准、操作人员标准 3 个子体系。岗位标准体系的结构如图 4-14 所示。

（2）岗位标准体系的要求

①岗位标准体系应完整、齐全，每个岗位都应有岗位标准。

②岗位标准应由岗位业务领导（指导）部门或岗位所在部门编制。

③岗位标准应以基础保障标准和产品实现标准为依据。当基础保障标准体系和产品实现标准体系中的标准能够满足该岗位作业要求时，基础保障标准体系和产品实现标准体系可直接作为岗位标准使用。

④岗位标准一般以作业指导书、操作规范、员工手册等形式体现，可以是书面文本、图

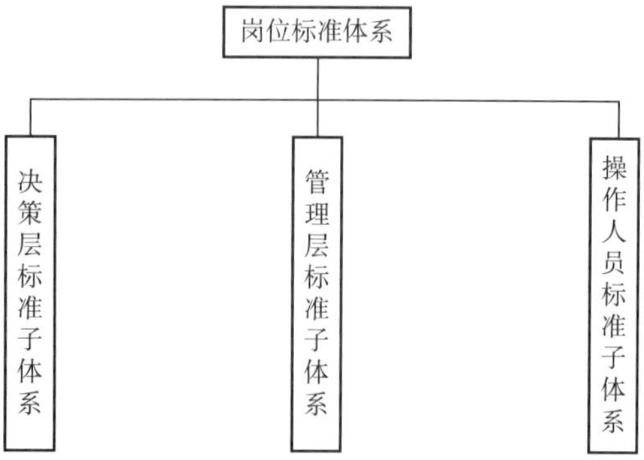

图 4-14　岗位标准体系结构图

表、多媒体，也可以是计算机软件化工作指令，其内容包括但不限于：职责权限；工作范围；作业流程；作业规范；周期工作事项；条件触发的工作事项。

三、 食品企业标准体系的编制

食品生产企业标准体系包括技术标准、管理标准和工作标准。所有标准都应在标准化及食品安全相关法律法规、本企业的标准化规定和方针目标及其他相关的国家法律法规指导下形成。食品企业在编制三类标准体系表时，首先要明确编制目的、编制要求、编制依据、收录范围、框架结构和标准体系编号规则等问题，并对每一个标准体系表编写编制说明。食品企业标准体系由 GB/T 15496—2017《企业标准体系　要求》、GB/T 15497—2003《企业标准体系　技术标准体系》、GB/T 15498—2003《企业标准体系　管理标准和工作标准体系》以及 GB/T 19273—2003《企业标准体系　评价与改进》组成。

食品生产企业的一切活动应以提高食品的安全性和经济效益为中心，标准体系的建立应围绕提高产品质量安全水平，增加经济效益这个方针目标。食品生产企业标准体系建设是一项综合且系统的工程，是提升企业食品安全管理水平、保障消费者健康的关键，是提高企业产品竞争力的重要技术支撑。

1. 企业技术标准制定、修订基本要求

（1）纳入企业技术标准体系的标准，是企业质量管理体系、职业健康安全管理体系和环境管理体系实施中都应严格执行的技术性文件，企业必须严格执行。

（2）企业技术标准应符合国家有关标准化法律、法规及强制性标准的要求。

（3）企业技术标准应符合国家、行业有关的技术基础标准。

（4）有关质量的技术标准内容和要求应满足 GB/T 19001—2016《质量管理体系　要求》对技术性文件内容的要求。

（5）有关职业健康、安全和环境管理的技术标准内容和要求应满足 GB/T 28001—2011《职业健康安全管理体系　要求》和 GB/T 24001—2016《环境管理体系　要求及使用指南》对技术性文件内容的要求。

（6）企业技术标准的各项要求应系统、协调、统一、切实可行。

（7）企业技术标准的表现形式可以是纸张、计算机磁盘、光盘或其他电子媒体、照片、标准样品或它们的组合。企业技术标准的存在形式可以是标准、规范、规程、守则、操作卡、作业指导书等。

（8）建立企业技术标准体系应编制企业技术标准体系表。标准体系表可参照 GB/T 13017—2018《企业标准体系表编制指南》规定的概念、原理、要求和方法编制。

2. 企业技术标准的结构和格式

（1）企业产品标准文本的结构和格式可参考 GB/T 1.1—2020《标准化工作导则　第 1 部分：标准化文件的结构和起草规则》的规定。

（2）规程、规范、守则、操作卡、作业指导书的结构和格式也可按照有关行业指导性标准规定。

3. 企业管理标准体系和工作标准体系的编制原则及基本要求

（1）企业管理标准体系和工作标准体系的编制原则

①企业管理标准体系、工作标准体系应符合国家有关法律、法规和强制性的国家标准、行业标准及地方标准的要求。

②企业管理标准体系应能保证技术标准体系实施。工作标准体系应确保技术标准体系和管理标准体系的实现。

③构成企业管理标准体系、工作标准体系的标准之间应相互协调一致。

④企业管理标准体系、工作标准体系应与企业的其他管理体系相互协调一致。

⑤企业对企业管理标准体系和工作标准体系应定期复审，并确定其有效。

⑥因评价或确认需要，构成企业管理标准体系的标准可为评价或确认提供所需要的文件，并组合成新的体系文件。

（2）企业管理标准体系的基本要求

①企业管理标准体系应在企业标准体系表的框架下制定，管理标准体系表也应符 GB/T 13017—2018《企业标准体系表编制指南》的要求。

②企业管理标准体系应贯彻国家、行业的管理基础标准。

③企业应充分吸收和运用国内外先进的管理理论和经验，结合实际，将其应用在管理标准体系的建立和实施中。

（3）企业工作标准体系的基本要求

①企业对于生产、经营、管理有关的工作岗位应建立工作标准，并形成体系，以保证技术标准和管理标准的实施。

②企业工作标准体系应在企业标准体系的框架下制定，并与企业技术标准和管理标准协调一致。

四、食品企业标准体系的运行

企业标准体系的建立，仅仅是建立企业标准化系统的第一步，更重要的是认真实施各类标准。在标准的实施过程中，要运用科学的 PDCA 管理模式不断对其进行认真策划，对实施的结果进行检查、分析和改进，通过评审采取有效的措施，推动企业标准体系的持续改进，不断优化企业标准体系结构，适时淘汰企业标准体系内低功能的要素，增加补充新的高功能的要素，充分运用综合标准化和前导标准化等现代标准化的最新成果，使企业标准体系始终处于整体功能最佳状态，对企业标准体系实施动态管理，才能确保在实施中不断完善和提高企业标准化系统水平。

1. 企业标准体系的运行

标准体系的运行主要反映在两个方面，一是企业所有标准化活动都在依据企业标准的要求实施，二是企业所有标准化活动都在提供证据，证实企业标准体系是否运行。企业标准体系运行一段时间后，企业应根据《企业标准体系评价与改进》的要求进行内部评价，以确定标准体系是否符合策划的安排，体系内标准的要求是否得到有效实施。

（1）运行原则

①整体性：标准体系应整体运行，标准体系内各项标准均应得到实施。

②持续性：标准体系应持续运行，标准体系内各项标准均应长期得到实施。

③有效性：标准体系应有效运行，标准体系内各项标准均应切实有效。

（2）运行程序

①制定计划：企业应制定标准体系运行计划，其内容应包括实施标准的方式、内容、步骤、负责人员、应达到的要求等。

②前期准备：明确相应的管理机构，负责标准体系运行的组织协调；向有关人员宣传及培训、讲解标准体系的结构和要求、体系内各标准的相互关系；进行技术准备，必要时进行技术攻关或技术改造；进行物资准备，为实施标准体系提供必要的资源。

③运行：企业最高管理者应根据企业实际情况，提供相应的人力、物力和财力，以保障标准体系的实施，实现标准体系的持续、有效运行；纳入企业标准体系的所有标准均应得到实施，必要时还应形成实施的计划和记录，按 GB/T 35778—2017《企业标准化工作 指南》执行；各部门应与标准化管理机构保持联络，确保在标准体系运行和标准实施过程中遇到的问题能得到及时沟通和解决；企业标准化管理机构应持续跟踪和评估标准体系运行与实际工作状况的一致性，必要时进行调整和完善，以保证标准体系有效运行。

2. 食品企业标准体系的审定

食品企业按照企业标准体系系列标准建立了标准体系，在运行一段时间后，是否满足企业的实际需要，是否符合国家的相关法律、法规以及颁布的标准，如何持续改进和进一步完善，开展对已制定的标准体系的审定，是食品企业标准化工作中一项不可缺少的活动。通过对企业标准体系的评价、确认，企业可以发现和找出在生产、经营和管理各项活动中存在的欠缺，并通过采取制定纠正措施和持续改进达到进一步完善企业标准体系的目的。食品企业标准体系的审定包括对已制定的标准体系进行评价、确认和改进三个过程。

（1）企业标准体系的评价

①评价原则与依据：对企业标准化工作进行评价应遵循以下原则：客观公正；科学严谨；全面准确；注重实效；服务发展。

评价依据包括以下内容：国家有关的方针、政策；标准化及相关法律、法规和强制性标准；企业标准化方针、目标；GB/T 15496—2017《企业标准体系　要求》、GB/T 15497—2017《企业标准体系　产品实现》、GB/T 15498—2017《企业标准体系　基础保障》、GB/T 35778—2017《企业标准化工作　指南》及 GB/T 19273—2017《企业标准化工作　评价与改进》等；企业标准体系及相关文件。

②评价方式：企业自我评价，又称第一方评价，指企业为确定其标准化工作达到规定目标的程度所进行的活动。第二方评价，指用户或采购方为确定企业标准化工作达到规定目标的程度所进行的活动。第三方评价，指独立于第一方和第二方的机构为确定企业标准化工作达到规定目标的程度所进行的活动。

③基本要求：对企业的要求，企业应识别并遵守与本企业有关的方针、政策、法律、法规以及强制性标准等。企业应依据相关规定开展标准化工作，建立企业标准体系并有效运行。

进行第三方评价时，还应符合以下要求，依法注册并在合法营业范围内开展生产经营活动；若属法律、法规规定的行政许可、审批或强制认证等要求的，应获得相应资质；3 年内未发生重大的质量、安全、环境保护等事故；按照相关规定企业自我声明公开的产品标准、服务或其他事项应真实、完整，并对其承担相应的责任；至少开展一次完整的自我评价；自愿提出申请，并提交申请材料。申请材料应符合 GB/T 19273—2017《企业标准化工作　评价与改进》的要求。

对评价组织的要求为评价组织应有与开展评价工作相适应的专（兼）职评价人员；应明确评价人员的职责、权限；应具有保障评价活动的标准化文件；开展第三方评价的组织，应为具有独立法人资格的标准化组织。

对评价人员的要求是，评价人员应具有标准化工作经验，熟悉国家有关标准化方针、政策及相关的法律法规，掌握企业标准化工作系列标准、标准化知识和相关专业知识，胜任评价工作；应具备识别企业在标准化工作中存在问题的能力，承担不当评价所产生的相应风险责任；应遵纪守法、诚实正直、坚持原则、实事求是、科学公正。评价小组组长应有从事标准化工作评价的经历，能够识别生产、经营、管理活动的关键环节，具有组织协调、文字表达和现场把控能力，并承担评价工作的主要风险责任。

第三方评价组织的评价人员还应符合以下条件：熟悉被评价企业所属的行业特点；连续从事标准化工作不少于 3 年；恪守职业道德，保守被评价企业的技术和商业秘密；独立于被评价企业。

④评价策划：评价策划的内容一般包括评价小组的组成；评价时间；评价程序和方法；评价方案（或评价计划任务书），包括评价范围、依据、目的、工作程序、任务分工及时间安排等；评价沟通；特殊情况的处理。

评价策划应形成评价方案或评价计划任务书。第三方评价时，应经被评价企业确认。

⑤评价实施：评价的实施通常包括首次会议、文件评价、现场评价、沟通和末次会议等步骤。

首次会议时，参加首次会议的人员应包括评价组成员、企业最高管理者或管理者代表、与标准化职能相关的各级管理者以及相关人员。首次会议应由评价组组长主持。首次会议应包括以下内容：介绍企业标准化工作情况，主要包括企业基本情况、标准化工作机制、组织机构设立情况；标准化需求分析、标准体系结构、体系运行情况、保障措施及成效；标准化工作自我评价改进情况等；宣布评价方案（或评价计划任务书），确认评价方案（或评价计划任务书）及相关安排；若调整相关计划，应由双方予以再次确认；确认评价双方沟通的方式，支持评价所需的资源和设施等内容；确认末次会议的信息；作出可能造成评价提前终止的情况说明。

采用第三方评价时，还应包括以下内容：与企业确认安全和保密区域。必要时，企业应提供评价人员所需的防护和应急用品、用具等；对有关保密和公正性声明等事宜进行承诺与确认；提醒企业对评价过程及评价结论有申诉和投诉的权利；要求企业指定相应联络员与评价人员对接并提供相应的支持。

文件评价的内容和方法包括但不限于以下方面。标准化管理机构建设和运行情况：查阅标准化组织机构及职责文件，查阅围绕企业发展战略制定的方针、目标、规划和计划等，以及考核或实施情况记录；标准体系构建情况：查阅需求分析报告、标准体系结构图、标准体系表、编制说明以及标准文本；标准实施情况：查阅标准实施过程中的相关记录、标准的查询及跟踪相关记录等；其他相关标准化工作情况：查阅采用国际标准或国外先进标准的材料及采标证书的使用情况，查阅主持或参与制修订国家标准、行业标准、地方标准和团体标准的资料和标准文本，查阅开展标准化试点、示范和参与国际、国内标准化活动的记录等；标准化成效情况：查阅开展标准化的经济效益、社会效益评价文件及相关证明材料，以及获奖证书、报告等相关材料。

进行文件评价时，应抽取必要的标准文本用于现场评价核查。标准文本的抽样应符合以下要求：抽取的标准文本应涵盖产品实现标准体系、基础保障标准体系和岗位标准体系；抽取的标准文本应覆盖识别的关键环节；由评价组组长根据企业规模、产品的复杂程度、纳入企业标准体系的标准文本数量等因素确定标准文本抽样的数量，样本数量应为标准总量的4%~8%，且不应少于20份。

进行现场评价时，可采用查看、询问、操作演示、结果复核、查阅资料或报告记录、调查统计等方法。现场评价包括但不限于以下内容：员工标准化基础知识掌握程度、参与标准化培训等活动情况；员工对本岗位有关标准的掌握程度；工艺流程、关键环节、现场管理、设备设施、产品、半成品、原材料检验验证等与标准内容有关的符合性及执行标准的情况；覆盖企业生产、经营管理全过程，标准体系整体运行状况及动态维护情况。

沟通应贯穿于评价的全过程，包括内部沟通和外部沟通。内部沟通指评价组成员之间的沟通。内部沟通内容包括但不限于：协调评价进度与分工；出现重大不符合项以及不期望情况时的沟通；对评价信息进行沟通并形成评价结论。外部沟通指评价组与评价对象间的沟通。外部沟通内容包括但不限于：要求提供必要支撑文件以及必要说明；协调评价工作进度；针对现场评价安全风险情况，提出继续评价或终止评价；对评价过程中发现的不符合项以及评价结论意见等内容进行沟通，并得到确认。

末次会议时，末次会议人员应与首次会议相同，应由评价组组长主持，会议内容应包括：说明获取客观证据的方法及评价中发现的不符合项；整改建议，包括纠正措施、验证要求、整改时间等；形成评价报告，并宣布评价结论；明确申诉或投诉的权力及处理程序。

评价报告应符合GB/T 19273—2017《企业标准化工作　评价与改进》的要求，如表4-6所示。

表4-6　　企业标准化工作评价报告

编号：　　　　　　　　　　　　　　　　　　　　　　备案号：

<table>
<tr><td>被评价企业</td><td colspan="5"></td></tr>
<tr><td>地址</td><td colspan="2"></td><td>确认时间</td><td colspan="2"></td></tr>
<tr><td>法定代表人</td><td></td><td>联系人</td><td></td><td>电话</td><td></td></tr>
<tr><td colspan="6">评价（确认）专家组成员</td></tr>
<tr><td>专家组职务</td><td>姓名</td><td colspan="2">职务/职称</td><td>电话</td><td>签字</td></tr>
<tr><td>组长</td><td></td><td colspan="2"></td><td></td><td></td></tr>
<tr><td rowspan="4">小组成员</td><td></td><td colspan="2"></td><td></td><td></td></tr>
<tr><td></td><td colspan="2"></td><td></td><td></td></tr>
<tr><td></td><td colspan="2"></td><td></td><td></td></tr>
<tr><td></td><td colspan="2"></td><td></td><td></td></tr>
<tr><td>参加人员</td><td colspan="5"></td></tr>
<tr><td>评价目的</td><td colspan="5"></td></tr>
<tr><td>评价依据</td><td colspan="5"></td></tr>
<tr><td>评价范围及内容</td><td colspan="5"></td></tr>
<tr><td rowspan="2">评价得分级别</td><td colspan="2">基本分</td><td>加分</td><td>总分</td><td>级别</td></tr>
<tr><td colspan="2"></td><td></td><td></td><td></td></tr>
<tr><td colspan="6">评价综述及确认结论
（一）评价综述
1. 综述企业标准化工作情况：
2. 综述评价方案实施情况（即评价过程情况）：
3. 综述文件评价情况：
4. 综述现场评价情况：
5. 综述标准化成效情况：
（二）评价结论
评价组在认真综合意见的基础之上，结合企业生产、经营和管理现状，对×××企业标准化工作（含标准体系）的充分性、适宜性、有效性得出评价结论和相应分值，确认相应级别。
（三）改进要求
评价组应结合评价情况，给出改进建议及获得证书的条件。

评价组组长签字：　　　　　　　　　　　　　　年　　月　　日</td></tr>
</table>

⑥评价结果及管理：结果复核。进行第三方评价时，评价组织应安排独立专家组，对评价资料涉及的记录、证据以及资料完整性、准确性进行复核。从事复核的人员，应熟悉被评

价企业所属专业领域的知识并具有丰富的标准化工作经验，评价人员不可参与同一项目的复核工作。对于复核发现的问题，应及时与评价小组组长沟通，并得到确认。针对复核中存在的问题，必要时复核人员应返回被评价企业进行复核，形成复核结论。

申诉与投诉。申诉与投诉内容主要包括：对评价人员组成或行为有意见；对评价过程有异议；对评价结论有异议。申诉与投诉的处理包括：建立受理、确认和调查申诉与投诉的处理流程；及时对申诉/投诉人提出的意见开展调查和复核；对申诉与投诉意见处理情况书面通知申诉/投诉人。

证书与标志。第三方评价组织可根据被评价企业的申请，按照评价结论颁发证书（图 4-15）；被评价企业可依据第三方评价组织的要求，使用第三方评价组织核发的证书。评价组织与被评价企业对评价结果的准确性、真实性分别承担相应的责任。

企业标准化工作评价证书

评价证书编号：

统一社会信用代码：

企业名称：

地　　址：

依据《企业标准化工作　评价与改进》（GB/T 19273—2017）对你公司开展企业标准化工作评价，经专家审核为××××级，确认周期为××××年××月至××××年××月。

（附评价报告）

评价组织盖章

评价日期

图 4-15　企业标准化工作评价证书参考格式

监督。评价组织应对企业标准化工作开展监督，并明确监督内容、周期、方法等。当发现被评价企业标准体系运行、标准实施质量下降时，应督促被评价企业及时纠正。被评价企业拒不纠正或纠正不到位的，应做出降低等级直至撤销证书的处理。当被评价企业出现违反法律法规、强制性标准，存在弄虚作假等问题时，应撤销其证书，取消专用标志的使用权。

（2）企业标准体系的确认

①确认的基本条件：经标准化主管部门认可的评价机构确认，实行企业自愿申请的原则。申请企业应符合下列条件：应具有法人资格；企业标准体系文件齐全，符合企业的实际情况，满足企业生产、经营和管理要求，文件发布后，实施应在六个月以上并能有效运行；产品标准必须合法有效，产品应有国家认可的检验机构出具的检测报告；采用国际标准的产品，必须经过标准化主管部门确认或取得采标标志证书；企业应设有满足企业生产、经营、管理要求的标准化机构和人员并有明确的标准化职责。

②确认的否决条件：企业未建立和运行有效的企业标准体系，产品标准覆盖率达到100%，无标生产或产品不能满足国家、行业或地方强制性标准的；企业三年内发生重大产品质量、安全生产、职业健康、环境管理等事故，而受到国家、地方通报或处分的，其中包括国家或地方行政管理部门在新闻媒体上的批评和曝光者；国家或地方质量监督部门抽查产品质量未达到产品标准要求，并两年连续抽查不合格的。以上情况有其中一项者，均不得申请企业标准体系的社会确认。

③确认方法和程序：确认方法一般采用检查记录表和评分表，并通过确认人员的观察、提问、听对方陈述、检查、比对、验证等获取客观证据的方式进行。确认前，对标准体系文件以及实施的全过程是否满足标准要求进行评价和打分，根据评分结果，确定企业建立的标准体系是否合格，并向被确认的企业提供确认报告和结论。

确认程序应遵循以下程序：确认提出；确认准备；确认实施；编写确认报告或不合格报告；确认结果处置。

（3）评价、确认的内容和要求

①标准化工作要求：应制定企业的总方针和目标，同时应有明确的标准化工作的方针、目标和具体要求。应有完整的标准化组织机构图和明确的职能要求。应制定适合企业发展要求的标准化规划、计划和员工的标准化培训计划。标准化信息管理应符合 GB/T 15496—2017《企业标准体系　要求》的要求。建立能满足企业经营需求且完善的企业标准体系。企业标准的制、修订应符合 GB/T 15496—2017《企业标准体系　要求》的规定，标准的实施符合标准的要求。采用国际标准和国外先进标准应符合 GB/T 15496—2017《企业标准体系　要求》的要求。

②企业技术标准体系的编制要求：企业技术标准体系构成合理、结构完整，符合 GB/T 15497—2017《企业标准体系　产品实现》的要求。企业技术标准体系的构成应结合企业的实际需要。

③企业管理标准体系和工作标准体系的编制要求：企业管理标准体系和工作标准体系构成合理、结构完整，符合 GB/T 15498—2017《企业标准体系　基础保障》的要求。企业管理标准体系的构成见 GB/T 15498—2017《企业标准体系　基础保障》。企业工作标准体系构成合理，编写内容、格式符合 GB/T 15498—2017《企业标准体系　基础保障》的要求。企业工作标准完整、齐全，能满足和实现技术标准和管理标准的要求。企业工作标准应有检查、考核要求，各种记录、表格应根据企业的实际情况编制。

④企业技术标准、管理标准和工作标准的实施、监督与改进：有企业技术标准、管理标准和工作标准的实施监督计划和实施程序。企业技术标准、管理标准和工作标准的实施应满足标准的要求。产品质量、生产安全、职业健康、环境保护等均应符合标准要求。设备、物资资源的检验、试验的合格率应满足标准规定要求，并有相应记录或报告。产品实现过程和服务提供过程的质量控制，每道工序都应按标准进行检验，并有合格或不合格记录。包装、搬运、贮存、安装、交付实施的质量控制，应符合标准要求，并有记录存档。营销和服务过程控制应符合标准，能满足顾客要求。各部门协调、沟通、配合默契，对不合格项有纠正和

预防措施。新产品开发、改进、技术改造、技术引进的标准化审查，应符合有关标准化法律、法规、规章和强制性标准的要求。标准实施的监督检查应符合 GB/T 15496—2017《企业标准体系 要求》的要求。应建立标准体系评价与持续改进机制，并通过对不合格项的测量、分析、评审，制定改进措施和跟踪措施，不断完善企业标准体系和各项标准化管理工作。

⑤确认结果处置：经确认专家组评价、确认后，确认专家组应根据评分的最后结果，向企业提供正式的评价、确认报告。经确认合格的，由经标准化行政主管部门认可的、独立的、公正的评价机构向企业颁发国家标准化行政主管部门统一印制的《企业标准体系确认证书》，同时向社会公告。对确认不合格的，确认组织应提出不合格理由。《企业标准体系确认证书》有效期为三年，合格证书到期前三个月内，被确认合格企业可向原发证单位提出复审申请，复审不合格，原发证单位有权撤销其证书。被确认合格的企业，可以在产品、包装、标签及说明书上明示企业标准体系确认合格标志。

（4）企业标准体系的改进

①改进依据：适用的标准化方针、政策、法律法规、目标和其他要求发生的变化；标准体系运行、标准实施和评价提出的改进要求；与产品（服务）有关的科研成果、新技术、新工艺等方面的信息；顾客、其他相关方反馈的意见；领导意识、员工能力和建议；测量、检验、试验报告；企业标准化工作纠正措施和预防措施。

②改进内容：改进并提升标准化活动的战略与策略；改进和完善标准，调整标准体系结构，完善标准内容等；改进和提升标准化人员的素质和能力，调整人员结构，提升人员技能等；改进设备设施与原材料状况，配备满足新工艺、新技术的设备设施及原材料。

思考题

1. 简述目前我国食品标准体系存在的问题，并给出相应的解决措施。
2. 我国食品标准体系的作用和特点分别是什么？
3. 简述食品标准体系构建原则和方法。
4. 简述如何编制企业标准体系。

第五章

CHAPTER 5

食品标准制修订

学习目标与要求

1. 熟悉食品标准的分级与分类；
2. 学习食品标准制修订的基本原则；
3. 熟悉食品标准制修订的主要程序；
4. 掌握食品标准的要素和层次；
5. 学习标准编写的基本原则和各要素的编写要求。

标准的制定、实施和修订是标准化活动的三个基本环节，其中，标准的制修订是决定标准化活动水平至关重要的环节。通过标准的制定将科学、技术、实践经验的综合成果转化为标准，进而通过标准的实施将最佳方案予以推广，并在标准实施过程中根据标准的适用性及时进行标准修订，从而使标准能够不断满足社会、生产的实际需要，充分发挥标准在各个领域的积极作用。因此，标准制修订的质量不仅是决定标准质量的重要因素之一，也是确保标准时效性的关键。

本章首先重点介绍食品标准的基本类别，然后介绍食品标准制修订的基本原则和主要程序，并在介绍食品标准的要素和层次的基础上，讲解食品标准编写的主要原则和各要素的编写要求。

第一节　食品标准类别

食品标准与一般标准一样，通常包含复合性的技术要求，不能只按某一方式进行分类。按照标准的制定主体和标准化活动范围、标准的约束力、标准化对象属性、标准内容的功能、标准内容适用的广度等，可将标准分成不同类别（图 5-1）。

截至 2022 年 8 月 1 日，我国共发布食品安全国家标准 1455 项，其中通用标准 13 项、食品产品标准 70 项、特殊膳食食品标准 10 项、食品添加剂质量规格及相关标准 650 项、食品营养强化剂质量规格标准 62 项、食品相关产品标准 16 项、生产经营规范标准 34 项、理化检验方法标准 237 项、微生物检验方法标准 32 项、毒理学检验方法与规程标准 29 项、农药残留检测方法标准 120 项、兽药残留检测方法标准 74 项、被替代（拟替代）和已废止（待废止）标准 108 项。

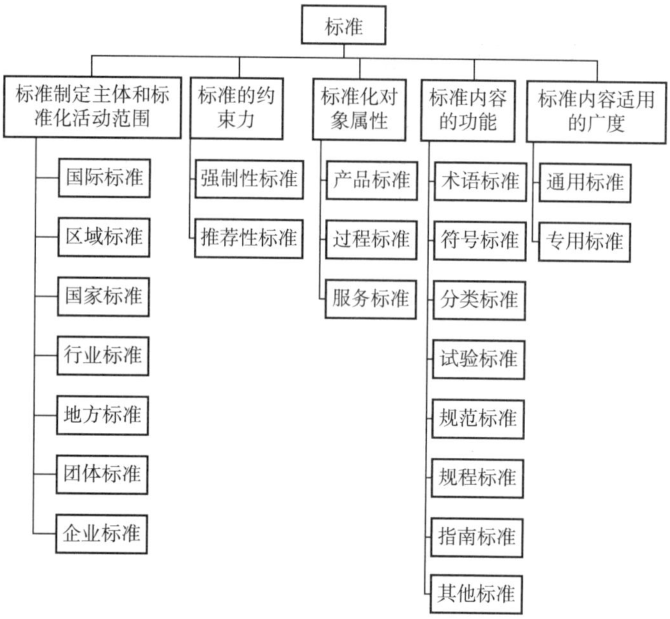

图 5-1　标准的分类依据及类别

一、根据标准制定主体和标准化活动范围分类

按标准制定的主体和标准化活动范围的不同，可将标准分为国际标准、区域标准和各国制定的标准。依据《中华人民共和国标准化法》第一章第二条的规定，我国的标准分为国家标准、行业标准、地方标准、团体标准和企业标准，其中，国家标准、行业标准和地方标准为政府主导制定，团体标准、企业标准由市场主体自主制定。

1. 国际标准

国际标准是由国际标准化组织或国际标准组织通过并公开发布的标准，在世界范围内适用，是世界各国贸易、交流和技术合作的基本准则。目前，国际标准主要包括由三大国际标准化组织——ISO、IEC 和国际电信联盟（International Telecommunication Union，ITU）制定的标准，以及其他公认的国际组织在某个专业范围内发布的标准。国际标准按其制定程序、成熟程度、市场需求等，可采用不同的文件形式发布。以 ISO/IEC 发布的标准化文件为例，包括标准、技术规范、可公开提供规范、技术报告、指南、国际研讨会协议。

食品领域的国际标准主要包括国际标准化组织/食品技术委员会（ISO/TC 34）、国际标准化组织/质量管理和质量保证技术委员会（ISO/TC 176）、国际标准化组织/与食品接触的陶瓷、玻璃和玻璃陶瓷器皿技术委员会（ISO/TC 166）等国际标准化组织技术委员会制定的标准，以及 CAC、国际乳品联合会（International Dairy Federation，IDF）、国际葡萄与葡萄酒组织（The International Organisation of Vine and Wine，OIV）等其他公认的国际组织制定的食品相关标准。

2. 区域标准

区域标准是由区域标准化组织或区域标准组织通过并公开发布的标准，在区域范围内适用，是区域内贸易、交流和技术合作的基本准则。区域标准化组织或区域标准组织一般按地理区域形成，或由来自不同地区的国家所组成。目前，比较有影响力的区域标准包括：亚太经济合作组织/贸易与投资委员会/标准与一致化分委员会（Asia-Pacific Economic Cooperation-Committee on Trade and Investment-Sub-Committee on Standards and Conformance，APEC/CTI/SCSC）、欧洲标准化委员会（European Committee for Standardization，CEN）、太平洋地区标准大会（Pacific Area Standards Congress，PASC）等组织发布的标准。

3. 国家标准

国家标准是指由国家标准机构通过并公开发布的标准，在某个国家范围内适用。国家标准通常由各国标准化机构发布，一些在国际上比较有影响力的国家标准如表 5-1 所示。

表 5-1 主要国家的国家标准代号

国家	国家标准代号	国家标准化机构
中国	GB 或 GB/T	国家标准化管理委员会 SAC
英国	BS	英国标准学会 BSI
德国	DIN	德国标准化学会 DIN
法国	NF	法国标准化协会 AFNOR
美国	ANSI	美国国家标准化学会 ANSI
加拿大	CAN	加拿大标准理事会 SCC
日本	JIS	日本工业标准调查会 JISC
俄罗斯	ГОСТ Р	俄罗斯联邦技术法规和计量局 GOST R
印度	IS	印度标准局 BIS
巴西	ABNT NBR	巴西技术标准协会 ABNT

我国的国家标准是对需要在全国范围内统一的技术要求，由国务院标准化行政主管部门制定并在全国范围内实施的标准。根据《国家标准管理办法》第一章第三条的规定，对农业、工业、服务业以及社会事业等领域需要在全国范围内统一的技术要求，可以制定国家标准（含国家标准样品），包括下列内容：①通用的技术术语、符号、分类、代号（含代码）、文件格式、制图方法等通用技术语言要求和互

《国家标准管理办法》

换配合要求；②资源、能源、环境的通用技术要求；③通用基础件、基础原材料、重要产品和系统的技术要求；④通用的试验、检验方法；⑤社会管理、服务，以及生产和流通等的通用技术要求；⑥工程建设的勘察、规划、设计、施工及验收的通用技术要求；⑦对各有关行业起引领作用的技术要求；⑧国家需要规范的其他技术要求。

对保障人身健康和生命财产安全、国家安全、生态环境安全以及满足经济社会管理基本需要的技术要求，应当制定强制性国家标准。

需要在全国范围内统一的食品技术要求，应当制定食品国家标准。如 GB/T 10221—2021《感官分析　术语》界定了有关感官分析的术语及其定义，包括一般性术语、与感觉有关的术语、与感官特性有关的术语及与方法有关的术语；GB 5749—2022《生活饮用水卫生标准》规定了生活饮用水水质卫生要求、生活饮用水水源水质卫生要求、集中式供水单位卫生要求、二次供水卫生要求、涉及生活饮用水卫生安全产品卫生要求、水质监测和水质检验方法；GB/T 24614—2009《紧压茶原料要求》规定了紧压茶原料的分类与分级、要求、试验方法、包装和标识、运输和贮存；GB/T 19681—2005《食品中苏丹红染料的检测方法　高效液相色谱法》规定了食品中苏丹红Ⅰ、苏丹红Ⅱ、苏丹红Ⅲ、苏丹红Ⅳ的高效液相色谱测定方法；GB/T 25009—2010《蛋制品生产管理规范》规定了蛋制品加工的总则、文件要求、原辅料要求、厂房与设施、生产设备、人员的要求及管理、卫生管理、生产过程管理、质量管理和标识等的要求；GB/T 38375—2019《食品低温配送中心规划设计指南》给出了食品低温配送中心规划设计的总体原则，并就规划设计、主体建筑、核心功能区、道路及动线、作业设备选用、信息化管理等提出了设计和规划参考的标准和方法。

4. 行业标准

行业标准是由行业机构通过并公开发布的标准，在某个行业范围内适用。我国的行业标准是对没有推荐性国家标准而又需要在全国某个行业范围内统一的技术要求所制定的标准，也就是说行业标准的制定范围应当同时满足两个要求：①没有推荐性国家标准，如果已有推荐性国家标准，则不得制定行业标准；②在本行业范围内需要统一的技术要求，不能超越本行业范围。

行业标准由国务院有关行政主管部门制定，负责行业标准的立项、组织起草、审查、编号、批准发布等工作，并在行业标准批准发布后三十日内，报国务院标准化行政主管部门备案。目前我国行业标准主要涵盖农业、轻工等 72 个行业领域，由农业农村部、工业和信息化部等 42 个经国务院标准化行政主管部门批准的国务院行政主管部门制定。

根据《行业标准管理办法》（国家技术监督局令第 11 号）第二条的规定，下列需要在行业范围内统一的技术要求，可制定行业标准：①技术术语、符号、代号（含代码）、文件格式、制图方法等通用技术语言；②工、农业产品的品种、规格、性能参数、质量指标、试验方法以及安全、卫生要求；③工、农业产品的设计、生产、检验、包装、储存、运输、使用、维修方法以及生产、储存、运输过程中的安全、卫生要求；④通用零部件的技术要求；⑤产品结构要素和互换配合要求；⑥工程建设的勘察、规划、设计、施工及验收的技术要求和方法；⑦信息、能源、资源、交通运输的技术要求及其管理技术等要求。

对没有食品国家标准，又需要在全国食品行业范围内统一的技术要求，可以制定食品行业标准。如商业行业标准 SB/T 10686—2012《大豆食品工业术语》规定了大豆食品加工中常用的术语与定义；轻工行业标准 QB/T 5627—2021《非浓缩还原果汁 橙汁》规定了非浓缩还原果汁橙汁的要求、检验规则、标志、包装、运输和贮存，给出了产品分类，描述了相应的试验方法，界定了相关的术语和定义；农业行业标准 NY/T 5337—2006《无公害食品 茶叶生产管理规范》规定了无公害茶叶生产的术语和定义、产地环境、种苗、栽培、原料、加工、包装、运输与贮藏、质量管理、人员、文件管理；包装行业标准 BB/T 0078—2018《茶叶包装通用技术要求》规定了茶叶包装的术语和定义、技术要求、标识、运输和贮存等；商业行业标准 SB/T 10559—2010《主食加工配送中心建设规范》规定了主食加工配送中心在建设中所应满足的基本要求及具体功能要求；农业行业标准 NY/T 2554—2014《生咖啡 贮存和运输导则》给出了生咖啡贮存和运输的指南。上述相关技术要求目前仍没有国家标准，但又需要在相关行业领域内统一，故可制定相应的食品行业标准。

5. 地方标准

地方标准是在国家的某个地区通过并公开发布的标准，在该地区范围内适用。《中华人民共和国标准化法》第二章第十三条规定：为满足地方自然条件、风俗习惯等特殊技术要求，可以制定地方标准。我国地方标准的制定范围主要有：①符合本行政区域自然条件、民族风俗习惯的特殊技术要求；②地理标志产品标准；③符合本行政区域社会管理和公共服务需要的技术要求。

地方标准由省、自治区、直辖市人民政府标准化行政主管部门制定；设区的市级人民政府标准化行政主管部门根据本行政区域的特殊需要，经所在地省、自治区、直辖市人民政府标准化行政主管部门批准，可以制定本行政区域的地方标准。地方标准由省、自治区、直辖市人民政府标准化行政主管部门在地方标准批准发布后三十日内，报国务院标准化行政主管部门备案，由国务院标准化行政主管部门通报国务院有关行政主管部门。我国地方标准统一使用代号“DB”，后面加上各地方行政区划代码的前两位数。

对没有食品国家标准和行业标准，又需要在省、自治区、直辖市范围内统一的食品的技术要求，可以制定食品地方标准。如陕西省地方标准 DB 61/T 1412—2021《地理标志产品 汉中仙毫》规定了地理标志产品汉中仙毫的术语和定义、地理标志产品保护范围、自然环境与加工、产品分级、要求、检验方法、检验规则及标签标志、包装、运输和贮存；浙江省地方标准 DB 33/T 2279—2020《抹茶审评技术规范》规定了抹茶及其原料碾茶的审评条件、审评方法、审评结果判定等要求；内蒙古自治区地方标准 DB 15/T 1983—2020《蒙古族传统奶制品 术语》规定了蒙古族传统奶制品的通用术语；云南省地方标准 DB 53/T 149.1—2005《云南咖啡综合标准 小粒种咖啡品种》规定了咖啡种植的良种及品种来源、特征、适应性和栽培要求。上述食品技术要求暂时没有相关的国家标准和行业标准，但各地又确需统一相关技术要求，因而制定了相应的食品地方标准。

6. 团体标准

团体标准由团体按照自行规定的标准制定程序制定并发布，供团体成员或社会自愿采用。设立团体标准的目的是激发社会团体制定标准、运用标准的活力，充分发挥市场在标准化资源配置中的决定性作用，快速响应创新和市场对标准的需求，增加标准的有效供给。

团体标准的制定主体是学会、协会、商会、联合会、产业技术联盟等社会团体。国务院标准化行政主管部门统一管理团体标准化工作，国务院有关行政主管部门分工管理本部门、本行业的团体标准化工作，县级以上地方人民政府标准化行政主管部门统一管理本行政区域内的团体标准化工作，县级以上地方人民政府有关行政主管部门分工管理本行政区域内本部门、本行业的团体标准化工作。

食品团体标准是依法成立的食品行业社会团体为满足食品行业的市场和创新需要，协调食品行业相关市场主体共同制定的标准。如中国烹饪协会颁发的团体标准 T/CCA 024—2022《预制菜》规定了餐饮消费场景下的预制菜定义、原辅料要求、产品标准要求、生产过程卫生要求、检验规则、标签、包装和贮存要求；中国奶业协会颁发的团体标准 T/DACS 003—2022《学生饮用奶 巴氏杀菌乳》规定了学生饮用奶巴氏杀菌乳的术语和定义、技术要求、包装、标签和标识要求；柳州市螺蛳粉协会颁发的 T/LZLSF 003—2022《地理标志证明商标 柳州螺蛳粉》规定了地理标志保护证明商标柳州螺蛳粉的术语和定义、授权范围、原辅料要求、加工工艺要求、质量要求、食品添加剂、生产加工过程卫生要求、食用方法、检验方法、检验规则、标志、标签、包装、运输、贮存及保质期。

2015 年 3 月 11 日，国务院印发《深化标准化工作改革方案》，明确提出培育发展团体标准的重大改革举措，激发市场主体活力，完善标准供给结构，建立政府主导制定的标准与市场主导制定的标准协同发展、协调配套的新型标准体系，拉开了我国团体标准发展的帷幕。截至 2022 年 9 月，在全国团体标准信息平台上注册的社会团体达 6813 家，相比 2021 年 9 月增加了 25%；发布团体标准共计 44722 项，同比增长近 52%。

我国实行团体标准自我声明公开和监督制度。社会团体应当公开其团体标准的名称、编号等信息。团体标准涉及专利的，还应当公开标准涉及专利的信息。鼓励社会团体公开其团体标准的全文或主要技术内容。

7. 企业标准

企业标准是对企业范围内需要协调、统一的技术要求、管理要求和工作要求，由企业通过并供该企业使用的标准。企业可以根据需要自行制定或者与其他企业联合制定企业标准，由企业法人代表或法人代表授权的主管领导批准、发布，由企业法人代表授权的部门统一管理。企业标准主要有以下类别：①企业生产的产品，没有国家标准、行业标准和地方标准的，制定的企业产品标准；②为提高产品质量和技术进步，制定的严于国家标准、行业标准或地方标准的企业产品标准；③对国家标准、行业标准的选择或补充的标准；④工艺、工装、半成品和方法标准；⑤生产、经营活动中的管理标准和工作标准。

食品企业标准是对食品企业范围内需要协调、统一的技术要求、管理要求和工作要求所制定的标准。如企业标准 Q/SXWJ 0002—2022《麻薯类糕点预拌粉》规定了麻薯类糕点预拌粉的产品分类、技术要求、检验方法、检验规则以及标志、包装、运输与贮存；Q/NMYD 0006 S—2020《冻干驼乳粉》规定了冻干驼乳粉的技术要求；Q/NYLB 0072 S—2019《奶片》

规定了该产品的技术要求、食品添加剂、生产加工过程要求、检验规则、标志、包装、运输、贮存。

我国实行企业标准自我声明公开和监督制度，企业应当公开其执行的强制性标准、推荐性标准、团体标准或者企业标准的编号和名称；企业执行自行制定的企业标准的，还应当公开产品、服务的功能指标和产品的性能指标。企业产品和服务标准公开是企业的法定义务，但公开标准指标的类别和内容由企业根据自身特点自主确定，企业可以不公开生产工艺、配方、流程等可能含有企业技术秘密和商业秘密的内容。

二、 根据标准的约束力分类

根据标准的约束力，我国将政府主导制定的标准进一步分为强制性标准和推荐性标准。其中，国家标准分为强制性标准、推荐性标准，行业标准、地方标准是推荐性标准。因此，我国标准只设强制性国家标准一级，其目的是建立统一的强制性标准体系，加强强制性标准的统一管理，避免交叉重复、矛盾冲突，防止出现行业壁垒和地方保护，保证执法的统一性，做到“一个市场、一条底线、一个标准”。法律、行政法规和国务院决定对强制性标准的制定另有规定的，从其规定。

1. 强制性标准

对保障人身健康和生命财产安全、国家安全、生态环境安全以及满足经济社会管理基本需要的技术要求，应当制定强制性国家标准。如 GB 24330—2020《家用卫生杀虫用品安全通用技术条件》属于保障人身健康和生命财产安全的范畴，GB 17859—1999《计算机信息系统安全保护等级划分准则》属于保障国家安全的范畴，GB 3838—2002《地表水环境质量标准》属于保障生态环境安全的范畴，GB 11643—1999《公民身份证号码》属于满足社会经济管理基本需要的范畴。国务院有关行政主管部门依据职责负责强制性国家标准的项目提出、组织起草、征求意见和技术审查。国务院标准化行政主管部门负责强制性国家标准的立项、编号和对外通报。

强制性标准必须执行，不符合强制性标准的产品、服务，不得生产、销售、进口或者提供。违反强制性标准的，依法承担相应的法律责任。

《中华人民共和国食品安全法》第三章规定：食品安全标准是强制执行的标准。除食品安全标准外，不得制定其他食品强制性标准。食品安全标准包括：①食品、食品添加剂、食品相关产品中的致病性微生物、农药残留、兽药残留、生物毒素、重金属等污染物质以及其他危害人体健康物质的限量规定，如 GB 29921—2021《食品安全国家标准　预包装食品中致病菌限量》、GB 2763—2021《食品安全国家标准　食品中农药最大残留限量》、GB 31650—2019《食品安全国家标准　食品中兽药最大残留限量》、GB 2761—2017《食品安全国家标准　食品中真菌毒素限量》、GB 2762—2022《食品安全国家标准　食品中污染物限量》；②食品添加剂的品种、使用范围、用量，如 GB 2760—2014《食品安全国家标准　食品添加剂使用标准》；③专供婴幼儿和其他特定人群的主辅食品的营养成分要求，如 GB 10765—2021《食品安全国家标准　婴儿配方食品》、GB 10767—2021《食品安全国家标准　幼儿配方食品》、GB 25596—2010《食品安全国家标准 特殊医学用途婴儿配方食品通则》；④对与卫生、营养等食品安全要求有关的标签、标志、说明书的要求，如 GB 7718—2011《食品安全国家标准 预包装食品标签通则》、GB 13432—2013《食品安全国家标准 预包装特殊膳食食品标签》、GB 28050—2011《食品安全国家标准 预包装食品营养标签通则》；⑤食品生产经营过程的卫生要求，如 GB 14881—2013《食品安全国家标准 食品生产通用卫生规范》、GB 31646—2018《食品安全国家标准 速冻食品生产和经营卫生规范》；⑥与食品安全有关的质量要求，如 GB 19301—2010《食品安全国家标准 生乳》、GB 19645—2010《食品安全国家标准 巴氏杀菌乳》、GB 26878—2011《食品安全国家标准 食用盐碘含量》；⑦与食品安全有关的食品检验方法与规程，如 GB 12456—2021《食品安全国家标准 食品中总酸的测定》、GB 23748—2016《食品安全国家标准 辐照食品鉴定 筛选法》、GB 5009. 17—2021《食品安全国家标准 食品中总汞及有机汞的测定》、GB 5009. 263—2016《食品安全国家标准 食品中阿斯巴甜和阿力甜的测定》、GB 4789. 3—2016《食品安全国家标准 食品微生物检验 大肠菌群计数》；⑧其他需要制定为食品安全标准的内容。

食品安全国家标准由国务院卫生行政部门会同国务院食品安全监督管理部门制定、公布，国务院标准化行政部门提供国家标准编号。对地方特色食品，没有食品安全国家标准的，省、自治区、直辖市人民政府卫生行政部门可以制定并公布食品安全地方标准，报国务院卫生行政部门备案。如云南省食品安全地方标准 DBS53/ 002—2015《食品安全地方标准 滇式月饼》、广东省食品安全地方标准 DBS44/ 005—2016《食品安全地方标准 汕头牛肉丸》等针对地方特色食品的食品安全标准。食品安全国家标准制定后，该地方标准即行废止。国家鼓励食品生产企业制定严于食品安全国家标准或者地方标准的企业标准，在本企业适用，并报省、自治区、直辖市人民政府卫生行政部门备案。

2. 推荐性标准

对满足基础通用、与强制性国家标准配套、对各有关行业起引领作用等需要的技术要求，可以制定推荐性国家标准。推荐性国家标准的主要作用在于：①解决跨行业、跨专业的需要协调的问题而制定出基础通用的技术解决方案，包括术语、图形符号、统计方法、分类编码等基础标准，通用的方法、技术和管理标准等；②解决强制性标准执行所需要的配套标准；③重点制定对各行业起引领作用的标准。推荐性国家标准由国务院标准化行政主管部门制定，负责标准的立项、组织起草、审查、编号、批准发布等。

国家鼓励采用推荐性标准。企业自愿采用推荐性标准，同时国家采取一些鼓励和优惠措施，鼓励企业采用推荐性标准。但在下述情况下，推荐性标准具有强制效力，必须执行：①推荐性标准被相关的法律、法规、规章引用，则该推荐性标准具有强制约束力，应当按法律、法规、规章的相关规定予以实施；②推荐性标准被企业在产品包装、说明书或者标准信息公共服务平台上进行了自我声明公开，则该企业必须执行该推荐性标准，企业生产的产品与其明示标准不一致的，依据《产品质量法》承担相应的法律责任；③推荐性标准被合同双方作为产品或服务交付的质量依据，则该推荐性标准对合同双方具有约束力，双方必须执行该推荐性标准，并依据《中华人民共和国民法典》的规定承担法律责任。

强制性国家标准是全社会应遵守的底线要求，推荐性国家标准、行业标准、地方标准、团体标准、企业标准的技术要求不得低于强制性国家标准的相关技术要求；推荐性标准是政府推荐的基本要求，国家鼓励社会团体、企业制定高于推荐性标准相关技术要求的团体标准、企业标准。

三、 根据标准化对象属性分类

根据标准化对象属性不同，可将标准分为产品标准、过程标准和服务标准。

1. 产品标准

产品标准是规定产品需要满足的要求以保证其适用性的标准，其标准化对象是具体的产品。产品标准可按照具体的标准化对象，进一步分为原材料标准、零部件/元器件标准、制成品标准和系统标准等。食品及其原料种类繁多，相关食品原料、产品的标准数量庞大，如GB/T 29343—2012《木薯淀粉》规定了木薯淀粉的术语和定义、分类、原料和食品添加剂、技术要求、检验方法、检验规则以及标签、标志、包装、运输、贮存、销售和召回的要求；GB/T 20981—2021《面包质量通则》规定了面包的术语和定义、产品分类、技术要求、试验方法、检验规则、标签、包装、运输及贮存。

2. 过程标准

过程标准是规定过程需要满足的要求以保证其适用性的标准，其标准化对象是过程，涉及设计、制造/操作、安装、使用或管理、申请、评定或检验等。如GB/T 25007—2010《速冻食品生产HACCP应用准则》规定了速冻食品生产过程中的危害分析和关键控制点（HACCP）体系的原理及其应用要求；GB/T 32743—2016《白茶加工技术规范》规定了白茶的术语和定义、加工基本条件、加工工艺流程、初制技术、精制技术、质量管理、标志标签、运输和贮存等。

3. 服务标准

服务标准是规定服务需要满足的要求以保证其适用性的标准，其标准化对象是服务。如GB/T 31080—2014《水产品冷链物流服务规范》规定了水产品冷链物流服务的基本要求、接收地作业、运输、仓储作业、加工与配送、货物交接、包装与标志要求和服务质量的主要评价指标；SB/T 10826—2012《加工食品销售服务要求　肉制品》规定了预包装肉制品销售服务要求的术语和定义、要求和服务等内容。

四、 根据标准内容的功能分类

根据标准内容的功能不同，可将标准分为：术语标准、符号标准、分类标准、试验标准、规范标准、规程标准、指南标准和其他标准。

1. 术语标准

术语标准是界定特定领域或学科中使用的概念的指称及其定义的标准，其功能是界定特定领域或学科中的概念。如GB/T 15091—1994《食品工业基本术语》规定了食品工业常用的基本术语；GB/T 12140—2007《糕点术语》确立了糕点的通用术语。

2. 符号标准

符号标准是界定特定领域或学科中使用的符号的表现形式及其含义或名称的标准，其功能是界定涉及某个领域的符号。如 GB/T 12529.1—2008《粮油工业用图形符号、代号　第 1 部分：通用部分》规定了粮油行业各专业工艺流程图中通用的图形符号和代号。

3. 分类标准

分类标准是基于诸如来源、构成、性能或用途等相似特性对产品、过程或服务进行有规律的划分、排列或者确立分类体系的标准，其功能是确立分类体系。如 GB/T 23823—2009《糖果分类》规定了糖果的分类；GB/T 21725—2017《天然香辛料　分类》规定了天然香辛料的分类方法、分类原则。

4. 试验标准

试验标准是在适合指定目的的精密度范围内和给定环境下，全面描述试验活动以及得出结论的方式的标准，其功能是描述试验方法。GB/T 31321—2014《冷冻饮品检验方法》规定了冷冻饮品中总固形物、总糖、脂肪、膨胀率和蛋白质的测定方法。

5. 规范标准

规范标准是为产品、过程或服务规定需要满足的要求并且描述用于判定该要求是否得到满足的证实方法的标准，其功能是规定要求。如 GB/T 32744—2016《茶叶加工良好规范》规定了茶叶加工企业的厂区环境、厂房及设施、加工设备与工具、卫生管理、加工过程管理、产品管理、检验、产品追溯与召回、机构与人员、记录和文件管理。

6. 规程标准

规程标准是为活动的过程规定明确的程序并且描述用于判定该程序是否得到履行的追溯/证实方法的标准，其功能是确立程序、规定程序指示。如 GB/T 33129—2016《新鲜水果、蔬菜包装和冷链运输通用操作规程》规定了新鲜水果、蔬菜包装、预冷、冷链运输的通用操作规程。

7. 指南标准

指南标准是以适当的背景知识提供某主题的普遍性、原则性、方向性的指导，或者同时给出相关建议或信息的标准，其功能是提供指导。如 GB/T 27320—2010《食品防护计划及其应用指南　食品生产企业》规定了食品生产企业防护计划的建立、实施和改进的基本要求。

8. 其他标准

除上述按照标准内容的功能划分的标准类型外，还有一些具有其他功能的标准，包括原则与要求类标准、要求类标准、规则类标准等。如 GB/T 23784—2009《食品微生物指标制定和应用的原则》规定了食品微生物指标的构成、目的和运用、制定和应用的一般原则，微生物指标中的微生物学要素、抽样计划、方法和样品处理以及报告；GB/T 19001—2016《质量管理体系　要求》规定了质量管理体系要求；GB/T 31785—2015《大豆储存品质判定规则》规定了大豆储存品质的术语和定义、储存品质分类、储存品质指标、检验方法、检验规则及判定规则。

五、根据标准内容适用的广度分类

根据标准内容适用的广度不同，可将标准分为通用标准和专用标准。

1. 通用标准

通用标准是包含某个或多个特定领域普遍适用的条款的标准。包括跨领域通用标准和领域内通用标准。如 GB 14881—2013《食品安全国家标准　食品生产通用卫生规范》是食品行业通用标准，规定了食品生产过程中原料采购、加工、包装、贮存和运输等环节的场所、设施、人员的基本要求和管理准则；GB/T 12143—2008《饮料通用分析方法》在饮料行业内通用，规定了饮料通用分析方法的总则和具体分析方法。

2. 专用标准

专用标准是仅包含适合某个特定标准化对象的条款的标准。如 GB/T 22292—2017《茉莉花茶》仅适用于以绿茶为原料，加工成级型坯后，经茉莉鲜花窨制（含白兰鲜花打底）而成的茉莉花茶；DB 45/T 1047—2014《地理标志产品　横县茉莉花茶》仅适用于国家质量监督检验检疫行政主管部门根据《地理标志产品保护规定》批准保护的横县茉莉花茶。

第二节　食品标准制修订原则

食品标准制修订应遵循一般标准制修订的基本原则，《中华人民共和国标准化法》第二十二条规定了我国标准制定的基本原则：制定标准应当有利于科学合理利用资源，推广科学技术成果，增强产品的安全性、通用性、可替换性，提高经济效益、社会效益、生态效益，做到技术上先进、经济上合理。禁止利用标准实施妨碍商品、服务自由流通等排除、限制市场竞争的行为。

一、有利于科学合理利用资源

食品标准的制定应以资源节约、节能减排、循环利用、环境治理和生态保护为着力点。如食品标准的技术指标数量应合理设置，指标越多，成本越高，如果一个食品标准规定 10 个指标就可以满足食品的使用和卫生要求，就没必要规定 20 个指标，否则会造成不必要的资源浪费。再如制定食品标准，特别是制定与生产中间环节有关的食品标准时，要慎重考虑食品原料、污染物排放、包装、运输、贮存等环节可能造成对环境的污染和破坏。

二、有利于推广科学技术成果

标准是促进科技成果转化为生产力的桥梁和纽带。由于标准具有科学性、权威性，使它成为扩散科技成果并将其商品化的重要途径，同时，这一过程也反过来促进标准的创新和发展。食品标准的制定，应加强标准与科技互动，促进科技成果转化为标准，促进科技成果转化为应用。GB/T 33450—2016《科技成果转化为标准指南》提供了我国科技成果转化为标准的通用路径。

三、有利于增强产品的安全性、通用性、可替换性

标准的制定应以保障产品的安全为根本前提，应当通过标准中的规定使符合标准的产品不会在使用中造成不可接受的伤害，在标准制定时考虑哪些操作步骤或环节存在风险，有可能对人员造成伤害，从而在标准中对相关环节、步骤提出安全要求，或在确立程序时避开可能造成人员伤害的阶段或步骤，或者用风险程度低的阶段替代风险程度高的阶段，或在进行程序指示时，通过明确、安全的行为指示，避免伤害的发生。制定食品标准时，还应考虑保障健康目的的有关要求。例如制定某一食品的产品标准时，要考虑食品添加剂的使用要求，哪些食品允许使用，使用限量如何；考虑原辅料是否存在农兽药残留或其他污染物的限量要求等。同时，制定食品标准应当有利于增强产品的通用性和互换性，产品的通用性越强，其使用范围越广，使用效率越高，有利于减少资源的浪费。为了达到通用性、互换性要求，食品标准制定时应考虑对互换件进行规定，满足“尺寸互换性”和“功能互换性”。

四、有利于提高经济效益、社会效益、生态效益

一个先进合理的食品标准，可以增加企业产值、增强企业竞争力，促进企业产品、服务质量的提高，为企业带来经济效益。但是，食品标准的技术指标要统筹兼顾经济、社会和生态效益，不能一味追求经济效益而忽视社会和生态效益，应考虑环境保护、社会福利等公共利益和可持续发展。制定食品产品标准时，应考虑如何减少产品给环境带来的不利影响。一方面，食品产品标准的制定应考虑输入资源的消耗，包括材料、水、能源和土地使用等资源的有效利用，努力减少自然资源的消耗；另一方面，食品产品标准的制定应考虑输出排放物的污染预防，包括大气排放物、水体排放物、土壤排放物、废料、中间产品和共生产品以及其他排放物的污染预防，做好源头预防，在源头减小或杜绝污染，达到无污染物或无排放物产生的目标，还要考虑内部或外部重复使用或循环使用，回收和处理等污染预防方案。食品标准的制定除了要考虑其节能环保效益外，还要考虑标准对社会发展的意义，包括标准对科学技术、文化教育、社会保障、公共利益等方面的促进作用。

五、做到技术上先进、经济上合理

标准技术内容既要有一定先进性，又要具备可行性，符合当前经济社会发展水平。技术先进性是指标准的各项指标能够反映当前科学技术的最新成果，有科学实验支撑；经济合理性是指通过标准的实施能够正确指导生产，满足使用者要求，可以产生最佳的经济效益。标准的技术先进性和经济合理性，实际上是用先进的科学技术和生产经验促进生产力发展。制定食品标准要求技术先进，但不是盲目追求高指标，还应考虑其经济性，是否符合我国的实际情况和消费者的需求。食品标准的制定应当反映特定时期经济社会发展以及技术发展水

平，在标准立项前和编制过程中应当对相关内容进行深入调查论证，以确保标准内容的科学性、适用性、时效性。

第三节　食品标准制修订程序

食品标准的制修订遵循一般标准的制修订程序，目前我国标准的制修订主要有三种程序。

一、国家标准制定的正常程序

国家标准制定的正常程序的程序类别代码为 A。1997 年，国家技术监督局以世界贸易组织关于标准制定阶段划分的要求为基础，参考了《ISO/IEC 导则 第 1 部分：技术工程程序》（1995 年版），发布了 GB/T 16733—1997《国家标准制定程序的阶段划分及代码》，提出了我国国家标准制定程序的阶段划分及代码，该标准适用于国家标准的制修订及其管理，其他各级标准也可参照使用。根据 GB/T 16733—1997 的规定，我国国家标准制定的一般程序（即 A 程序）划分为 9 个阶段，各阶段的代码、名称、任务、成果、完成周期及对应 WTO、ISO/IEC 的阶段和条文如表 5-2 所示。

表 5-2　我国国家标准制定程序的阶段划分及代码

阶段代码	阶段名称	阶段任务	阶段成果	完成周期（月）	WTO 对应阶段	ISO/IEC 对应阶段	对应条文
00	预阶段	提出新工作项目建议	PWI			00	3.1
10	立项阶段	提出新工作项目	NP	3	Ⅰ	10	3.2
20	起草阶段	提出标准草案征求意见稿	WD	10	Ⅱ	20	3.3
30	征求意见阶段	提出标准草案送审稿	CD	5	Ⅲ	30	3.4
40	审查阶段	提出标准草案报批稿	DS	5	Ⅲ	40	3.5
50	批准阶段	提供标准出版稿	FDS	8	Ⅳ	50	3.6
60	出版阶段	提供标准出版物	GB，GB/T，GB/Z	3	Ⅳ	60	3.7
90	复审阶段	定期复审	确认，修改，修订	60	Ⅴ	90	3.8
95	废止阶段		废止			95	3.9

1. 预阶段

预阶段是对将要立项的新工作项目进行研究及必要的论证，并在此基础上提出新工作项目建议，包括标准草案或标准大纲（如标准的范围、结构及其相互关系等）。对标准项目的论证主要包括两方面：①必要性论证，其一是论证制定标准的目的和意义，是否符合当前社会和经济发展的客观需要，要解决的问题是不是普遍存在的问题，其二是明确标准的适用范围，论证现行标准中是否有相同或类似的标准，要制定的标准与现行标准的差异是什么；②可行性论证，其一是论证制定标准的时机是否成熟，包括所涉及技术的成熟程度、是否符合经济发展的需要等，其二是明确制定标准具备的条件，包括适当的起草单位、充足的资料、协调配套的措施等。

2. 立项阶段

立项阶段是对新工作项目建议进行审查、汇总、协调、确定，直至下达《国家标准制修订项目计划》，时间周期不超过三个月。审查包括专业部审查（一个半月）和（综合业务部）委内审查，而后网上公开征求意见（一个月）。

3. 起草阶段

起草阶段由项目负责人组织标准起草工作直至完成标准草案征求意见稿，时间周期不超过十个月。标准制定是一项技术性、综合性很强的科研工作，起草阶段需要：确认标准制定目标准确，认真听取有关方面的意见，与国际相关标准对比，完成技术指标的实验和验证工作，并对相关事宜进行调查分析。因此，一般要求标准起草工作组成员具备相关专业领域和标准化的专业知识，具有良好的协调、沟通、组织管理能力和文字语言表达能力，以及较好的外语水平。

4. 征求意见阶段

征求意见阶段是将标准草案征求意见稿按有关规定分发征求意见。在回复意见的日期截止后，标准起草工作组应根据返回的意见，完成意见汇总处理表和标准草案送审稿，时间周期不超过五个月。若回复意见要求对征求意见稿进行重大修改，则应分发第二征求意见稿（甚至第三征求意见稿）征求意见。此时，项目负责人应主动向有关部门提出延长或终止该项目计划的申请报告。要求标准起草工作组广泛征求各方意见，确保充分民主、协商一致，注意征求有分歧意见单位的意见，且征求意见时间不少于三个月。

5. 审查阶段

审查阶段是对标准草案送审组织审查（会审或函审），并在（审查）协商一致的基础上，形成标准草案报批稿和审查会议纪要或函审结论，时间周期不超过五个月。若标准草案送审稿没有被通过，则应分发第二标准草案送审稿，并再次进行审查。此时，项目负责人应主动向有关部门提出延长或终止该项目计划的申请报告。强制性标准、技术或经济意义重大、涉及面广、分歧意见大的标准必须会审。当会审出席率或函审回函率不足 2/3 时应重评，当会审出席代表或函审回函有 3/4 同意为通过，标准起草人不能参加表决。审查内容主要包括：符合国家法律、法规和方针政策；技术内容适应技术水平和市场需求；技术规定先进、合理、安全、可靠；与其他相关标准协调一致；编写方法符合编写规定；资料完整。

6. 批准阶段

批准阶段是主管部门对标准草案报批稿及报批材料进行程序、技术审核。对不符合报批要求的，一般应退回有关标准化技术委员会或起草单位，限时解决问题后再行审核，时间周期不超过四个月。国家标准技术审查机构对标准草案报批稿及报批材料进行技术审查，在此基础上对报批稿完成必要的协调和完善工作，时间周期不超过三个月。若报批稿中存在重大技术方面的问题或协调方面的问题，一般应退回部门或有关专业标准化技术委员会，限时解决问题后再行报批。国务院标准化行政主管部门批准、发布国家标准，时间周期不超过一个月。技术审核的内容包括：争议问题的处理；贯彻法律、法规、方针政策；与相关标准的协调处理；制定标准依据的合理性、技术先进性、经济性；采用国家标准和国际标准；制定程序、编写方法、报送文件等符合相关规定。涉及贸易的强制性标准应向 WTO 各成员通报，由国务院标准化行政主管部门统一通过我国的 WTO 通报点对外通报，自通报之日起 60 天之后，无反对意见，国务院标准化行政主管部门方可批准、发布。

7. 出版阶段

出版阶段是将国家标准出版稿编辑出版，提供标准出版物，时间周期不超过三个月。

8. 复审阶段

复审阶段是对实施周期达五年的标准进行复审，以确定是否确认（继续有效）、修改（通过技术勘误表或修改单）、修订（提交一个新工作项目建议，列入工作计划）或废止。复审主要是评估标准的适用性，包括：实施过程是否出现新的需要解决的问题；技术指标是否适应当前技术水平和社会需求；内容是否与当前法律法规有抵触；是否需要与国际标准的变化情况保持一致；其他需要重新确定的问题。

9. 废止阶段

废止阶段是对经复审后确定为无存在必要的标准，予以废止。

二、 国家标准制定快速程序

国家标准制定快速程序的程序类别代号为 B 或 C。为了缩短标准制定周期，以适应企业对市场经济快速反应的需要，国家技术监督局于 1998 年 1 月 8 日发布了《采用快速程序制定国家标准的管理规定》。该规定明确：快速程序（代号：FTP）是在正常标准制定程序（程序类别代号：A）的基础上省略起草阶段（程序类别代号：B）或省略起草阶段和征求意见阶段（程序类别代号：C）的简化程序。快速程序适用于已有成熟标准草案的项目，特别适用于变化快的技术领域。申请列入快速程序的标准在预阶段和立项阶段应严格协调和审查。审查通过后，方可列入《国家标准制修订项目计划》，并注明“FTP-B”或“FTP-C”字样。

1. B 程序

等同采用或等效采用（即修改采用）国际标准或国外先进标准制定国家标准的项目，现行国家标准的修订项目，现行其他标准转化为国家标准的项目，可采用 B 程序，直接由立项阶段进入征求意见阶段，将该草案作为标准草案征求意见稿分发征求意见。

2. C 程序

现行国家标准的修订项目，也可采用 C 程序，直接由立项阶段进入审查阶段，将该现有标准作为标准草案送审稿组织审查。

三、 应急国家标准制定程序

应急国家标准是指国家为了应对突发紧急事件急需实施的标准。根据国家标准化管理委员会、国家发展和改革委员会 2004 年 3 月 29 日发布的《采用快速程序制修订应急国家标准的规定》（国标委计划联［2004］35 号），国家发展和改革委员会根据应对突发紧急事件的需要，负责提出制修订应急标准的工作要求和综合协调，国家标准化管理委员会负责组织制修订工作。应急标准的制修订程序如下。

1. 提出和立项

应急标准项目建议由相关单位向国家标准化管理委员会提出，国家标准化管理委员会收到应急标准项目建议后，经商国家发展和改革委员会及国务院有关部门，即时立项，即时下达计划。

2. 起草

由国家标准化管理委员会委托有关单位组织起草，或根据需要直接组织起草，应急原因及使用要求等内容应在前言中说明，起草过程中可省略部分程序，但草案完成后须经有关专家会议审查。

3. 审查与发布

应急标准由国家标准化管理委员会组织对口的标准化技术委员会或相关单位进行审查。应急标准经国家标准化管理委员会批准发布后，应及时在有关媒体上公布。

4. 复审与废止

应急标准在使用过程中如发现问题，标准提出单位应及时组织标准的起草单位和有关专家进行修改完善，并报国家标准化管理委员会审批，对不再使用的应急标准，国家标准化管理委员会应及时予以废止。

第四节 食品标准结构

标准的结构是指标准中层次、要素以及附录、图和表的位置和排列顺序。食品标准的结构与一般标准的结构一致，主要由要素和层次构成。

一、 标准的要素

要素是标准内容的功能单元，其有序编排构成了标准结构的基本框架。从不同的维度，可以将要素分为不同类别（图 5-2）。

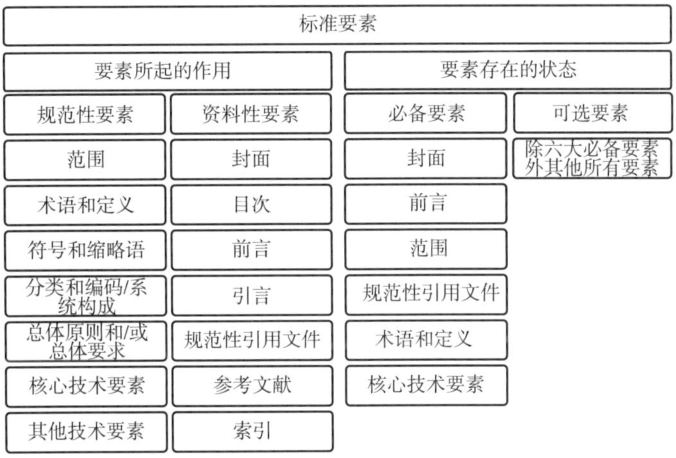

图 5-2 标准要素的分类

1. 按照要素所起的作用分为规范性要素和资料性要素

（1）规范性要素 规范性要素是界定标准范围或设定条款的要素，由条款构成，还可包括少量附加信息。规范性要素的主要功能有二：一是通过陈述标准的标准化对象、涉及的技术内容、适用的领域和标准使用者等，对标准的范围进行界定；二是设定条款，即将条款聚集在一起形成具有某种功能的要素。条款是指在标准中表达应用该标准需要遵守、符合、理解或作出选择的表述。因此，规范性要素是应用标准，声明符合标准时，需要研读的要素。通过对规范性要素的研读，了解标准涉及的各方面的边界，并根据规范性要素中的条款类型，采取相应的行为或决定。规范性要素包括范围、术语和定义、符号和缩略语、分类和编码/系统构成、总体原则和/或总体要求、核心技术要素、其他技术要素。

（2）资料性要素 资料性要素是给出有助于标准的理解或使用的附加信息的要素，由附加信息构成。资料性要素的主要功能是提供依附于条款的附加信息，以帮助标准使用者理解或使用标准中的条款。因此，在应用标准、声明符合标准时，阅读资料性要素并不是必须的，即不会因为没有阅读资料性要素而造成使用者遗漏那些需要遵守、符合或选择的内容。但是，阅读资料性要素有助于使用者更好地理解或使用标准。资料性要素包括封面、目次、前言、引言、规范性引用文件、参考文献、索引。

2. 按照要素存在的状态分为必备要素和可选要素

（1）必备要素 必备要素是在标准中必不可少的要素，包括封面、前言、范围、规范性引用文件、术语和定义、核心技术要素。其中，“规范性引用文件”和“术语和定义”的章编号和标题的设置是必备的，但内容的有无需要根据标准的具体情况进行选择。

（2）可选要素 可选要素是在标准中存在与否取决于起草特定标准的具体需要的要素，标准中除上述六个必备要素外，其他要素都是可选要素，包括目次、引言、符号和缩略语、分类和编码/系统构成、总体原则和/或总体要求、参考文献、索引、其他技术要素等。

二、 标准的层次

按照标准内容的从属关系，可以将标准划分为若干层次。标准可能具有的层次如表 5-3

所示。标准中实际所具有的层次及其设置应视篇幅的多少、内容的繁简而定，但其中章、条、段三个层次是标准的必备层次。

表 5-3　　标准的层次及其编号

层次	编号示例
部分	XXXX. 1
章	5
条	5. 1
条	5. 1. 1
条	5. 1. 1. 1
条	5. 1. 1. 1. 1
段	[无编号]
列项	列项符号："——" 和 "·"；列项编号：a)、b) 和 1)、2)

第五节　食品标准编写

食品标准编写应遵循一般标准编写的原则和规则。标准编写应围绕以下目标：编制形成清楚、准确和无歧义的条款，使得标准能够为未来技术发展提供框架，并被未参加标准编制的专业人员所理解且易于应用，从而促进贸易、交流以及技术合作。我国标准编写的基础标准包括：GB/T 1. 1—2020《标准化工作导则　第 1 部分：标准化文件的结构和起草规则》、GB/T 1. 2—2020《标准化工作导则　第 2 部分：以 ISO/IEC 标准化文件为基础的标准化文件起草规则》、GB/T 20001. 1—2001《标准编写规则　第 1 部分：术语》、GB/T 20001. 2—2015《标准编写规则　第 2 部分：符号标准》、GB/T 20001. 3—2015《标准编写规则　第 3 部分：分类标准》、GB/T 20001. 4—2015《标准编写规则　第 4 部分：试验方法标准》、GB/T 20001. 5—2017《标准编写规则　第 5 部分：规范标准》、GB/T 20001. 6—2017《标准编写规则　第 6 部分：规程标准》、GB/T 20001. 7—2017《标准编写规则　第 7 部分：指南标准》、GB/T 20001. 10—2014《标准编写规则　第 10 部分：产品标准》、GB/T 20002. 1—2008《标准中特定内容的起草　第 1 部分：儿童安全》、GB/T 20002. 2—2008《标准中特定内容的起草　第 2 部分：老年人和残疾人的需求》、GB/T 20002. 3—2014《标准中特定内容的起草　第3 部分：产品标准中涉及环境的内容》、GB/T 20002. 4—2015《标准中特定内容的起草　第 4 部分：标准中涉及安全的内容》等。其中，GB/T 1. 1—2020《标准化工作导则　第 1 部分：标准化文件的结构和起草规则》是我国标准编写最核心的基础标准，被称为"标准的标准"。

一、 标准编写的基本步骤

自主研制标准一般遵循以下起草步骤（图 5-3）。

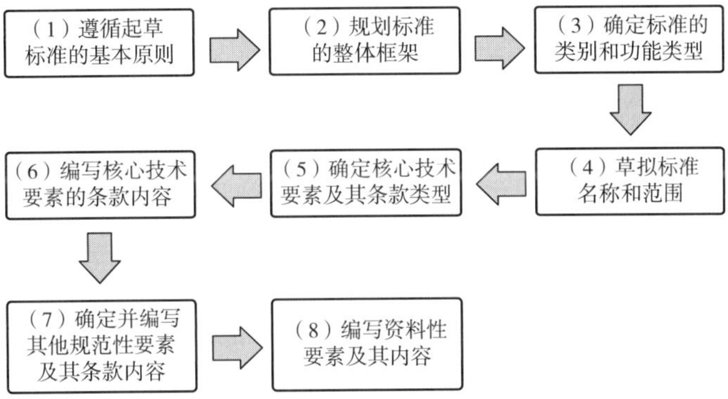

图 5-3　自主研制标准的起草步骤

二、 标准编写的基本原则

根据 GB/T 1. 1—2020《标准化工作导则　第 2 部分：以 ISO/IEC 标准化文件为基础的标准化文件起草规则》，我国标准的起草需要遵循三项基本原则。

1. 标准化对象原则

标准化对象是指需要标准化的主题。为了规划标准的整体框架，确保标准中规范性要素及其条款与具体的标准化对象（或领域）或其特殊方面紧密相关，起草标准时，需要确定拟起草标准是属于哪个标准化领域，是涉及整个标准化领域，还是与某领域相关的内容，或者是针对领域中的具体标准化对象，以及拟标准化的是哪种具体的产品/系统、过程或服务，是标准化对象的所有方面，还是某些特殊方面。

2. 文件使用者原则

标准使用者是标准的利益相关方，包括：第一方，即设计者、生产者/提供者/操作者/执行者、安装者、供应者；第二方，即使用者/消费者、订货者/采购者、维护者等；第三方，即检测者/检验者、认证者、管理者等。为了能够通过将标准划分为不同的部分，使得标准更加适合不同使用者的需求，同时能够形成适应标准使用者需求的标准功能类型，保证标准的规范性要素及其技术内容都是特定使用者所关注、所需要的，起草标准时需要考虑该标准是给谁用的、他们的具体需求是什么。

3. 目的导向原则

标准编制的目的通常包括基础适用、可用性、多个产品或服务的配合和公共利益四个方面。为了能够通过将标准分成不同的部分，使得每个部分规定的内容都与编制目的紧密相关，起草标准时应明确标准编制目的涉及哪个方面，并以编制目的为导向选择并确定标准的技术内容。

依照三个基本原则进行研究分析后，要将确认的结果列出清单，包括标准化对象或领域、标准使用者及其需求、标准编制目的，并依此完成标准起草的后续步骤。

三、 标准名称的编写

标准名称即标准的标题，其主要功能是简洁清晰地反映标准最核心的信息，以便标准使用者通过标准名称快速了解标准针对的标准化对象（对象类别）、所属的标准化领域（专业领域类别）、所要达到的目的（目的类别）和需要发挥的功能（功能类型）等。

1. 标准名称的构成

为了能够准确、简洁地反映标准的类别，标准名称最好采取分段的形式。标准名称最多由三段构成，每段称为名称元素，由一般到特殊排列：引导元素+主体元素+补充元素。

（1）引导元素　用于表示文件所属的领域，反映标准的专业领域类别。引导元素是可选元素，如果主体元素或主体元素同补充元素一起能够确切表示标准所涉及的标准化对象，则应省略引导元素；如果省略引导元素会导致标准化对象不明确时，则应选择引导元素。标准归口的标准化技术委员会名称可作为标准名称的引导元素。如 GB/T 36865—2018《粮油机械　螺旋输送机》的标准名称引导元素“粮油机械”反映该标准适用于输送粮食的螺旋输送机，而不是其他工业领域的螺旋输送机。GB/T 21543—2021《饲料添加剂　调味剂　通用要求》通过引导元素“饲料添加剂”明确了该标准适用于作为饲料添加剂的调味剂，并不适用于食品等其他领域的调味剂。

（2）主体元素　用于表述在上述领域内标准所涉及的标准化对象，反映标准的对象类别。主体元素是标准名称必不可少的。GB/T 22291—2017《白茶》的标准名称通过主体元素“白茶”，明确该标准的标准化对象为白茶，而非其他茶叶类别。

（3）补充元素　用于表示上述标准化对象的特殊方面，或者给出某标准与其他标准，或分成若干部分的标准的各部分之间的区分信息。对分成部分的标准的各个部分，补充元素属必备元素，但对于其他未分为部分的标准是可选元素。如果标准所规定的内容仅涉及标准化对象的一个或两个方面，则通常需要使用补充元素来指出该标准具体涉及的方面；如果标准所规定的内容涉及了标准化对象的几个方面，则通常需要使用补充元素来描述这些方面；如果标准涉及标准化对象的所有必备方面，并且是与该标准化对象相关的唯一现行标准（而且拟继续保持），则应省略补充元素，使用标准化对象的名称作为标准的名称。如 GB/T 19681—2005《食品中苏丹红染料的检测方法　高效液相色谱法》的标准名称通过补充元素“高效液相色谱法”描述该标准仅涉及采用高效液相色谱法检测食品中的苏丹红染料，不涉及液质联用等其他方法。GB/T 14456. 1—2017《绿茶　第 1 部分：基本要求》的标准名称通过补充元素“第 1 部分：基本要求”区分该标准的不同部分，是该标准名称不可缺少的。

2. 标准名称的表述

不同类别标准的名称通常需要采用不同的典型词语表述。产品标准通常在标准名称给出具体产品或系统的名称；过程标准的名称给出具体过程的名称，包含“程序”“流程”“过程”等词语；服务标准的名称给出具体服务的名称，包含词语“服务”。术语标准的名称包含词语“术语”；符号标准的名称包含“符号”“文字符号”“图形符号”等词语；分类标准的名称包含“分类的对象”和“分类的内容”，使用“分类”“编码”等词语；试验标准的名称包含“试验方法”“……的测定”等词语；规范标准的名称包含词语“规范”；规程标准的名称包含词语“规程”；指南标准的名称包含词语“指南”；要求类标准的名称包含词语“要求”；原则与要求类标准的名称包含词语“原则和要求”“原则与要求”；规则类标准的名称包含词语“规则”；通用标准的名称包含“通用”“总”等词语。

分为若干部分的标准，各部分的名称应采取分段式“引导元素（可选）+主体元素+第X部分：+补充元素”表述，其中“X”为阿拉伯数字表示的部分的编号。其中，各部分的名称的“主体元素”或“引导元素+主体元素”应保持相同，但“补充元素”保持不同，以反映各部分同属一个标准，同时区别不同部分。

3. 标准名称的编写要求

（1）标准名称应准确反映标准的范围。标准名称应准确反映标准所涉及的标准化领域、对象以及涉及的方面，避免限制或扩大标准的范围。

（2）标准名称无须描述标准作为“标准”的类别及层次。

（3）标准名称各元素的用语及其表述的含义不宜重复。

四、 标准层次的设置和表述形式

1. 部分

部分是标准的第一个层次。部分是一个标准的内部结构，各部分均对应同一个标准化对象，因此，一个标准的不同部分都有各自的部分编号，但拥有同一个标准顺序号。

为了提高标准的适用性，便于标准的使用，可以根据标准篇幅、使用者需求、标准编制目的、标准使用方式等因素，将一个标准划分为若干部分。部分的编号应置于标准编号中的顺序号之后，使用从1开始的阿拉伯数字，部分编号与顺序号之间用下脚点相隔。部分可以连续编号，也可以分组编号。每个部分都应该有名称，部分名称的组成方式与为进一步细分的标准的名称遵守同样的规则，并反映部分自身的特点。

2. 章

章是标准正文的第一个层次，它构成了标准正文层次结构的基本框架。章的划分、编号和标题的编写要求如下。

（1）章的划分　正文中的一个要素通常设为一个章。如果某些章的内容过少或与其他章的内容有联系，可以将不同章合并，或某些章的内容较多，可以拆分为若干章。引言、附录可视为章，如果进一步细分，第一层次为条。

（2）章的编号　每一章都应有编号，从范围开始，至附录之前，采用阿拉伯数字从1开始编写。

（3）章的标题　每一章都应有标题，置于编号之后。核心技术要素的章标题根据标准的具体功能类型进行确定，其他技术要素的章标题根据具体要素确定。

3. 条

条是对章的细分，凡是章以下有编号的层次都称为“条”。条可进一步细分，最多分到第五层次。为了便于引用、叙述和检索，一般不宜将条划分过多的层次。

（1）条的划分原则　当段与段之间的内容明显不同，或有些段落有可能在提示或引用中提及，应设为条；只有当同一层次中有两个或两个以上的条时才可以设为条，且无标题条不能再细分条。

（2）条的编号使用阿拉伯数字加下脚点的形式，且在其所属的章或上一层次的条内。

（3）条的标题是可选的　每个第一层次的条最好设置标题，其他层次视具体情况而定，但在某一章或条中，其下一层次上的各条有无标题应一致。如果设置了标题，则置于条编号之后，如果不设标题，则条编号后紧接着条的内容。无标题条可通过将其首句中的关键术语或短语标为黑体，通过突出显示的方式强调各条所涉及的主题，并且在该层次的每个无标题条都应保持一致，采用黑体标出主题。

4. 段

段是对章或条中不编号的层次。为避免引用或提及时产生混淆，不宜在章标题与条之间或条标题与下一层次条之间设段（即“悬置段”）。如原悬置段主要是规定一些原则、规则或要求的内容，或给出陈述或说明的内容，在将悬置段作为条处理后，可使用“总则”“通则”“通用要求”或“概述”等作为条的标题。

5. 列项

列项是段中的子层次，用于强调细分的并列各项中的内容，可以设置在文中的任意段或无标题条中，且可进一步细分为分项，但不宜细分超过两个层次。

列项由引语和被引出的并列的各项组成，且被引出的各项与引语引导含义相符，但不宜与引语中的词语相重复。主要有两种形式：① 由后跟冒号的文字作引语引出后跟分号或逗号的各项（最后一项的结尾使用句号）；② 由后跟句号的完整句子作引语引出后跟句号的各项。

列项分为无编号和有编号两种：① 无编号列项是列项中最常见的表现形式，通常用于突出并列的各项，列项第一层次各项之前使用破折号（——），列项的第二层次各项之前使用间隔号（·）；② 有编号列项通常用于强调各项的先后顺序或用于识别以便引用或提及，第一层次各项之前使用后带半圆括号的小写拉丁字母编号，第二层次各项之前使用后带半圆括号的阿拉伯数字编号。无编号列项进一步细分时，下一层次各项只能采用无编号列项的形式，但有编号的各项进一步细分时，可根据需要选择有编号或无编号列项的形式。当需要强调列项中各项的主题时，可使用黑体字突出各项的关键术语或短语，且遵守一致性原则，各项都应有黑体字标出的主题。

五、 标准要素的构成和表述形式

要素的内容由条款和/或附加信息构成。不同类型的条款和不同功能的附加信息，其表述形式也不相同。

1. 条款

条款是标准中的规范性内容，是需要标准使用者研读的内容。根据其表达的功能可分为要求型条款、指示型条款、推荐型条款、允许型条款、陈述型条款。

（1）要求型条款　要求型条款指表达声明符合该标准需要满足的客观可证实的准则，并且不准许存在偏差的条款。要求是标准中最严格的规定之一，如果声明符合某个标准，即该标准中规定的所有要求都应该严格、没有偏差地遵守或符合。因此，标准中规定要求时，应量化或明确，以便通过客观方法验证、证实，判断是否存在偏差，否则不应以要求的形式在标准中作出规定。通常使用能愿动词“应”或“不应”来表述，其等效表述包括“应该”“只准许”“不应该”“不准许”等。

（2）指示型条款　指示型条款指表达需要履行的行动的条款。指示同样是标准中最严格的规定之一。该条款通常针对人类行为本身，在规程或试验方法中用来表示直接的指示，如需要履行的行动、采取的步骤等。因此，标准中对人类行为的指示应清晰明确，以便通过核查来判断标准中规定的行为指示是否被履行。通常使用祈使句来表达。

（3）推荐型条款　推荐型条款指表达建议或指导的条款。标准中不易证实或无法证实的内容，可使用推荐型条款提供相应的建议或指导。通常使用能愿动词“宜”或“不宜”来表示，以表达原则性或方向性的指导，或表示具体建议，在表示具体建议时可使用等效表述“建议”“不建议”“推荐”“不推荐”等。

（4）允许型条款　允许型条款指表达同意或许可（或有条件）去做某事的条款。在标准中表述允许时通常会附加条件。通常使用能愿动词“可”或“不必”来表达，其等效表述包括“可以”“允许”“可以不”“无须”等。

（5）陈述型条款　陈述型条款指阐述事实或表达信息的条款。不同于前述四种条款，陈述型条款表述的内容通常没有倾向性，不施加任何影响。通常使用能愿动词“能”“不能”表示能力，其等效表述包括“能够”“不能够”；使用能愿动词“可能”“不可能”表示可能性，其等效表述包括“有可能”“没有可能”，或使用陈述句，陈述句的典型用词有“是”“为”“由”“给出”等。

2. 附加信息

附加信息是有助于标准的理解或使用的信息。标准中除条款外的内容都属于附加信息，包括示例、例如、注、条文脚注、图表脚注、清单、列表、事实或信息的陈述。附加信息应表述为事实的陈述，不应包含要求、指示、推荐或允许型条款，典型句子语气类型为陈述句，典型用词为“见”。

要素的表述形式包括条文、图、表、数学公式、附录、引用或提示等。条文由文字或文字符号组成，是要素最常用的表述形式；图表、数学公式是为了便于条文的理解，根据条文内容采取的更加适合的表述形式；附录是为了便于标准结构的安排，将条文的内容移作附录的一种表述形式；引用或提示是为了使用其他标准中的内容或标准自身其他位置的内容时，所采取的表述形式。

六、 标准要素的表述原则

无论标准的要素包含什么内容，采用什么表述形式，其表述都需要遵循下述三项基本原则，以形成清楚、准确和无异议的条款。

1. 一致性原则

一致性原则是标准最基本的表述原则，强调标准内部的一致，包括每个标准的内部和由拥有同一个标准顺序号的各部分形成的标准内部，包括结构、文体、术语和形式四方面。

（1）结构一致性　结构一致性是指拥有同一个标准顺序号的各部分之间相关要素和层次的设置与否，章、条的编号、排列顺序、标题表述等宜尽可能一致。

（2）文体一致性　文体一致性是指单个标准中或拥有同一个标准顺序号的各个部分中，相同的条款宜使用相同的用语，类似的条款宜使用类似的用语。

（3）术语一致性　术语一致性是指每个标准内，同一个概念宜使用同一个术语，避免使用同义词。

（4）形式一致性　形式一致性是指条标题、列项或无标题条的主题和图表标题的设置宜保持一致，包括同一章或同一条中下一个层次的各条有无标题要一致，列项中的每一项或某一条中的每个无标题条是否使用黑体字标明主题要一致，全文的图或表有无标题要一致。

2. 协调性原则

协调性原则针对标准之间，强调标准与外部的协调，其目的是达到标准化文件的整体协调，包括四个方面：①避免重复和不必要的差异；②起草标准宜符合基础标准和领域内通用标准的有关条款；③采用国际标准化文件；④采取引用的方式。

3. 易用性原则

易用性原则是指起草标准时需要考虑标准的表述要便于标准的使用，包括两个方面：①易于直接应用；②便于被其他标准引用以及被标准自身提示。

七、 标准各要素的编写

1. 封面

封面是标准中必备的资料性要素，其功能是提供标明标准的信息，以便标准使用者通过这些信息从整体上快速识别该标准。标准封面应包含 8 项必备信息：标准名称，标准的层次或标准的类别，标准代号，标准编号，国际标准分类号，中国标准文献分类号，发布日期和实施日期，发布机构。此外，部分标准封面还需标明标准名称的英文译名，与国际标准的一致性程度标识，被代替标准的编号，征集标准是否涉及专利的信息。标准封面范例如图 5-4 所示。

2. 前言

前言是标准中必备的资料性要素，其功能是对标准自身内容之外的事项进行说明。前言置于目次（如果有）之后，引言（如果有）之前，以“前言”作为标题。前言包含内容如图 5-5 所示，并应按此前后次序编写：标准起草所依据的标准。标准与其他标准的关系。分

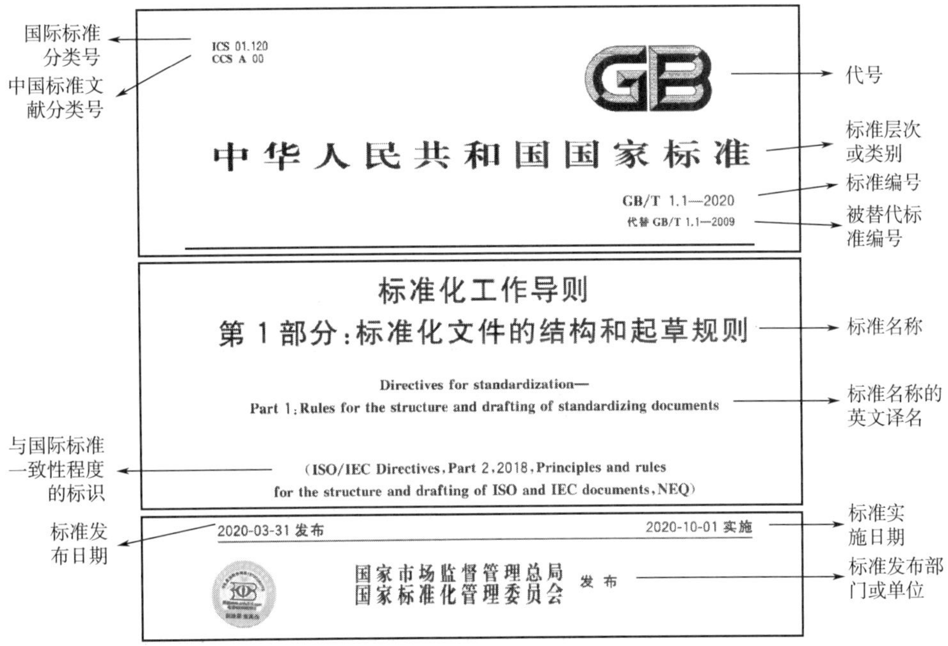

图 5-4　标准封面标明的信息

为部分的标准需要说明的内容，标准与替代标准的关系，标准与国际标准的关系，尚未识别出标准涉及专利的说明，标准的提出信息（可省略）和归口信息，标准的起草单位和主要起草人，标准及其所替代或废止的标准的历次版本发布情况。前言编写应注意：只准许编写"规定的内容"，不应说明编制标准的意义，不应包含"要求"，不应涉及"范围"一章的内容。

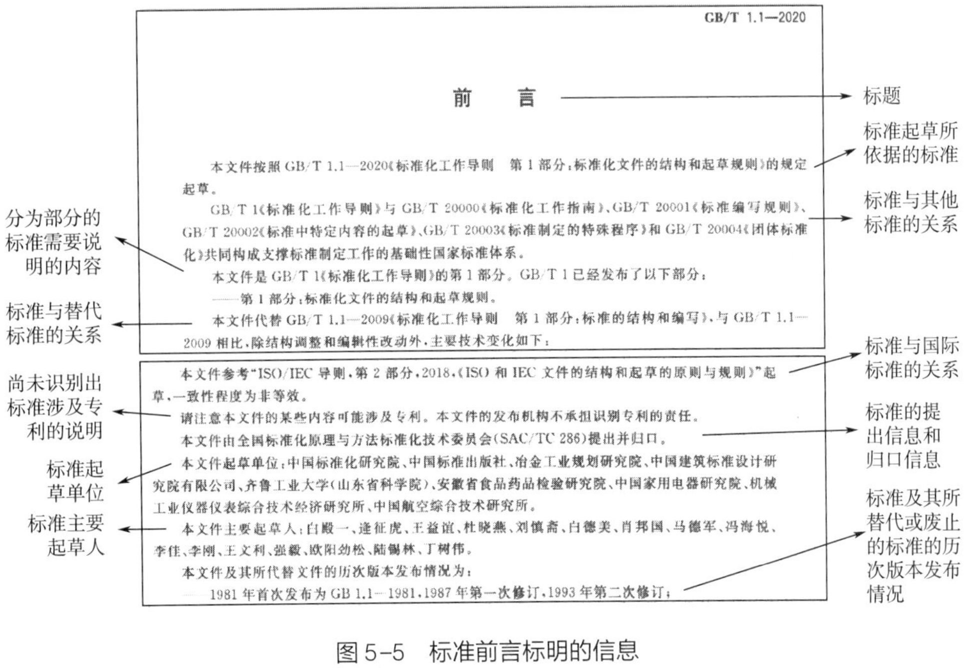

图 5-5　标准前言标明的信息

3. 引言

引言是标准中可选的资料性要素，其功能是阐明标准要解决的问题，给出涉及的技术内容的特殊信息或说明。当标准某些内容涉及专利时，或标准被分成部分时，这些标准或标准的每个部分都应设置引言。

引言置于前言之后，正文之前，以“引言”作标题，不应给出章编号。引言内容分条时，以“0.1、0.2”等对条编号。引言中的图、表、数学公式，应使用阿拉伯数字从1开始编号，正文的图、表、数学公式顺延编号。引言主要包含以下内容：编制标准的原因和目的，标准涉及的技术的特殊新信息或说明，分为部分的原因以及各部分之间关系，已经识别出涉及专利的说明。引言的设置应注意，确有必要时才需设置引言，且引言中不规定要求，不应包含“范围”一章的内容。

4. 范围

范围是标准中必备的规范性要素，其功能是在标准名称之外提供进一步的信息，并起到内容提要的作用。范围置于正文的起始位置，是标准的“第1章”，以“范围”为标题。通常包括两方面内容（图5-6）：① 概括标准的“主要技术内容”，通常为第一段，既要涵盖标准名称所包含的内容，又要尽可能补全标准名称之外的必要信息；② 界定标准的“适用范围”，通常为第二段，包括标准的适用领域、使用者、标准中的规定的用途（注意不是标准化对象的用途），必要时可补充陈述标准不适用的范围。

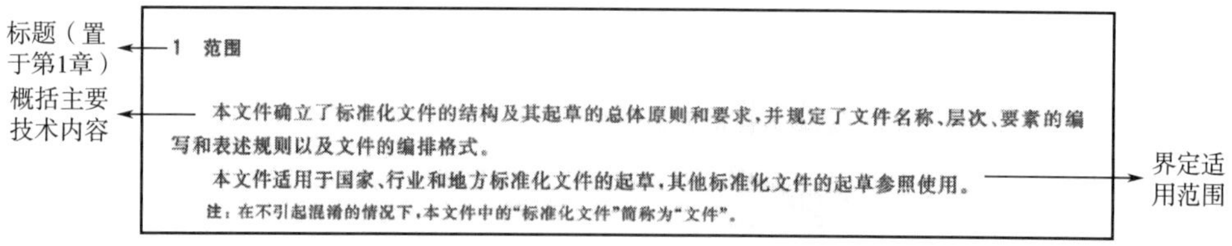

图5-6 标准范围标明的信息

范围的表述应全面且简洁，表述为一系列事实的陈述，不应包括“引言”中的内容，既不遗漏标准名称的内容又不仅简单重复或重新组合，陈述主要技术内容不宜仅罗列规范性要素的标题。第一段的表述可根据标准包含的具体内容或标准的类型，选择合适的表述词语：规定、确立、描述、提供、给出和界定。“规定”用于表述标准使用者需要遵守、执行的，或者具体产品、过程或服务需要符合的内容，如规定要求、规定特性、规定尺寸、规定指示等；“确立”用于表述牢固地建立或树立，与相互关联的系统有关，如确立程序、确立体系、确立系统、确立规则/总体原则等；“描述”用于表述描述方法、描述路径等；“提供”用于表述具有方向性或倾向性的内容，如提供指导、提供指南、提供建议等；“给出”用于表述比较中性的内容，通常不带倾向性，如给出信息、给出说明等；“界定”用于对事物或概念划定界限、确定所属的范围，如界定术语、界定符号、界定界限等。标准不涉及的内容可表述为“未涉及”“不包括”等。第二段通常采用“适用于”“不适用于”等词语表述。

5. 规范性引用文件

规范性引用文件是资料性要素，其功能是列出标准规范性引用的其他标准，以便于标准使用者快速了解应用该标准所需准备的其他标准，提高标准的易用性。规范性引用文件的章编号和标题的设置（即“2 规范性引用文件”）是必备的，但内容的有无依具体情况而定。规范性引用文件由引导语和引用文件清单构成。

引导语应使用规范表述，如果标准中规范性引用了其他文件，应表述为“下列文件中的内容通过文中的规范性引用而构成本文件必不可少的条款。其中，注日期的引用文件，仅该日期对应的版本适用于本文件；不注日期的引用文件，其最新版本（包括所有的修改单）适用于本文件。”如果标准中没有规范性引用其他标准的情况，应表述为“本文件没有规范性引用文件。”

引用文件清单应列出文件中规范性引用的每个文件，按规定顺序排序：国家标准化文件，行业标准化文件，本行政区域的地方标准化文件（仅适用于地方标准化文件的起草），团体标准化文件，ISO、ISO/IEC 或 IEC 标准化文件，其他机构或组织的标准化文件，其他文献。其中，国家标准化文件、ISO 或 IEC 标准化文件按文件顺序号排序，行业标准化文件、地方标准化文件、团体标准化文件、其他国际标准化文件先按文件代号的拉丁字母和/或阿拉伯数字的顺序排列，再按文件顺序号排序。

对于注明日期的引用文件，应给出“文件代号、顺序号和发布年份号和/或月份号”以及“文件名称”；如果文件分为多个部分，当这些部分为同一年发布时，应给出“文件代号、顺序号及第 1 部分的编号、浪纹线形式的连接号（~）、顺序号及最后部分的编号、发布年份号”以及“文件名称中的引导元素（如果有）和主体元素”；如果文件分为多个部分，当这些部分为不同年份发布时，应分别列出引用的每个部分。对于不注日期的引用文件，应给出“文件代号、顺序号”以及“文件名称”；如果文件分为多个部分，当引用该文件的所有部分时，应给出“文件代号、顺序号”和“（所有部分）”以及“文件名称中的引导元素（如果有）和主体元素”。对于引用的国际文件、国外其他出版物，应给出“文件编号”或“文件代号、顺序号”以及“原文名称的中文译名”，并在其后的圆括号中给出“原文名称”。对于引用的其他文件和信息资源，应遵守 GB/T 7714—2015《信息与文献　参考文献著录规则》确定的相关规则。对于引用的在线文件，应提供足以识别和锁定来源的信息，包括访问所引用的文件的方法和网址全称，并与来源中给出的标点符号和使用的大小写字母相同。

6. 术语和定义

术语和定义是规范性要素，其功能是统一安排标准中需要界定的术语及其定义，便于使用者在固定位置快速查看，增进对术语含义的一致理解，从而提高标准的易用性。术语和定义的章编号和标题的设置（即“3 术语和定义”）是必备的，但内容的有无依具体情况而定。术语应满足四个条件：①文件中使用并且是多次使用的术语；②专业使用者不易理解或在不同语境中理解不一致的术语；③尚无定义或需要改写已有定义的术语；④术语文件范围所限定的领域内的术语。术语和定义由引导语和术语条目构成。

引导语应视情况选用下列规范表述的一种：①只有第 3 章界定的术语和定义适用时，应表述为“下列术语和定义适用于本文件。”②如果除其他标准界定的术语和定义适用，没有其他需要界定的术语和定义时，应表述为“……界定的术语和定义适用于本文件。”③如果除了标准中界定的术语和定义外，其他标准中界定的术语和定义也适用时，应表述为“……界定的以及下列术语和定义适用于本文件。”④如果没有需要界定的术语和定义，应表述为“本文件没有需要界定的术语和定义。”

术语条目最多包含的内容及其顺序为：条目编号（必备）、术语（必备）、英文对应词（必备）、符号、术语的定义（必备）、概念的其他表述形式（如图、数学公式等）、示例、注、来源等。术语条目的四个必备内容的表述要求如下：①每个术语条目都应有一个编号，由阿拉伯数字和下脚点组成，单独占一行；②术语的选择宜尽可能界定表示一般概念的术语，而不界定表示具体概念的组合术语；③英文对应词除专用名词外，全部使用小写字母，名词为单数，动词为原形；④定义优先考虑引用相应术语标准的定义（应在术语条目之下准确标明来源），必要时可以适当修改后给出定义或给出新的定义，应使用陈述型条款，附加信息以示例或注的形式表述。

7. 核心技术要素

标准的功能类型不同，其核心技术要素就会不同，而不同核心技术要素的编写，往往遵循不同的规则。

（1）术语标准　核心技术要素是“术语条目”，术语条目中的核心内容是“术语及其定义”。术语标准的起草应遵循“唯一性”原则，即在标准所涉及的概念体系中每个概念仅有唯一一个确定的位置，不宜在不同的位置出现；概念与其术语一一对应，即一个概念只由一个术语来表示，一个术语只表示一个概念。术语的确立应遵守单名单义性、顾名思义性、简明性、派生性、稳定性等规则。

（2）符号标准　核心技术要素是“符号（包括文字符号、图形符号）或含有符号的标志”。符号标准的起草同样遵循“唯一性”原则，即一个含义只用一个符号来表达，只有在特殊情况下才允许用不同的符号来表达；同一领域中，一个符号只能表达一个含义。

（3）分类标准　核心技术要素是分类和/或编码。分类标准的起草遵循两项原则：①覆盖完全且不交叉原则，即依据特定属性对分类对象进行划分时，划分出的类目/项目之间没有交叉重复，且这些类目/项目的综合等于分类对象的外延；②扩展性原则，即分类结果能够包容未来技术发展可能带来的类目/项目的增加或修改，而不会被整体打乱。

（4）试验标准　核心技术要素是试验步骤和试验数据处理。试验标准的起草应遵循以下原则：①可重复可再现原则，即试验标准中描述的试验方法能够让任何操作者，在规定的试验条件下，使用相同或不同的仪器设备，对同一试样进行试验，都能够呈现相同的规律；②准确度原则，即试验标准中描述的试验方法能够确保试验数据的准确度在规定的要求范围内，该原则主要针对试验数据为连续分布的量值。

（5）规范标准　核心技术要素是“要求”和“证实方法”。起草规范标准应遵循两个原则：①性能/效能原则，即标准中的要求由反映产品性能、过程或服务效能的具体特性来表述，尽量不使用产品的描述特性或其他特性来表达，通常不对生产过程、工艺、服务机构或人员的资质、服务设备设施等规定要求；②可证实性原则，即只规定能够证实的要求，不必规定无需证实的要求，不宜规定不能在较短时间内证实的要求，只应写入量化的要求。

（6）规程标准　核心技术要素是程序确立、程序指示和追溯/证实方法。起草规程标准应遵循两项原则：①可操作性原则，即标准中规定的履行程序的行为指示清晰、明确、具体、容易操作或履行，只要执行标准中规定的行为指示，并且遵守阶段/步骤之间的转换条件或结束条件，就可以顺利地履行完成标准中确立的程序；②可追溯/可证实性原则，即标准中规定的程序是否被履行要能够通过溯源材料的提供或有关证实方法得到证明或证实。

8. 其他要素的编写

（1）目次　可选资料性要素，其功能是呈现标准的结构，引导阅读，方便标准内容的查阅，由目次列表构成。当标准的层次较复杂，有必要向标准使用者展示标准的结构，或需要通过给出标准的章、条、图、表等标题而让标准使用者快速了解标准的内容时，有必要设置目次，置于封面之后，使用“目次”为标题。目次应包括以下内容：前言，引言（如果有），章编号和标题，条编号和标题（需要时），附录编号“（规范性）”/“（资料性）”和标题（如果有），附录条编号和标题（如果有且需要时），参考文献（如果有），索引（如果有），图编号和图题（需要时），表编号和表题（需要时）。

（2）符号和缩略语　可选的规范性要素，其功能是给出标准中使用的，并且应用标准需要明了的符号和缩略语的说明或定义，使标准使用者能够快速查找需要了解的符号或缩略语，从而提高标准的易用性。宜设置为标准的第 4 章，以“符号”“缩略语”“符号和缩略语”为标题，由引导语和带有说明的符号和/或缩略语清单构成，或并入“术语和定义”一章。符号和/或缩略语清单按字母顺序列出：大写拉丁字母置于小写拉丁字母之前，无角标的字母置于有角标的字母之前，有字母角标的字母置于有数字角标的字母之前，希腊字母置于拉丁字母之后，其他特殊符号置于最后，无需给出序号，使用陈述型条款，不应包含要求和推荐型条款。

（3）分类和编码/系统构成　可选的规范性要素，可设置为单独一章，或与规范、规程或指南标准中的核心技术要素合并。“分类和/或编码”通常在编制非分类标准时可能包含，其功能是给出针对标准化对象的划分以及对分类结果的命名或编码，以方便在标准核心技术要素中针对各个细分类别作出规定，内容涉及分类、命名、编码和代码等，应采用陈述型条款表述。“系统构成”通常在编制系统标准时可能包含，其功能是确立构成系统的分系统或进一步的组成单元，以便系统标准的核心技术要素中针对各分系统/组成单元作出规定，内容涉及系统的具体构成、各分系统/组成单元的功能或进一步细分等，采用陈述型条款表述，必要时辅以图或示意图。

（4）总体原则和/或总体要求　可选的规范性要素，置于标准的核心技术要素之前。“总体原则”的功能是提供为达到编制目的需要依据的方向性的总框架或准则，且置于“总体要求”之前，以“总体原则”“总则”“原则”等为标题，使用陈述型或推荐型条款，不应包含要求型和指示型条款。“总体要求”的功能是规定涉及整体标准的要求以及规定标准随后的多个要素均需要规定的要求，置于“总体原则”之后，以“总体要求”为标题，使用要求性条款，不应包含其他类型的条款。“总体原则”和“总体要求”可合并使用“总体原则和要求”“原则和总体要求”为标题。

（5）参考文献　可选资料性要素，其功能是列出标准中资料性引用文件的清单以及其他信息资源清单，以供标准使用者参考。当标准中有资料性引用文件时，参考文献的设置是必需的，置于标准的最后一个附录之后，并以“参考文献”为标题，由文件清单构成，且不应分条。

（6）索引　可选资料性要素，其功能是在目次之外提供一个检索标准内容的途径，以提高标准的易用性，由索引列表构成，设置为标准最后一个要素，并以“索引”做标题。编写索引首先要分析标准中的规范性要素，找出使用者需要查找的关键词，然后以关键词作为索引条目进行检索，建立起关键词与标准的章条、图表编号的对应关系，实现对标准相关内容的检索。

思考题

1. 食品标准如何分类？其分类依据和基本类别是什么？
2. 我国食品标准制修订应遵循哪些基本原则？
3. 我国食品标准制修订可采用哪些程序？各适用于哪些情况？
4. 食品标准的编写有哪些基本步骤？应遵循哪些基本原则？
5. 食品标准的要素和层次有哪些类别？
6. 如何编写食品标准各要素？

第六章 CHAPTER 6

食品标准实施与监督

学习目标与要求

1. 理解食品标准贯彻执行的重要作用；
2. 掌握我国食品标准实施与监督的主要内容；
3. 了解我国食品标准实施与监督的相关法律责任。

第一节 食品标准实施与监督的目的及意义

一、实施食品标准的目的及意义

标准的实施是要将标准规定的各项要求，通过一系列具体措施，贯彻到生产、建设和流通中去，是标准化活动的重要目的。在标准制定结束后，实施成为标准化工作的中心任务，是标准能否取得成效、实现其预定目的的关键。标准是人们对客观事物规律性认识的总结，但是任何人的经验和认识都有其局限性，尤其是在特定条件下进行的一些局部试点验证，很难保证反映了全面的情况。只有通过标准的实施，才能检验标准是否制定得科学合理，在实践中发现问题，从而为进一步修订标准提供依据。因此，标准的制定—实施—修订的过程，是一个阶梯式向上发展的过程。只有通过实践，积累更多的标准化经验，才能对标准进行总结、修订和升华，并不断纳入现代科学技术成果，补充纠正标准中的不足之处，废止旧的标准，制定新的标准，促进标准的水平不断从低级向高级发展，使之成为紧跟生产建设发展和科学技术进步的标准化理论，最终有效指导社会生产活动实践。同时，标准的实施也是各项监管工作的重要判定依据，使各相关方的利益得到充分保证。

食品标准作为标准中的一类，同样只有通过实施，才能实现制定标准的各项目的，从而充分发挥标准化的作用和效益。食品标准是以食品科学技术和生产实践经验的综合成果为基础，经有关方面协商一致所作的统一规定，由主管机构批准，以特定形式发布，作为共同遵守的准则和依据。根据食品标准的不同功能属性，可分为政府标准和市场标准。国家标准、行业标准、地方标准属于政府标准，由政府主导制定；团体标准和企业标准属于市场标准，由市场自主制定。政府标准与市场标准协同发展、协调配套，成为一种新型的标准体系。由于食品标准的实施主体不同，其目的和意义也各不相同。

1. 政府层面

根据我国国情及相关法律法规规定，国家政府部门在食品标准管理中处于主导地位。我国《食品安全法》规定，食品安全标准“应当以保障公众身体健康为宗旨”，并明确规定“食品安全标准是强制执行的标准”，是任何食品企业必须执行的国家标准，不仅包括致病性微生物、农兽药残留、重金属污染及其他危害人体健康物质的限量规定，也包括用于鉴别和辨识的感官指标，既包括对终产品的食品安全要求，还包括对食品原料安全、生产过程卫生操作规范等要求。实施食品安全标准，可通过规范准入门槛，引导行业提高食品安全管理水平，促进食品企业良性竞争，推进国际食品贸易的发展。此外，标准是生产实践经验的总结，以科学和技术的综合成果为基础，是国家科技实力和经济能力的反映。通过食品标准的实施，在实践中检验其科学性、先进性、合理性和实用性，并不断修订完善，对标国际标准，从而促进实践经验和科研成果的普遍推广应用，推动国家食品科技创新和生产技术的发展。

对管理部门而言，实施食品监督管理需要凭借具体的食品标准去落实食品生产厂家以及经营者责任，同时还可以使各个部门做好自己的本职工作，更好地加强食品监督，保证食品安全，保障公众身体健康和生命安全，对维护社会稳定和改善民生具有重要意义。标准化的严格实行，可以规范食品行业中的各种生产活动，规范市场行为。在市场中，生产者与消费者间存在产品信息的不对等，消费者处于安全信息的劣势地位，对于厂家而言，生产更安全的食品需要更高的边际成本。因此，如果在市场中优质产品不能得到合理定价，就失去了对生产商生产更安全食品的激励，在利润最大化的推动下，如果仅仅依靠市场自身的作用，那么市场就会充斥着不安全的、危害消费者健康的食品，食品安全市场就会失灵。食品安全标准的有效实施，不仅限制了生产商的机会主义行为，约束了不法生产商的行为，为消费者的权益提供保障。同时，实施食品安全标准还可提高食品安全管理水平，增强广大消费者对食品安全管理部门和政府部门的信心。

此外，食品标准实施不仅关系到食品安全与人体健康，也关系到我国的食品市场稳定和国际贸易，还关系到我国食品产业的可持续良性发展。通常，我国的食品企业常常存在对产品定位不准、食品类别模糊、执行的食品标准过期作废或更新不及时、标准指标设置不完整等问题，严重影响食品产业高质量的发展。因此，食品行业标准的有效实施，不仅可以提升食品行业的规范性和自律性，还可以通过食品行业的专业知识和自律机制去约束行业中的不规范行为，从而强化食品标准监管的作用。再者，我国地大物博，不同的地域环境、文化和人文风俗孕育了不同的地方特色食品。随着经济和社会的发展，我国各地的地方特色食品不断突破地域的限制，甚至逐渐走出国门。由此可见，以国家层面的食品安全标准为基础，制定地方层面的标准来统一适合特定地域食品的技术要求并加以实施，不仅可以加强对特色食品的规范与约束，还能体现鲜明的地方食品特色。

2. 市场层面

长期以来，我国国家标准、行业标准和地方标准都由政府主导，进行研究、制定、发布和实施，存在标准制修订时间慢、标龄长、标准不齐全、无法完全适应市场经济发展需求等问题。近年来，国家逐步开始鼓励具备相应能力的学会、协会、商会等社会组织和产业技术联盟制定满足市场和创新需求的团体标准，同时还鼓励制定严于国家标准和行业标准的团体标准，并要求开展食品基础通用标准、食品添加剂、食品追溯技术等领域团体标准的制定，来支撑食品产业持续健康地发展。由此可见，有效实施团体标准不仅可以补充政府标准的盲区，还可以优化产业链、增强行业竞争力，更有助于市场监管和社会共治。例如，随着益生菌产业的技术发展，中国已成为全球最大的益生菌补充剂消费市场，而目前暂无有关食用益生菌国家标准。因此，由中国食品科学技术学会牵头，江南大学、国家食品安全风险评估中心、上海理工大学、中国食品发酵工业研究院有限公司等 19 家科研机构、高校、企业共同参与制定了 T/CIFST 009—2022《食品用益生菌通则》。这一标准的建立与实施，不仅在一定程度上弥补了食用益生菌市场的空缺，并对其起到督促作用，进而提高食用益生菌的市场竞争力，同时对消费者的食用安全与身体健康也起到了一定的保障作用。

对于企业而言，一方面是外部标准（国家、行业、地方和团体标准）的贯彻实施，另一方面则是企业结合自身实际情况，制定并实施的涵盖（但不限于）使用范围、规范性引用文件、技术要求、卫生规范、检验方法、贮藏运输要求高于国家强制性标准的企业标准。若企业能严格实施上述标准，可在很大程度上提升企业产品质量，提升市场竞争力，保障各相关方利益，实现企业创收。

二、对实施食品标准进行监督的目的及意义

标准制定和发布的目的就是标准实施，是把标准落实应用到标准的所属对象上，将其各项要求通过一系列具体的措施在社会生活中得到贯彻执行。对标准实施的监督，是指对标准贯彻实施情况进行监察、督促、检查、处理的活动，也是政府标准化行政主管部门和其他行政主管部门领导和管理标准化活动的重要手段。标准实施的监督可以促进标准的贯彻实施，监督标准贯彻实施的效果，考核标准的先进性和合理性，有利于标准的修订和标准体系的完善统一。通过标准实施的监督，可以随时发现标准中存在的问题，为进一步修订标准提供依据，也可以进一步发现与其他相关标准的关系，从而深化标准化活动，推动标准化活动的良性循环。近年来，部分国家把食品标准的监管工作作为构建服务型政府和负责型政府的重要内容，也体现了国家从自身职责出发在食品管理中履行政治统治和社会管理的基本职能。

第二节　食品标准实施机制

食品标准实施是指有组织、有计划、有步骤地贯彻执行食品标准的活动，是标准制定者

和使用者将标准规定的内容贯彻到食品的生产、加工、流通等各个环节中的过程。食品标准的实施需要食品标准制定者和使用者共同完成，同时只有将食品标准应用到食品从生产到流通的各个环节才能发挥其作用。

一、 食品标准的实施主体

国务院标准化行政主管部门统一管理全国标准化工作。国务院有关行政主管部门分工管理本部门、本行业的标准化工作。县级以上地方人民政府标准化行政主管部门统一管理本行政区域内的标准化工作。县级以上地方人民政府有关行政主管部门分工管理本行政区域内本部门、本行业的标准化工作。另外国务院建立标准化协调机制，统筹推进标准化重大改革，研究标准化重大政策，对跨部门跨领域、存在重大争议标准的制定和实施进行协调。设区的市级以上地方人民政府可以根据工作需要建立标准化协调机制，统筹协调本行政区域内标准化工作重大事项。

总体来说，标准化行政主管部门需要对目前标准化工作的现状进行调查研究，贯彻标准化工作的法律、法规、方针、政策，并制定本部门的实施办法，编制本部门、本行业的标准化工作计划，对重点标准下达强制性指令，并对标准实施进行监督检查。行业主管部门则需要下达具体的标准实施计划，检查和考核贯彻执行情况，并解决标准在实施过程中出现的困难。食品企业则必须严格实施相关标准以及企业自行制定的标准，从而规范食品企业的生产经营，强化企业管理，提升生产经营质量与效益。

二、 食品标准实施的基本原则与主要内容

1. 基本原则

实施标准是一项有组织的技术和管理活动，需要耗费一定的人力、物力和财力，在带来技术经济效果的同时，也可能带来风险。所以实施标准必须严肃、严谨，应遵循以下基本原则。

（1）保证安全　保证食品安全是实施食品标准的核心问题。《中华人民共和国食品安全法》明确规定，食品安全标准是强制执行的标准，包括食品、食品添加剂、食品相关产品中的致病性微生物、农药残留、兽药残留、生物毒素、重金属等污染物质以及其他危害人体健康物质的限量规定；食品添加剂的品种、使用范围、用量；专供婴幼儿和其他特定人群的主辅食品的营养成分要求；对与卫生、营养等食品安全要求有关的标签、标志、说明书的要求；食品生产经营过程的卫生要求；与食品安全有关的质量要求；与食品安全有关的食品检验方法与规程以及其他需要制定为食品安全标准的内容。由此可见，食品安全标准关系人民群众身体健康和生命安全，故生产经营者、检验机构以及监管部门必须严格执行，禁止生产经营不符合食品安全标准的食品、食品添加剂和食品相关产品，同时对于不符合强制性标准的产品，禁止生产、销售和进口，否则应承担相应的法律责任。如 GB 29921—2021《食品安全国家标准　预包装食品中致病菌限量》、GB 2761—2017《食品安全国家标准　食品中真菌毒素限量》、GB 2762—2022《食品安全国家标准　食品中污染物限量》、GB 2760—2014《食

品安全国家标准　食品添加剂使用标准》、GB 31605—2020《食品安全国家标准　食品冷链物流卫生规范》、GB 31654—2021《食品安全国家标准　餐饮服务通用卫生规范》等食品安全通用标准，对保障食品安全、规范食品生产经营、维护公众健康具有重要意义，任何食品生产经营企业都必须严格遵守。

（2）考虑利用　推荐性标准不具有强制性，国家鼓励企业自愿采用。食品生产企业有权根据市场行情和自身实际选择采用与否，一经采用就必须严格执行。推荐性标准主要规定的是技术要求、产品质量和重要的管理要求，对一个行业或企业在技术、生产、经营和管理等方面都具有指导和规范作用。食品生产企业实施食品标准，通常需要投入一定的人力、物力和财力，有时还需要企业对生产设备、工艺、检验检测手段进行改良，给企业增加一定的工作量，甚至还会影响当前的生产、经营活动，与企业当前利益产生矛盾，但从长远看却有利于企业的发展。通常，实施食品标准有助于提高劳动生产率，保证产品质量，提升企业信誉，增强市场竞争力，不断取得更大的经济效益和社会效益。因此，企业可以结合实际情况，考虑选择执行一些适合企业现状或可促进企业发展的推荐性标准，如 GB/T 22000—2006《食品安全管理体系　食品链中各类组织的要求》规定了食品安全管理体系的要求，适用于食品链中所有方面和任何规模的、希望通过实施食品安全管理体系以稳定提供安全产品的所有食品企业。若企业选择通过利用其内部和（或）外部资源来实现本标准的要求，则可证明其有能力控制食品安全危害，确保其提供给消费者的食品是安全的。

（3）顾全大局　在标准实施的过程中，除了需要满足食品安全相关的强制性标准的要求，还应全盘考虑有助于提升产品质量、促进企业发展的推荐性标准，并予以执行。企业标准是食品企业所生产的产品在没有国家标准、行业标准时，或企业希望所生产的产品质量高于市场上同类产品而制定的严于国家标准或行业标准的，在企业内部执行的标准。企业标准属于推荐性标准，不具有法律属性，但一经向当地政府标准化行政主管部门备案，并纳入企业内部的标准体系或各方商定同意纳入经济合同中，就成为各方必须共同遵守的技术依据，具有了法律上的约束性，应严格执行。如某食品公司对其生产的儿童型冰淇淋制定了食品企业标准（Q/DXHLX 0003—2022），适用于该公司的三方工厂生产。标准综合考虑了公司所有类型的儿童型冰淇淋原料、感官、理化指标、污染物以及生产加工过程、标志、包装、运输、贮存等各环节的实际情况和要求，明确规定（引用）了产品必须遵守的强制性国家标准和适合自身的推荐性标准，如 NY/T 230—2006《椰子油》、SB/T 10649—2012《大豆蛋白制品》等行业标准，由此形成了顾全企业大局、有据可依、便于实施，且满足并高于国家要求的企业标准，确保产品的市场核心竞争力。

（4）区别对待　一方面，对于一些有进出口贸易业务的食品企业，需要对国内外标准进行仔细比对，有关其出口产品的技术要求，必须依照进口国（地区）的法律、法规、技术标准或合同约定来执行。出口的食品应当符合进口国（地区）的强制性要求，并经出入境检验检疫机构检验合格，方可进入其他国家进行销售。因此，食品企业在日常生产中，需要对在国内销售的产品与出口销售的产品予以区分，使其满足相应的标准要求。另一方面，对于存在新旧标准更替的企业，应谨慎对待新技术标准与老技术标准的过渡问题。对于要淘汰的老产品可限期使用老技术标准作为过渡，而对新产品则应无条件地坚决贯彻新标准。

2. 主要内容

（1）标准宣贯　食品标准是较为复杂的技术性文件，需要相关的专业人员对其进行宣传、讲解，使得使用相关方能透彻地理解其内容，以期达到思想意识的一致，从而能够采取协调一致的措施和行动，最终达到或完成目标。标准的宣贯是标准实施过程中的一项首要工作。通常，在任何一项标准制定后，负责制定该项标准的标准化专业技术委员会或标准化技术归口单位都要根据标准的内容、范围及复杂程度，组织动员各方面的力量制定计划、统筹安排、逐级进行宣贯，必要时还要组织专门的宣贯工作组，并做好标准实施过程中的解读。

食品标准的宣贯工作主要由标准化行政主管部门相关负责人员、专业技术人员、科研院校专家来进行。标准宣贯的主要内容应涵盖介绍食品标准、宣传食品标准的重要性、说明实施中应注意的关键问题三个方面。介绍食品标准是为了让实施食品标准的各相关方了解食品标准的内容，如标准的适用范围、技术要求和标志标签等，甚至与标准相关的工作体系建设、贯彻实施的管理规范等。只有标准实施相关方深入了解了标准的内涵，切实意识到实施标准的重要性，才能保证标准能够在各项生产活动中得到贯彻执行。与此同时，明确标准在实施中的关键核心问题，才能更好地提升食品生产企业理解和掌握标准的能力，增强主体责任意识。只有通过食品标准各相关方的共同努力，才能促进食品标准化工作再上新台阶。

（2）贯彻执行　在进行了充分宣贯和必要的物质、技术准备后，食品标准在生产和经营过程中必须贯彻执行。总体来说，食品标准的贯彻执行包含两方面含义。一是按照标准规定的程序和要求开展活动；二是各项活动的结果必须达到标准的要求。标准的性质不同，贯彻实施的要求也不尽相同。我国标准按照实施的约束力分为强制性标准和推荐性标准。我国明确规定，强制性标准必须执行，不符合强制性标准的产品禁止生产、销售和进口；推荐性标准鼓励自愿采用。我国为贯彻执行推荐性标准，可通过国家采用某些优惠政策措施，鼓励采用；或有关地方主管部门制定指令性文件，在其管辖内贯彻执行；通过合同贯彻执行。一般来说，组织实施标准的重点有：

① 强制性国家标准、行业标准、地方标准，如食品安全标准，即国家对各种食品、食品添加剂、食品容器、包装材料、食品用工具和设备、用于清洗食品和食品用工具设备的洗涤剂规定必须达到的卫生质量和卫生条件的客观指标和要求。此类标准一般由国务院卫生行政部门制定或批准颁发，若国家未制定，省、自治区、直辖市人民政府可以制定地方标准，报国务院卫生行政部门备案。此类标准种类较多，涉及原粮、食用植物油、食糖、调味品、豆制品和酱腌菜、肉与肉制品、乳与乳制品、蛋与蛋制品、水产品、冷饮食品、酒、茶叶、糕点、食品添加剂使用等 24 类，是标准实施重点内容。

② 重要的基础性标准，如食品名词术语、代号类标准、食品添加剂使用类标准、食品有毒有害物质最高残留量限量标准等，可在一定范围内作为其他标准的基础并普遍使用，具有广泛的指导意义，需严格贯彻实施。

③ 重要的管理性标准，如 GB/T 22000—2006《食品安全管理体系　食品链中各类组织的要求》、GB/T 19001—2016《质量管理体系　要求》、GB/T 36088—2018《冷链物流信息管

理要求》等，多为推荐性标准。一旦企业选择实施此类标准，能有力证明企业具有稳定提供满足顾客要求及适用法律法规要求的产品和服务的能力，并通过体系的有效应用，可切实提升企业的管理水平，提高效率，并增强顾客满意度。

④ 重要的产品标准，如 GB 2716—2018《食品安全国家标准　植物油》、GB 2717—2018《食品安全国家标准　酱油》、GB 2719—2018《食品安全国家标准　食醋》、GB 25190—2010《食品安全国家标准　灭菌乳》、GB 14884—2016《食品安全国家标准　蜜饯》等。食品产品标准一般都会规定产品原辅料、工艺、技术等要求。某些产品具有特殊性，如存在其他危害物质或内在质量的指标，也会在安全标准中制定相应的限量和其他必要的技术要求。至今，我国发布的食品安全国家标准中食品产品标准约 80 个，标准的发布和实施日期、范围、术语和定义、技术要求等内容对在产品生产的过程控制、包装、运输、抽检等环节中的贯彻实施至关重要。

（3）监督评价　对标准实施情况的监督和评价，是食品标准实施的主要内容之一，必不可少。标准化主管部门只有通过评价，如对食品进行抽查、抽检，才能找出标准及实施过程中存在的问题，为改进标准化工作提供依据。对不同范围、不同类型的食品标准进行实施效果评价，要综合考虑各个方面，才能进行客观、科学、全面的评价。《国家标准管理办法》规定，国务院标准化行政主管部门建立国家标准实施信息反馈机制，畅通信息反馈渠道。鼓励个人和单位通过全国标准信息公共服务平台反馈国家标准在实施中产生的问题和修改建议。各级标准化行政主管部门、有关行政主管部门、行业协会和技术委员会应当在日常工作中主动收集国家标准实施信息。国务院标准化行政主管部门、国务院有关行政主管部门、技术委员会应当及时对反馈的国家标准实施信息进行分析处理，并根据分析处理结果提出国家标准修订、废止等建议。

国务院标准化行政主管部门应建立国家标准实施效果评估机制，评估内容应包括标准的实施应用范围、标准实施产生的经济效益和社会效益、标准实施过程中存在的问题及修改建议。国务院标准化行政主管部门根据国家标准实施信息反馈、实验验证等国家标准实施情况，定期开展标准实施效果评估。同时，鼓励第三方机构开展标准实施效果评估，目前国内评价标准实施效果的有效方法有依据标准开展的产品认证、实验室认证、企业认证等活动。

此外，对食品安全标准的跟踪调查评价，是关系到食品安全的重要环节。在对食品企业开展食品安全标准跟踪调查时，需要重点了解相关企业在执行标准时存在的困难及问题，征求修订建议及依据，与企业负责人、相关技术人员共同探讨如何才能保障跟踪评价实施效果，对加强标准的制定与执行起到积极有效的衔接作用。

三、 食品标准实施的相关法律责任

《中华人民共和国标准化法》明确规定，生产、销售、进口产品或者提供服务不符合强制性标准，或者企业生产的产品、提供的服务不符合其公开标准的技术要求的，依法承担民事责任。其中，不符合强制性标准的，依照《中华人民共和国产品质量法》《中华人民共和国进出口商品检验法》《中华人民共和国消费者权益保护法》等法律、行政法规的规定查处，记入信用记录并予以公示，若构成犯罪须依法追究刑事责任；不符合公开标准中技术要求的，由标准化行政主管部门责令限期改正，若逾期不改正须在标准信息公共服务平台上公示。

在我国，推荐性国家标准、行业标准、地方标准、团体标准和企业标准的技术要求不得低于强制性国家标准的相关技术要求，同时鼓励社会团体和企业制定相关技术要求高于推荐性标准的团体标准和企业标准，但禁止利用标准的贯彻实施来妨碍商品、服务自由流通等排除、限制市场竞争的行为。若违反此规定，将对用标准实施排除、限制市场竞争行为的责任主体，依照《中华人民共和国反垄断法》等法律、行政法规的规定进行严肃处理。此外，根据《中华人民共和国食品安全法》相关规定，违反法定义务的食品生产经营者还可能面临相应的法律责任。

第三节　食品标准实施程序及方式

标准的制定和实施是标准化过程中互相联系、互相制约的两个有机和最基本的工作。标准化活动主要围绕制定和实施标准而展开，标准化的作用也要通过制定和实施标准来实现。在整个标准化活动中，制定出先进合理的标准是建立最佳秩序、获得最优社会经济效益的前提。在标准制定后，实施成为标准化活动的中心任务，也是标准能否取得成效、实现其预定目的的关键。

标准的贯彻实施就是将标准的技术内容在生产和社会实践中付诸实施，使之变成现实生产力，并产生社会效益和经济效益的一系列活动。食品标准的贯彻实施是一项复杂而细致的工作，涉及食品或食品原料的种养、生产、工艺、贮藏、检验、售卖等食品链中的各个方面。因此，食品标准的实施必须有计划地做好协调、安排。一般来说，食品标准的贯彻实施和其他标准一样，可分为 5 个步骤，即制定计划、实施准备、贯彻实施、检查验收、总结改进。

一、 制定计划

标准发布以后，根据该项标准的性质和使用范围，有关部门、地区和企业应拟定标准的实施计划或方案，并从总体上分析影响标准贯彻实施的因素与相关条件。计划的主要内容包括标准的贯彻方式、标准的内容、实施步骤、负责人员、起止时间、要达到的要求和目标等。此外，在制定实施标准工作计划时，还应权衡标准实施的难易程度，科学分解任务，合理组织人力，既能顺利开展标准的贯彻实施工作，又不浪费人力或影响其他工作。与此同时，还应进一步预测和分析标准实施以后的经济和社会效益情况，以便有计划地安排有关经费。

二、 实施准备

准备工作是标准能否成功贯彻实施的重要环节，必须做到认真、细致。不论是标准实施的主体（食品企业）还是监督管理部门，都应使有关各方知道、了解标准，并能正确地认识和理解其中规定的内容和各项要求，从思想上对贯彻标准有一个正确的认识。对于企业自身来说，在企业内部做好标准的宣传讲解工作至关重要，定期和不定期对企业全体员工进行标准化知识和技能培训，提高员工对实施标准重要性的认识，增强其执行标准的自觉性和主动性，使其在生产活动中自觉执行与达到该项标准所提出的要求。另外，为了使标准有效贯彻实施，企业还应提前根据实施标准的工作计划，认真做好技术支持和各部门协作工作。例如，编写针对行业特点或产品、工艺特点的新旧标准内容对照表，新旧标准更替注意事项或有关图片、讲义等参考资料，同时还需做好贯彻校准所需的原辅材料、工艺设备、检测仪器等相关技术准备，甚至还需要对接落实好外部协作生产厂商等。此外，一个企业在贯彻标准时，还需全盘考虑、统一领导，不仅需要实施企业自己制定的各类标准文件，还要实施与企业生产、技术、经营管理等相关的各级标准。因此，可成立临时标准宣贯小组，确定主管技术的负责人为组长，负责处理标准贯彻时的各种问题，以及与其他部门间的配合、协调。

三、 贯彻实施

实施就是把标准规定的内容在生产、监管等环节中加以执行。有关部门或人员应严格按照标准的要求进行设计、生产，按照符合标准要求的试验方法对产品进行检验，以及按标准要求进行包装、贮藏、运输和标志等。根据不同的实施主体和目标任务，标准的贯彻实施主要有以下5种方式：①直接采用上级标准，严格按照标准中的各项要求毫无改动地贯彻实施。通常，食品安全标准都是强制执行的标准，生产经营者、检验机构以及监管部门必须严格执行，禁止生产经营不符合食品安全标准的食品、食品添加剂和食品相关产品，否则应承担相应的法律责任；②根据食品企业实际情况，有针对性地选取推荐性标准中部分内容进行贯彻实施，以期提升企业核心竞争力；③企业在实施标准时，若发现标准中缺少与自身情况相关的内容，在不违背标准基本原则的前提下，对其进行必要的补充和配套，如制定标准实施的配套标准、标准的使用方法等指导性技术文件；④若出现新老标准更替的情况，可编制标准对照表，直观地体现标准变动的情况，便于实施工作的开展；⑤少数食品企业为了提高产品质量、提升市场竞争力、强化企业管理或进军国际市场，在贯彻某项标准时，可以国内外先进水平为目标，在现有标准的基础上，制定更高水平的企业标准用于生产。

四、 检查验收

《中华人民共和国标准化法》明确规定，企业应当公开其执行的强制性标准、推荐性标准、团体标准或者企业标准的编号和名称；企业执行自行制定的企业标准的，还应当公开产品、服务的功能指标和产品的性能指标。国家鼓励团体标准、企业标准通过标准信息公共服务平台向社会公开。企业应当按照标准组织生产经营活动，其生产的产品、提供的服务应当符合企业公开标准的技术要求。同时，企业研制新产品、改进产品，进行技术改造，应当符合本法规定的标准化要求。

因此，在标准实施过程中，应事先明确规定对有关部门、企业实施标准的要求，相关管理部门负责监督抽查有关各单位部门的标准执行情况，并负责新产品开发过程的标准化审查，对检查中发现未按标准执行者，限期进行整改，认真督促标准的实施。在实施标准后，需要对标准的实施情况、效果进行检查，如检查食品生产的工艺流程、产品的检验等是否符合标准的要求，即检查食品生产的各个环节是否贯彻了相关标准。通过对标准实施的反复检查、整改、验收，找出标准实施中存在的各种问题并及时采取措施，才能有效促进标准的全面贯彻实施。

五、 总结改进

对标准的实施进行总结，不仅包括相关文件、资料的收集、整理和归档，还包括方法和技术上的总结，以及对下一步工作提出意见和建议。只有通过总结经验，组织交流，将食品标准实施过程反映出来的缺陷、问题和标准实施的效果，及时传达给食品标准的批准发布机关、提出单位和起草单位，才能为标准的修订提供科学依据，从而推动标准的全面实施。

第四节 食品标准监督管理机制

一、 食品标准实施的监督检查

对食品标准的监督，是指对标准贯彻实施情况进行监察、督促、检查、处理的活动，是政府标准化行政主管部门和其他行政主管部门领导和管理标准化活动的重要手段。标准实施的监督可以促进标准的贯彻实施，监督标准贯彻实施的效果，考核标准的先进性和合理性，有利于标准的修订和标准体系的完善统一。通过标准实施的监督，可以随时发现标准中存在的问题，为进一步修订标准提供依据，也可以进一步发现与其他相关标准的关系，从而深化标准化活动，推动标准化活动的良性循环。

对标准实施进行监督检查的重点是强制性标准，包括强制性国家标准、强制性行业标准、地方标准和企业产品标准。国家标准、行业标准中的推荐性标准一旦被食品企业采用作为生产加工依据的，或者被指定为产品质量认证所使用标准的，也是标准实施监督的对象。此外，还有企业已经申报备案的产品标准实施情况，以及对企业在研制新产品、改进产品、进行技术改造活动中所采用的产品标准实施情况，都应是监督检查的主要内容。当受理备案的部门发现备案的企业产品标准违反有关法律、法规和强制性标准规定时，有权责令申报备案的企业予以改正或停止实施。

二、 食品标准实施监督的主体责任

1. 行政部门责任

地方各级人民政府均对当地的食品安全负有领导责任，县级标准化行政主管部门和有关

行政主管部门是监督管理的主要力量。在对标准制定活动进行指导和监督的工作中，县级标准监督管理部门对所有企业标准制定活动和本辖区社会团体所进行的团体标准制定活动进行指导、监督，县级以上（不含县级）监督管理部门对本级民政部门注册的社会团体所进行的团体标准制定活动和本级、下级政府部门制定的各类政府标准制定活动进行指导、监督。此外，县级以上（不含县级）行政管理部门对相应的下级监督管理部门的监督管理工作有领导和监督权，可以指派或者重新要求下级监督管理部门履行监督管理义务，也可以在有必要的情况下直接对相关标准实施活动进行监督检查；国务院标准化行政主管部门对全国各级各类标准的制定活动均有指导和监督职责。

对于执法部门来说，都应按照相关法律规定，对发现的食品企业违法行为进行调查、处理，并采取有效措施严禁危害人体健康的食品流入市场。此外，任何单位和个人都有权向食品质量监督部门检举任何违反食品法律、法律规定的行为，食品质量监督部门也应当为检举人保密，并可按省、自治区、直辖市人民政府的规定给予适当奖励。

对于监督管理部门来说，都应根据职权范围负责各自职责范围内的食品企业质量安全监督管理工作。有责任知晓、掌握获得食品经营许可证、营业执照并长期生产的食品企业及其产品的情况，对其进行执法检查，履行源头监管的职责。同时，还需对在日常执法检查过程中发现的问题或违法行为责令整改落实，若监督管理部门出现失职导致食品企业未按标准生产或造假制劣问题未被及时发现、对问题企业依法整改不落实、查处无证生产行为不落实等情况，应承担完全监管责任。

2. 企业责任

食品企业是执行国家有关食品强制性标准、生产合格食品以及保证食品质量安全的第一责任人。因此，食品企业一定要强化道德意识、食品安全意识和法律责任意识。例如，要严格生产条件，保证自身具备生产合格产品的能力；要强化质量意识，严格按照标准开展生产，在生产的全过程加以监控，并对生产的产品严格把关，确保不合格的产品不能出厂；同时还要强化企业的法律责任意识，牢固树立食品生产企业是第一责任人的意识。

3. 各责任主体的关系

企业自身应提高内部管理，严格卫生管理制度，加强标准化体系建设，并提升全体人员的自律意识。各级政府和有关部门要采取扶优治劣、治理整顿等措施，为企业创造公平竞争的环境。政府组织也应督促有关部门认真履行职责，实施食品安全监管的责任。对政府及部门的不作为、乱作为、履行职责不到位等行为，《中华人民共和国标准化法》也明确规定：标准化工作的监督、管理人员滥用职权、玩忽职守、徇私舞弊的，依法给予处分；构成犯罪的，依法追究刑事责任。

三、 相关法律责任

自《中华人民共和国标准化法》于 1989 年实施以来，各级各类标准的数量得到极大增长，食品相关标准也不例外。但是，由于标准本身的质量参差不齐，重制定、轻实施的现象时有发生。因此，加强标准监督管理体制建设，是引导标准化活动积极健康发展，保障标准化活动合法性，提高标准有效性，最终构建协调统一的国家标准体系的根本措施。2021 年，在对标准化法进行第二次修订时，增加了“监督管理”一章，表明在新时代建立健全标准化工作监督管理体制在标准化工作中的重要地位。对标准实施活动进行监督，正是标准化工作的监督管理的重要内容之一，法律授权的机构可在其职责范围内对相关行为的合法性进行审查处理。

1. 企业的法律责任

根据不同的违法情节，食品生产经营企业的法律责任不尽相同。通常，食品生产经营企业的法律责任可分为民事责任、行政责任和刑事责任。对食品生产者而言，若出现其生产的食品不符合国家标准、行业标准，并造成人身伤害以及该食品以外的财产损失，或造成食品中毒或其他食源性疾病，以及出现食品生产者伪造或冒用他人厂名（址）、违反利益相关方签订的受法律保护的合同（协议）等违反有关法律规定的行为时，食品生产经营企业应负有民事责任。若食品生产经营企业违反《中华人民共和国标准化法》《中华人民共和国食品安全法》《中华人民共和国产品质量法》等法律法规规定时，要承担相应的行政责任，如警告、罚款、没收违法（非法）所得、责令停止营业、暂扣或吊销执照、行政拘留等。而对于部分食品生产经营者违反相关法律法规且构成犯罪的，则应承担相应的刑事责任，如管制、拘役、有期徒刑、无期徒刑，甚至死刑，并附加罚金、剥夺政治权利等。

2. 政府对企业实施标准的执法监督权利

企业除自身要依法执行相关标准并进行自我监督外，政府和相关部门也要依法对企业实施标准进行监督。一般情况，县级以上地方市场监管部门对在其行政区域内的，可能危及人体健康和人身的、有消费者或组织反映存在质量问题的食品进行抽查。通常，抽查的食品样品应当是在市场上或食品企业仓库内的待销产品。对食品企业进行监督检查是市场监督管理部门为监督产品质量，依法组织对在中华人民共和国境内生产、销售的产品进行抽样、检验，并进行处理的活动。

倘若出现有关食品企业或食品产品的举报、投诉、申诉，以及上级或其他部门转交办线索、专项执法行动等情况，政府有关执法部门可根据企业实际情况开展日常性执法检查活动。由于涉及产品质量的执法检查往往会抽样并送有资质的检测机构进行检验或鉴定，所以执法抽查实际上包括“执法检查—抽取样品—送样检验”三个环节。此外，行政机关在执行公务、执法办案的过程中，为了保全证据、防止涉嫌违法行为继续、消除隐患等，可临时采取封存、扣押、登记保存、抽样取证、现场检查询问等具有行政强制力的行政强制措施；对存在违法行为的食品企业或个人可通过申诫罚、责令整改、没收原辅料或违法所得、责令停止生产、吊销生产许可证或营业执照、移送司法机关等形式进行法律制裁。

第五节 食品标准监督形式及内容

根据实施监督的主体不同，可以将食品标准实施监督分为三类，即第一方监督、第二方监督和第三方监督。总体来说，第一方监督是指食品生产经营企业的自我监督，是企业自身对其标准化工作开展情况的监督与评价；第二方监督是与食品生产经营者有利害关系的相关方的监督，如来自有合同、协议关系的利益相关方、行业协会、新闻媒体以及消费者的监督；第三方监督则是有法律授权的行政机关进行的监督，即县级以上政府标准化主管部门应对其管辖区内食品生产经营部门进行监督。因此，不同的监督主体，对食品标准实施监督的内容各不相同。

1. 第一方监督

第一方监督是企业在整个生产过程中，对自身实施标准情况进行的内部自我监督。食品生产企业应安排专门的队伍和人员负责本单位的标准化工作。按照食品安全风险分析，合理地对食品进行分类，明确监管目标及监管频次，提高监管力度，制定相应的食品抽检方案，对食品进行检测分析，从而达到监管目的。具体来说，企业内部可设立标准总监，设置标准化工作机构，配备专职或兼职的标准化工作人员；整合相关行政执法部门的监督管理内容和企业生产活动的实际情况，明确内部监督检查内容，如产品标准是否覆盖所有产品，企业标准的技术要求是否达到或高于强制性标准的相关技术要求，企业实施的标准是否定期复审、修订或废止并成文归档，企业所执行的标准是否按时通过标准信息公共服务平台向社会公开，企业是否严格按照标准组织生产经营活动，生产的产品是否符合企业公开标准的技术要求，企业研发的新产品、新工艺是否进行了标准化审查等；建立并实施调动部门和全员参与标准化工作积极性的奖惩办法，确保企业内部标准化工作及其监督检查工作的顺利开展。

2. 第二方监督

第二方监督是社会组织、行业团体、新闻媒体、产品经销者与消费者等与食品企业有关的社会性群体对企业标准实施情况进行的大众监督。各监督方均有向相关部门检举、揭发企业违反标准行为的权利。对行业团体而言，除可对企业是否执行强制性标准进行监督外，还可对企业团体标准的实施情况进行重点监督，特别是有契约关系存在的团体标准。团体组织可以建立标准质量评价体系，通过规章制度对成员进行监管，进而实现对标准实施的监管；还可通过产品认证、人员职业资格认定，以及制定团体良好行为规范，引导团体自律，进而实现团体执行标准化活动准则。对于消费者而言，则可借助新闻媒体来对食品标准的实施进行舆论监督。

3. 第三方监督

《中华人民共和国标准化法实施条例》中明确规定，国务院标准化行政主管部门统一负责全国标准实施的监督；省、自治区、直辖市标准化行政主管部门统一负责本行政区域内的标准实施的监督；市、县标准化行政主管部门和有关行政主管部门，按照省、自治区、直辖市人民政府规定的各自的职责，负责本行政区域内的标准实施的监督。与此同时，县级以上人民政府标准化行政主管部门，可以根据需要设置检验机构，或者授权其他单位的检验机构，对产品是否符合标准进行检验和承担其他标准实施的监督检验任务，即认证。

以淮南市地方标准 DB 3404/T 4—2021《企业标准化监督检查工作规范》为例，标准明确规定了企业标准化监督检查的内容、流程即要求。监督检查的内容包括企业标准化管理、企业标准制定、标准实施时的监督检查记录和监督检查结果确认单。对存在严重问题的，应依法查处；存在一般问题的，应责令企业限期整改，逾期不改正的，依法处理；有其他问题的，建议企业整改。

思考题

1. 简述实施食品标准的意义。
2. 简述食品标准宣贯对其贯彻实施的重要意义。
3. 简述对食品标准实施进行监督的主要形式及其重要作用。

第七章 国际食品法律法规

CHAPTER 7

学习目标与要求

1. 了解国际与部分发达国家食品法律法规的基本内容与要求；
2. 熟悉世界贸易组织的组织结构、业务内容及作用；
3. 了解 WTO/TBT 协定和 WTO/SPS 协议内容；
4. 了解发达国家的食品法律法规体系。

食品为人体生命活动和社会活动提供所需要的各种营养物质，但如在加工过程中操作不当或故意为之，食品则可能会含有对人体健康有某种程度影响的有毒有害物质。食品安全问题的出现，如“婴幼儿米粉事件”，麦乐鸡“聚二甲基硅氧烷”和“特丁基对苯二酚”事件等，引起了媒体和大众对食品安全的关注。20 世纪末，随着食品生产和食品贸易的全球化，食品安全问题呈现出全球化、技术化的趋势，食品安全问题不再是各个国家自己的事，而成为国际社会共同关心的事务。

本章首先讲解 WTO 的主要职能、基本原则和组织机构等有关知识，然后重点阐述 WTO/TBT 和 WTO/SPS 有关内容，并对欧盟和其他发达国家中有关食品法律法规相关内容进行介绍。

第一节 世界贸易组织

一、世界贸易组织简介

世界贸易组织（World Trade Organization，WTO）是一个独立于联合国的永久性国际组织，专门协调国际贸易关系，负责管理世界经济和贸易秩序，对各缔约方之间的经济贸易关系进行监督、管理。WTO 是根据“乌拉圭回合”多边贸易谈判达成的《建立世界贸易组织协定》文件，于1995年1月1日建立并正式开始运作的，至今已有成员164个，总部设在瑞士日内瓦莱蒙湖畔。

WTO是具有法人地位的国际组织，在调解成员争端方面具有更高的权威性，作为正式的国际贸易组织在法律上与联合国等国际组织处于平等地位，其与世界银行、国际货币基金组织一起，并称为当今世界经济体制的“三大支柱”。目前，WTO的贸易量已占世界贸易的95%以上，是当代最重要的国际经济组织之一，被称为“经济联合国”。WTO的前身是1947年订立的关税与贸易总协定（General Agreement on Tariff and Trade，GATT），与GATT相比，其多边贸易体制涵盖了货物贸易、服务贸易以及知识产权贸易，而GATT只适用于货物贸易。

WTO的宗旨：组织全体成员在处理贸易和经济领域的关系时，应以提高生活水平，保证充分就业，保障实际收入和有效需求的增长；扩大货物、服务的生产和贸易；坚持走可持续发展之路，促进对世界资源的最优利用、保护和维护环境，并以符合不同经济发展水平下各成员需要的方式，加强为此采取的措施；积极努力确保发展中国家，尤其是最不发达国家在国际贸易增长中获得与其经济发展水平相适应的份额和利益；通过实质性消减关税等措施，建立一个完整的、更具活力的、持久的多边贸易体制；以开放、平等、互惠的原则，逐步调降各成员关税与非关税贸易障碍，并消除各成员在国际贸易上的歧视待遇。

WTO的目标：建立一个完整的包括货物、服务、与贸易有关的投资及知识产权等更具活力、更持久的多边贸易体系，以包括GATT贸易自由化的成果和乌拉圭回合多边贸易谈判的所有成果。

二、 世界贸易组织主要职能

根据《建立世界贸易组织协定》的规定，WTO的职能有：

（1）负责多边贸易协议的实施、管理和运作，促进WTO目标的实现，同时为多边贸易协议的实施、管理和运作提供框架。

（2）为各成员就多边贸易关系进行谈判和贸易部长会议提供场所，并提供实施谈判结果的框架。

（3）通过争端解决机制，解决成员之间可能产生的贸易争端。

（4）运用贸易政策审议机制，定期审议成员的贸易政策及其对多边贸易体制运行所产生的影响。

（5）通过与其他国际经济组织（如国际货币基金组织、世界银行及其附属机构等）的合作和政策协调，实现全球经济决策的更大一致性。

（6）对发展中国家和最不发达国家提供技术援助及培训。

三、 世界贸易组织基本原则

WTO协定覆盖范围广阔，它涉及农业、纺织品、服装、银行业务、电信、政府采购、工业标准、食品卫生条例和知识产权等领域。但无论是哪一个领域，其所遵循的基本原则都是一致的，这些原则构成了国际贸易体系的 WTO 的基本原则，体现在它的各项协议、协定之中，主要有：

(1) 最惠国待遇原则　最惠国待遇原则是指在货物、服务贸易等方面，一个成员给予其他任一个成员的优惠和好处，都须立即无条件地给予所有成员。

(2) 国民待遇原则　国民待遇原则是指在征收国内税费和实施国内法规时，成员对进口产品、外国企业与服务和本国产品、企业、服务要一视同仁，不得歧视。严格讲应是外国商品或服务与进口国国内商品或服务处于平等待遇的原则。

(3) 互惠互利原则（也称权利与义务的平衡原则）　WTO 管理的协议是以权利与义务的综合平衡为原则，这种平衡是通过成员互惠互利地开放市场的承诺而获得的，也就是你给我多少利益，我也测算给你多少实惠。互惠包括双边互惠和多边互惠。

(4) 扩大市场准入原则　WTO 倡导成员在权利与义务平衡的基础上，依其自身的经济状况，通过谈判不断降低关税和取消非关税壁垒，逐步开放市场，实行贸易自由化。

(5) 促进公平竞争与贸易原则　WTO 禁止成员采用倾销或补贴等不公平贸易手段扰乱正常贸易的行为，并允许采取反倾销和反补贴的贸易补救措施，保证国际贸易在公平的基础上进行。

(6) 鼓励发展和经济改革原则　该原则以帮助和促进发展中国家的经济迅速发展为目的，针对发展中国家和经济接轨国家而制定，是给予这些国家的特殊优惠待遇，如允许发展中国家在一定范围内实施进口数量限制或是提高关税的“政府对经济发展援助”条款，仅要求发达国家单方面承担义务而发展中国家无偿享有某些特定优惠的“贸易和发展条款”，以及确立了发达国家给予发展中国家和转型国家更长的过渡期待遇和普惠制待遇的合法性。

(7) 贸易政策法规透明度原则　要求各成员将实施的有关管理对外贸易的各项法律、法规、行政规章和司法判决等迅速加以公布，以使其他成员政府和贸易经营者加以熟悉；各成员政府之间或政府机构之间签署的影响国际贸易政策的现行协定和条约也应加以公布；各成员应在其境内统一、公正和合理地实施各项法律、法规、行政规章、司法判决等。

四、 世界贸易组织机构

根据《建立世界贸易组织协定》的规定，WTO 在瑞士的日内瓦设立了相应的组织机构，其组织机构如图 7-1 所示。

WTO 组织机构分三个层次：

最高层是部长级会议，这是 WTO 体系的最高权力机构，至少每两年召开一次会议。部长级会议全权履行 WTO 的职能，并可以为此采取任何必要的行动。

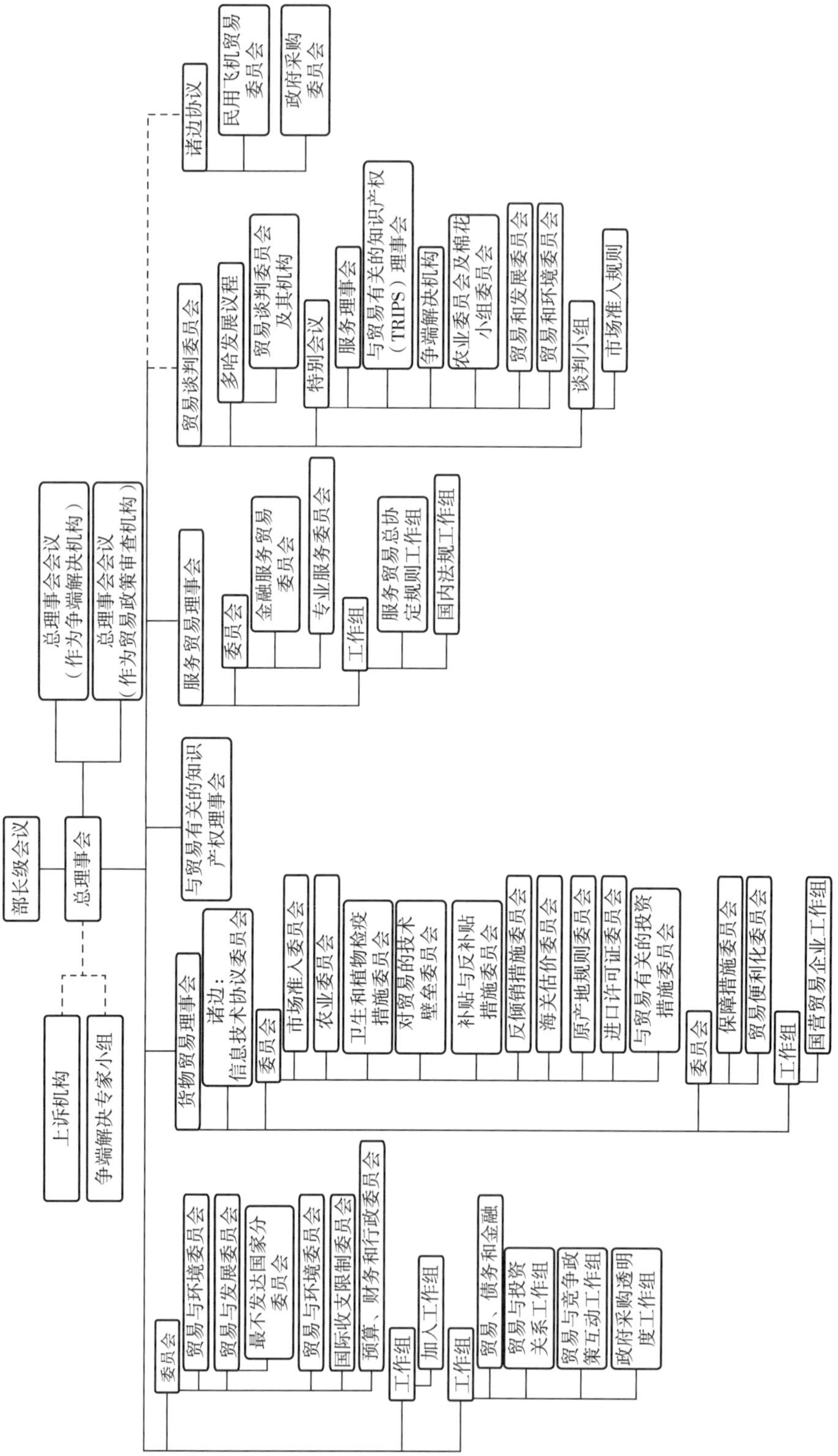

部长级会议
总理事会
上诉机构
争端解决专家小组
总理事会会议（作为争端解决机构）
总理事会会议（作为贸易政策审查机构）
委员会
贸易与环境委员会
贸易与发展委员会
最不发达国家分委员会
贸易与环境委员会
国际收支限制委员会
预算、财务和行政委员会
工作组
加入工作组
工作组
贸易、债务和金融
贸易与投资关系工作组
贸易与竞争政策互动工作组
政府采购透明度工作组
货物贸易理事会
诸边：信息技术协议委员会
委员会
市场准入委员会
农业委员会
卫生和植物检疫措施委员会
对贸易的技术壁垒委员会
补贴与反补贴措施委员会
反倾销措施委员会
海关估价委员会
原产地规则委员会
进口许可证委员会
与贸易有关的投资措施委员会
委员会
保障措施委员会
贸易便利化委员会
工作组
国营贸易企业工作组
与贸易有关的知识产权理事会
服务贸易理事会
委员会
金融服务贸易委员会
专业服务委员会
工作组
服务贸易总协定规则工作组
国内法规工作组
贸易谈判委员会
多哈发展议程
贸易谈判委员会及其机构
特别会议
服务理事会
与贸易有关的知识产权（TRIPS）理事会
争端解决机构
农业委员会及棉花小组委员会
贸易和发展委员会
贸易和环境委员会
谈判小组
市场准入规则
诸边协议
民用飞机贸易委员会
政府采购委员会

图7-1 WTO组织机构

第二层是总理事会，在部长级会议休会期间由 WTO 全体成员的代表组成的总理事会代行其职能，负责 WTO 的日常事务，监督和指导下设机构的各项工作，并处理 WTO 的重要紧急事务。总理事会也是贸易政策审核机构，在发生贸易争端时，总理事会起争端裁决的作用，相当于国际法庭。总理事会下设货物贸易、非货物贸易（服务贸易）、与贸易有关的知识产权三个理事会。总理事会还下设贸易政策核查机构，它监督着各个委员会并负责起草国家政策评估报告。总理事会可视情况需要随时召开会议，通常每年开 6 次左右。对美国、欧盟、日本、加拿大每两年起草一份政策评估报告，对最发达的十六个国家每四年一次，对发展中国家每六年一次。

第三层是理事会和各专门委员会。理事会有三个，它们分别是货物贸易理事会、与贸易有关的知识产权理事会和服务贸易理事会。各专门委员会部长会议下设立专门委员会，以处理特定的贸易及其他有关事宜。已设立贸易与环境委员会，贸易与发展委员会，预算、财务和行政委员会等，以及接纳新成员工作组，贸易与投资关系工作组，政府采购透明度工作组等 10 多个专门委员会。在货物贸易理事会中，设有市场准入委员会，农业委员会，卫生与植物检疫措施委员会，对贸易的技术壁垒委员会，补贴与反补贴措施委员会，反倾销措施委员会，海关估价委员会，原产地规则委员会，进口许可证委员会，与贸易有关的投资措施委员会，保障措施委员会，国营贸易企业工作组和信息技术协议委员会。在服务贸易理事会中，设有金融服务贸易委员会，专业服务委员会，国内法规工作组和服务贸易总协定规则工作组。WTO 的各个成员有权参加上述工作机构的会议，位于日内瓦的 WTO 总部承担这些机构的秘书处的日常工作。每个成员都有固定的部门代表成员政府负责参加 WTO 的工作并由相对稳定的人员负责有关文件的处理。通过这些机制，WTO 将全世界的贸易和个人联在一起，形成一个巨大的工作网。

WTO 成员分四类：发达成员、发展中成员、转轨经济体成员和最不发达成员。任何国家或者贸易政策完全自治的关税地区均有资格加入 WTO，成为其成员。

五、 中国与世界贸易组织的关系

早在 1948 年，我国是 GATT 的创始成员之一。但在新中国成立之后，我国长期中断了与 GATT 的正式关系。直到 1986 年 7 月 10 日，我国正式向 GATT 提出恢复我国缔约国地位的申请，并于 1987 年 2 月 13 日向 GATT 提交《中国对外贸易制度备忘录》。在这份备忘录中，全面介绍了我国经济体制改革、对外开放政策、对外贸易政策和体制及组织机构等，供 GATT 所设立的工作组进行审议，以便 GATT 理事会把这个问题尽早列入议程，进行谈判解决。1987 年 3 月，GATT 成立中国缔约方地位问题工作组，进行恢复中国 GATT 缔约国地位的谈判，简称“复关”谈判。1994 年 9 月，我国提出一揽子谈判方案，并以此为基础与各方进行了全面谈判，但未能实现“复关”目标。WTO 建立后，我国开始了入世谈判，包括 3 个领域的谈判，即：市场准入、服务贸易和议定书草案。2001 年 12 月 11 日，中国正式加入 WTO，成为其第 143 个成员。

六、 世界贸易组织与食品安全工作

当今世界，食品安全已成为人们日益关注的问题。为维护全世界人民的利益，WTO 对食品安全提出了几点建议及策略：

（1）把食品安全作为公共卫生的基本职能之一，并提供足够的资源以建立和加强其食品安全规划。

（2）制定和实施系统的和持久的预防措施，以显著减少食源性疾病的发生。

（3）建立和维护国家或区域水平的食源性疾病调查以及食品中有关微生物和化学物的监测和控制手段，强化食品加工者、生产者和销售者在食品安全方面应负的责任；应提高实验室能力，尤其是发展中国家。

（4）为防止微生物抗药性的发展，应将综合措施纳入到食品安全策略中。

（5）支持食品危险因素评估科学的发展，其中包括与食源性疾病相关危险因素的分析。

（6）把食品安全问题纳入消费者卫生和营养教育与资讯网络，尤其是引入小学和中学的课程中，并开展针对食品操作人员、消费者、农场主、加工人员及农产品加工人员进行的符合文化特点的卫生和营养教育。

（7）从消费者角度建立包括个体从业人员（尤其是在城市食品市场）在内的食品安全改善规划，并通过与食品企业合作，以探索提高他们对良好的生产规范的认识方法。

（8）协调国家级食品安全相关部门进行的食品安全活动，尤其是与食源性疾病危险性评估相关的活动。

（9）积极参与食品法典委员会及其工作委员会的工作，包括对新出现的食品安全风险的分析活动。

另外，各国还应加强食源性疾病的监测系统建设，加强危险性评价，发展对新技术食品安全性评价的方法，增强世界卫生组织（World Health Organization，WHO）在食品法典委员会中科学性和公共健康方面的作用，加强危险性交流和提倡食品安全，加强国际和国内的有效合作，加强能力建设。

第二节 WTO/TBT 和 WTO/SPS

一、 WTO/TBT

1. 概述

WTO/TBT 是 WTO 达成的一系列协议之一，是 WTO 管辖的一项多边贸易协议，是在 GATT 东京回合同名协议的基础上修改和补充的。在 WTO 的众多协议中，WTO/TBT 是一个帮助各成员减少和消除贸易技术壁垒的重要协调文件，是唯一一项专门协调技术法规、标准

和合格评定程序的国际准则。所谓贸易技术壁垒是指由于各国或地区对技术法规、标准、合格评定程序以及标签标志制度等技术要求的制定或实施不同，而可能给国际贸易造成不必要的障碍。WTO/TBT是非关税壁垒的主要表现形式，它以技术为支撑条件，即商品进口国在实施贸易进口管制时，通过颁布法律、法令、条例、规定，建立技术标准、认证制度、卫生检验检疫制度、检验程序以及包装、规格标签标准等，提高对进口产品的技术要求，增加进口难度，最终达到保障国家安全、保护消费者利益和保持国际收支平衡的目的。各国政府及地方机构制定的技术法规、标准及合格评定程序对国际贸易的影响越来越广，所产生的障碍越来越大。据统计，有80%的贸易壁垒来自技术法规、标准及相关的合格评定程序。许多国家以此抬高国外产品进入本国市场的门槛。因此，在这一领域起协调和争端解决作用的WTO/TBT显得越来越重要。WTO委托ISO负责贸易技术壁垒协定中有关标准通报工作。协议适用于所有产品，包括工业品和农产品，但涉及卫生与植物卫生措施，由WTO/SPS进行规范，政府采购实体制定的采购规则不受本协议的约束。

2. WTO/TBT的宗旨、原则及主要表现形式

WTO/TBT的宗旨是为防止和消除国际贸易中的技术性贸易壁垒，避免各成员的技术法规、标准以及合格评定活动给国际贸易带来不必要的障碍，使国际贸易自由化和便利化，在技术法规、标准、合格评定程序以及标签标志制度等技术要求方面开展国际协调，规范各成员实施技术性贸易法规与措施的行为，指导成员制定、采用和实施合理的技术性贸易措施，鼓励采用国际标准和合格评定程序，保证包括包装、标记和标签在内的各项技术法规、标准和是否符合技术法规和标准的评定程序不会对国际贸易造成不必要的障碍，遏制以带有歧视性的技术要求为主要表现形式的贸易保护主义，最大限度地减少和消除国际贸易中的技术壁垒，为世界经济全球化服务。

WTO/TBT的原则：避免不必要的贸易堡垒原则、非歧视原则、协调原则、等效和相互承认原则、透明度原则、对发展中国家实行差别和优惠待遇原则等。

WTO/TBT的主要表现形式：概括起来有技术法规、标准、合格评定程序以及利用工业产权、知识产权形成技术保护及其他形式的技术壁垒，如近年发达国家利用环境标准、生态保护法规等设置的绿色壁垒等。

3. WTO/TBT的基本内容和基本规则

WTO/TBT全文覆盖六大部分，包括十五条，一百二十九款，三个附件和八个术语，突出论述了实现技术协调的两项基本措施：采用国际标准和实施通报制度。主要条款有：总则、技术法规和标准、符合技术法规和标准、信息和协助、机构、磋商和争端解决、最后条款。《技术性贸易壁垒协议》附件1为《本协议下的术语及其定义》，对技术法规、标准、合格评定程序、国际机构或体系、区域机构或体系、中央政府机构、地方政府机构、非政府机构8个术语做了定义。附件2是《技术专家小组》。附件3是《关于制定、采用和实施标准的良好行为规范》，要求WTO成员的中央政府、地方政府和非政府机构的标准化机构以及区域性标准化机构接受该规范，并使其行为符合该规范。此外，在执行WTO原则、特别条款、成员间技术援助、对发展中国家的特殊待遇和争端解决等方面都做了详细规定。WTO/TBT

体现了大家必须共同遵循的国际贸易准则，体现了 WTO 各成员权利与义务的平衡。基本内容包括：

（1）序言、总则　主要阐述该协定的目的、宗旨及适用范围。名词术语部分规定了 WTO/TBT 中的名词术语，包括技术法规、标准和合格评定程序的确切含义。

（2）技术法规和标准　规范各成员中央政府、地方政府和非政府机构对技术法规、标准和合格评定程序的制定、批准和实施的行为，要点是：要保证在技术法规、标准和合格评定程序方面给予任何一缔约方产品以公平待遇；要保证技术法规、标准和合格评定程序的制定、批准和实施在目的和效果上均不会给国际贸易造成不必要的障碍；技术法规、标准和合格评定程序的制定要以国际标准为基础；为在尽可能广泛的基础上对技术法规、标准和合格评定程序进行协调，各缔约方要尽可能参加相应国际标准的制定；当各成员制定与国际标准不一致的技术法规和合格评定程序时，要向 WTO 秘书处通报；要遵守标准制定、批准和实施良好行为规范，其中包括至少每 6 个月公布一次工作计划，其内容包括正在制定的标准和前一段时间已采用的标准。

（3）符合技术法规和标准　规定各成员中央政府、地方政府、非政府机构和国际及区域性组织制定、采用和实施合格评定程序的行为。其原则是：采用通用的国际规范；尽可能承认其他国家的认证结果；积极参加国际和区域性的合格评定活动。

（4）信息和协助　主要有两个方面内容：即每个成员应保证设立一个咨询机构，负责回答其他成员的合理询问，并提供已采用的和准备采用的技术法规、标准和合格评定程序文本等方面的资料和信息；应根据要求向发展中国家提供咨询和技术协助。

（5）机构、磋商和解决争端部分　TBT 委员会由各成员代表组成，每年至少召开一次会议，就 WTO/TBT 有关问题进行磋商。与 WTO/TBT 有关的磋商和争端的解决应在 TBT 委员会主持下进行。

（6）最后条款　要求各成员在加入 WTO 时，对执行 WTO/TBT 做出承诺。未经其他成员的同意，不得对执行本协定的任何条款提出保留。

（7）附件　本协定中的术语及其定义；技术专家小组；关于制定、采用和实施标准的良好行为规范。

协议对成员中央政府机构、地方政府机构、非政府机构在制定、采用和实施技术法规、标准或合格评定程序分别作出了规定和不同的要求。合法目标主要包括维护国家基本安全，保护人类生命、健康或安全，保护动植物生命或健康，保护环境，保证出口产品质量，防止欺诈行为等。技术性措施是指为实现合法目标而采取的技术法规、标准、合格评定程序等。

WTO/TBT 认可 WTO 成员采用合适的措施，但要避免不必要（过高过严）的贸易原则。WTO/TBT 并不建议采用一套国际标准制定体系。如果一个成员根据国际法典的标准、指导方针或建议建立本国的食品法规，则默认其同时遵守 WTO/TBT。为了促进和谐，WTO/TBT 鼓励成员采用合适的国际标准，但是这并不意味着要求成员因为标准的实施而改变其保护水平。WTO/TBT 鼓励各国在双边协议中明确表明接受对方的标准，即认可其有相同的效果。

WTO/TBT 的基本规则为：①各国应尽量采用国际标准：要求有关技术法规、标准、合格评定程序应以国际标准化机构制定的国际标准、准则或建议为基础，它们的制定、采纳和实施均不应给国际贸易造成不必要的障碍。如 ISO、CAC、世界动物卫生组织（World Organization for Animal Health，OIE）等组织制定的相关标准。②在涉及国家安全、防止欺诈行为、保护人类健康和安全、保护动植物生命和健康以及保护环境等情况下，允许各国实施的标准超出国际标准，但必须提前向 WTO 通报。③各国认证制度相互认可，并以国际标准化机构颁布的有关标准作为制定本国技术性措施的基础。④实施最惠国待遇和国民待遇原则。⑤贸易争端进行磋商和仲裁，遵守 WTO《关于争端处理规则和程序的谅解协定》。

4. WTO/TBT 对技术性贸易措施的规制

技术性贸易措施对国际贸易的影响具有双面性，为避免各成员利用这些措施构筑技术性贸易壁垒，WTO/TBT 中专门规定了对 WTO 成员在制定、采用和实施技术法规、技术标准与合格评定程序等措施时的原则要求。

（1）避免不必要的贸易堡垒原则　避免不必要的贸易堡垒原则包含三层含义：对贸易的限制不得超过为实现合法目标所必需的限度，不对国际贸易造成不必要的障碍；在导致采用有关技术性贸易措施的情况或预期要达到的目标已不存在，或者如果情况或目标发生变化后，能采用更少的贸易限制的方式时，则应该取消这些限制；在一般情况下，如果技术性贸易措施是依据有关国际标准制定的，或采纳了有关国际标准，则可以认为该措施未对贸易造成不必要的障碍，除非提出反证。

（2）非歧视原则　WTO/TBT 要求各成员确保在制定、采用和实施技术性贸易措施方面遵循非歧视原则，包括最惠国待遇原则和国民待遇原则。也就是说，给予一成员国（地区）产品的待遇应不低于给予任何其他成员国（地区）产品的待遇；给予任一成员国（地区）产品的待遇应不低于给予本国（地区）同类产品的待遇。

（3）协调一致原则　由于不同国家在技术发展水平、收入和生活水平以及历史文化背景和地理状况等方面存在着不同程度的差异，这些差异可能导致各国所制定和实施的技术性贸易措施的千差万别，甚至形成国际贸易中的技术性贸易壁垒。要抑制或消除各成员之间的这种技术性贸易壁垒，就必须实现各国间技术法规、标准与合格评定程序的协调统一，而采纳国际标准是协调技术性贸易措施最简便、最有效的办法之一。

WTO/TBT 积极鼓励 WTO 成员为协调合格评定程序而做出的努力，以减少成员间的差异对贸易造成的障碍。协调的途径主要有两条，其一，如果存在相关的国际标准，成员需要采用这些标准作为协调各自措施的基础，并鼓励成员使用已经制定的任何国际指南和建议。其二，相互承认对方的技术法规、标准与合格评定程序。互认的基础是对其他国家的技术法规、标准以及合格评定机构的能力、其所采用的方法及结果予以信任。一般相互认可协议更有可能在发展水平更高也更相近的国家间运作，而将发展中国家排除在外。

（4）等效原则　等效原则也称等同性原则或对等性原则。WTO/TBT 规定，各成员应积极考虑将其他成员的技术法规、标准与合格评定程序等效接受。只要这些措施足以实现与自己相同的目标，就应该将其作为等效的技术性措施加以接受。

（5）透明度原则　透明度原则是 WTO 最为重要的基础性原则之一，为了使各成员能够预先了解其他成员技术法规、标准与合格评定程序的制定情况，使其能够按照进口国的要求对自己的出口商品进行调整，从而在事先就达到进口国的要求，尽量减少贸易摩擦，WTO/TBT 要求其成员必须保证技术措施是透明的。如技术法规的通报评议制度。

5. 我国食品贸易面对的技术性贸易壁垒

技术性贸易壁垒措施表面上是为了保护人类以及动植物的健康和安全，因此它具有合理性、隐蔽性、复杂性和灵活性等特征，使日本、欧盟和美国等发达国家及地区能够规避有关国际规则的约束，广泛而高频度地使用。根据发达国家针对食品、农产品实施的技术性贸易措施情况看，我国农产品、食品面对的技术性贸易壁垒，主要体现在以下四个方面。

（1）食品安全、动植物卫生检验检疫法规　发达国家都制定了完整的保障食品安全的法律、法规和标准体系。这些技术性贸易措施既规范着国内农产品生产加工，确保国内食品卫生安全，同时也将不符合标准的国外产品挡在国门之外。如针对 20 世纪 90 年代中期频发的食品安全危机，欧盟于 2000 年 1 月发表了《食品安全白皮书》，提出 80 多项保证食品安全的计划，要求食品卫生责任首先由生产方承担，食品从饲料开始，经过农田到餐桌的整个链条都要保证安全。美国则有《食品、药品、化妆品法》《公共卫生服务法》等，对进口农产品的认证、包装、标识及检测、检验方法作了详细的规定，美国食品药品监督管理局（Food and Drug Administration，FDA）每月扣留的进口商品高达 3500 批。美国于 1997 年 12 月在食品加工中引入 HACCP 管理体系，禁止进口未实施 HACCP 的水产品和肉类食品，要求所有对美国出口的水产品、肉类产品企业必须获得 HACCP 的认证资格。欧盟、加拿大、日本、澳大利亚和韩国都认可采用 HACCP 体系。日本依据《食品卫生法》《食品安全基本法》《植物防疫法》《家畜传染病预防法》、农业化学品《肯定列表制度》等对入境的农产品及食品实行近乎苛刻的检验、检疫制度。对于植物检疫，凡属日本国内没有的病虫害，来自或经过发生该病虫害国家的寄生植物和土壤均严禁进口。作为食品或食品原料的动植物、农产品还需要接受卫生防疫部门的食品卫生检查。对于强制性检查食品要逐批进行百分之百的检验。对不同时间进口的相同商品，则规定每次必须检验，而对日本国内同类产品只需一次性检验即可。

（2）质量标准、食品标签和包装要求　目前发达国家仍然在不断升级质量检验标准，检测项目也越来越多。如日本对中国大米要求进行检测的指标，已经由 1993 年的 20 多项，增加到目前的 120 余项，而且要求在 14 天内完成。食品标签和包装也是重要的市场准入工具，如美国是世界上食品标签要求最严格的国家之一，食品标签多达 22 种，且逐年修订补充。美国要求所有包装食品应有食品标签，强化食品还要有营养标签，必须标明至少 14 种营养成分的含量。据估计，仅此一项就使美国加工企业每年多支出 10.5 亿美元。

（3）环境保护和动物福利要求　发达国家制定了一系列环境保护法规，对进口食品、农产品形成了通常所说的“绿色壁垒”。绿色壁垒主要包括国际和区域性的环保公约、国别环保法规和标准、检验和检疫要求、绿色包装与标签要求、ISO 14000 环境管理体系和环境标志等自愿性措施、生产和加工方法及环境成本内在化要求等。如 1995 年 4 月，发达国家要求实施《国际环境监察标准制度》，要求产品达到 ISO 9000 系列标准体系，还要求使用“绿色环境标志”，如德国的“蓝天天使”、日本的“生态标志”和欧盟的“欧洲环保标志”等。欧盟尤为重视动物福利问题，如鸡场饲养密度，一般为每平方米12只，欧盟提出只能养10只，理由是密度太大，鸡会感到不“舒适”。而这将增加鸡的养殖成本，无形中也成了贸易壁垒。

(4) 新技术发展过程中产生的安全问题　最典型的就是转基因食品的安全问题，这一直是国际争论的焦点。美国由于占据转基因技术的制高点，对转基因食品的推广持积极态度，而欧盟和日本等国家和地区则坚决反对，由此也引发了有关转基因农产品进口管理措施的讨论。

近年来国际农产品贸易争端已从一般形式的贸易战逐步转变为损害更加严重的技术性贸易战，发达国家借此动辄宣布封杀其他国家的农产品。发达国家名目繁多且不断升级的技术性贸易壁垒已成为目前食品、农产品贸易争端的主要领域，严重制约国际农产品贸易的发展。

二、WTO/SPS

1. 产生背景

在国际贸易的发展和贸易自由化程度提高的进程中，动植物检疫制度对贸易的影响越来越大，某些国家尤其是一些发达国家为了保护本国农畜产品市场，多利用非关税壁垒措施来阻止国外尤其是发展中国家农畜产品进入本国市场，其中动植物检疫就是一种隐蔽性很强的技术壁垒措施。由于GATT和WTO/TBT对动植物卫生检疫措施约束力不够，要求不具体，为此，在乌拉圭回合谈判中，许多国家提议制定了针对动植物检疫的WTO/SPS，它对国际贸易中的动植物检疫提出了具体的严格要求，主要目的是保护人类、动物和植物的生命和健康，并使贸易的负面影响尽可能降到最小。该协议规定以国际食品法典作为国际食品安全标准的依据，呼吁各成员根据食品法典中的国际标准、指南及其他建议来确立自己的食品安全措施。当然各国也可以使用比法典更严格的标准，只要它是有科学根据的。这一规定对WTO各成员的食品贸易法典的立法标准、立法方针和立法政策有深远的影响。各国达成共识，国内及国际组织有必要融合和改善监管行为，在不引起国际贸易不必要的壁垒的基础上，能够更好地保护人类、动物及植物的生命和健康，同时兼顾环境。

WTO/SPS是基于风险评估或者说是科学根据，来确保各国实行保护生态环境、人类及动植物安全的措施。其目的是建立一个和谐多边的指导方针和准则，来指导卫生和动植物检疫措施的制定、应用及执行；以及尽可能地减小法规在食品贸易中的不良作用。通过对国际标准的应用来促使各国把有限资源集中在风险分析上。各种食品标准主要是通过食品法典来协调的。食品法典中包括很多食品标准守则和最大农、兽药残留量。法典的目的是保护消费者的健康，确保食品贸易公平进行，并促进各国间在食品标准制定方面的合作。WTO/SPS和食品法典中的指导原则和建议给国际法律法规的协调起到一个参考的作用。在贸易争端时，还可作为解决方案的依据。

WTO/SPS指出，保护食品安全、防止动植物病害传入本国是必要的，因此各国有权制定或采取一定措施以保护本国的消费者、动物及植物，但这些措施绝不能人为地或不公正地对各国商品贸易存在不平等待遇，或超过保护消费者要求的更严格的标准，造成潜在的贸易限制。为此，WTO/SPS 要求各国的检疫措施应遵守科学原则、国际标准化原则、等效原则、区域化原则、透明度原则及预防原则等，以对某一特定措施究竟是一项限制贸易的措施还是主要是一项保护健康的措施均予以公正、客观的判断，解决出口方进入市场的权利和进口方维持特定的健康和安全的权利之间发生的冲突，使 WTO/SPS 对国际贸易的限制降到最小。

WTO/SPS 目标有三点，一是保证各成员被允许采取的保护人类、动物、植物的生命或健康的措施不能对情形相同的成员构成任意或不合理的歧视，也不能对国际贸易构成变相限制；二是通过建立多边规则指导各成员制定、采用和实施卫生与植物卫生措施；三是将 WTO/SPS 措施对贸易的消极影响减少到最低程度。

2. WTO/SPS 适用范围与主要内容

（1）WTO/SPS 的适用范围　WTO/SPS 措施是指 WTO 成员为保护人类、动物和植物的生命或健康而采取的卫生与植物卫生措施。WTO/SPS 适用于所有可能直接或间接影响国际贸易的卫生与植物卫生措施。这些措施包括下列五方面内容：①保护成员方人的生命免受食品和饮料中的添加剂、污染物、毒素以及外来动植物病虫害传入危害的措施。②保护成员方动物的生命免受饲料中的添加剂、污染物、毒素及外来病虫害传入危害的措施。③保护成员方植物的生命免受外来病虫害传入危害的措施。④防止外来病虫害传入成员方造成危害的措施。⑤与上述措施有关的所有法律、法规、要求和程序，特别包括最终产品标准；工序和生产方法；检测、检验、出证和审批批准程序；各种检疫处理；有关统计方法、抽样程序和风险评估方法的规定；以及与食品安全直接有关的包装和标签要求。就适用范围而言，WTO/SPS 涉及动物卫生、植物卫生和食品安全三个领域的工作。

（2）WTO/SPS 的主要内容　WTO/SPS 内容丰富，涉及面广，共有 14 条 42 款及 3 个附件，这 14 条包括：总则、基本权利和义务、协调性、等同性、危险评估以及合理的卫生与植物检疫保护程度的测定、顺应当地情况、透明度、控制和检验及认可程序、技术援助、特殊和区别处理、磋商与争端解决、管理、执行、最后条款。3 个附件分别是：定义、透明度条例的颁布、控制和检验及认可程序。概括地讲，WTO/SPS 规定了 WTO 成员在制定和实施 WTO/SPS 措施时应遵循的规则、发展中国家所享有的特殊和差别待遇、WTO/SPS 措施委员会的职能和成员之间争端的解决等内容。各成员在制定 WTO/SPS 措施时，要考虑有科学依据，要采用风险评估技术，要接受病虫害非疫区和低度流行区概念，要制定适当的保护水平等。WTO/SPS 制定的思路是：通过制定 WTO/SPS 措施应遵循的基本原则，规范各成员执行 WTO/SPS 措施的行为，达到既保护人类、动物和植物的健康又促进国际贸易发展的目的。

3. 制定和实施 WTO/SPS 措施应遵循的规则

WTO 成员在制定和实施 WTO/SPS 措施时应遵循以下规则。

（1）采取“必需的检疫措施”的界定　①所采取的检疫措施只能限于保护动植物生命或健康的范围。②应以科学原理为根据（国际标准、准则或建议）。如缺少足够依据则不应实施这些检疫措施。③不应对条件相同或相似的缔约成员构成歧视。④不应构成国际贸易的变相限制。

（2）非歧视地实施 WTO/SPS 措施 WTO 成员实施 WTO/SPS 措施时要遵守非歧视原则，即不能在情形相同或相似的成员间，包括成员境内与其他成员之间造成任意或不合理的歧视，尤其是在有关控制、检验和批准程序方面，要给予其他成员产品公平待遇。举例来说，两个出口成员的树中都有天牛这种害虫，但如果对所出口的木质包装采取了检疫处理措施，达到了进口成员的适当的植物卫生保护水平，那么进口成员就应当同等的接受，而不能对情形相同的两个成员构成歧视。关于与和情形相同的其他 WTO 成员之间造成歧视的例子有，境内已有地中海实蝇发生的成员，为了防止地中海实蝇传入而对进境旅客携带的水果实施检疫是必要的。但是，对境内省间或州间的旅客特别是已发生地中海实蝇的省或州的旅客所携带的水果不实施同样的要求就会构成歧视。

（3）以科学原理为基础 WTO/SPS 规定各成员有权采取为保护人类、动物或植物的生命或健康所必需的卫生与植物卫生措施，但必须以科学的依据为标准，也允许各国采取的措施高于国际标准、指南和建议，但这些措施必须以科学为依据。WTO 成员应确保任何 WTO/SPS 措施都应是以科学原理为基础的，没有充分科学依据的 WTO/SPS 措施就不能实施或停止实施。但如果要在科学依据不充分的情况下采取某种 WTO/SPS 措施，那只能是临时措施并应在合理的期限内做出科学评估。科学依据包括：有害生物的非疫区；有害生物的风险分析；检验、抽样和测试方法；有关工序和生产方法；有关生态和环境条件；有害生物传入、定居或传播条件等。在采用国际标准、指南或建议（以下简称国际标准）时也要考虑是否有科学依据。

（4）以国际标准为依据 为广泛协调 WTO 成员所实施的 WTO/SPS 措施，各成员应根据现行的国际标准制定本国的 WTO/SPS 措施。但 WTO 本身并不制定国际标准，而是由其他相关国际组织，特别是 CAC、OIE 和国际植物保护公约（International Plant Protection Convention，IPPC）秘书处来制定相应的食品安全、动物卫生和植物卫生方面的国际标准。

凡符合国际标准的 WTO/SPS 措施被认为是保护人类、动物和植物的健康所必需的措施。但是，WTO/SPS 明确允许各成员政府可以不采用国际标准，如果一成员实施和维持比现行国际标准更严的 WTO/SPS 措施，则必须有科学的理由，并符合“适当的卫生与植物卫生保护水平”（简称“适当的 SPS 保护水平”或“可接受的风险水平”）的规定，并且这些措施不能与 WTO/SPS 其他规定相抵触，不能对国际贸易造成限制。否则，这个成员政府将被要求提供相关的科学理由，并解释为什么相应的国际标准不能满足其所需的适当的 SPS 保护水平。

实施没有国际标准的 WTO/SPS 措施时，或实施的 WTO/SPS 措施与国际标准的内容有实质不同时，并且可能限制或潜在地限制出口国的产品出口时，进口成员要向出口成员及早发出通知，并做出解释。在没有相关的其他标准的情况下，采取 WTO/SPS 措施必须根据有害生物风险分析的结果。

WTO/SPS 鼓励各成员积极参与国际组织及其附属机构，特别是 CAC、OIE 和 IPPC 的活动，以促进这些组织制定和定期审议有关 WTO/SPS 措施的国际标准。

（5）等同对待出口成员达到要求的 WTO/SPS 措施　如果出口成员对出口产品所采取的 WTO/SPS 措施，客观上达到了进口成员适当的 WTO/SPS 保护水平，那么，进口成员就应当接受这种 WTO/SPS 措施，允许这种产品进口，哪怕这种措施不同于自己所采取的措施，或不同于从事同一产品贸易的其他成员所采用的措施。

为了解决成员间的等同对待问题，WTO/SPS 鼓励各成员进行磋商，并就此问题达成双边或多边协议。

（6）以有害生物风险分析为决策依据　WTO/SPS 允许各国在风险评估基础上，根据本国可承受危险程度，制定本国的标准和法规。有害生物风险分析是进口成员的科学专家在进口前对进口产品可能带来的病虫害的定居、传播、危害和经济影响，或对进口食品、饮料或饲料中可能存在添加剂、污染物、毒素或致病有机体可能产生的潜在不利影响而做出的科学理论报告。该报告将是一个成员决定是否进口某产品的科学基础或决策依据。

WTO/SPS 规定各成员在制定 WTO/SPS 措施时应以有害生物风险分析为基础，同时考虑有关国际组织制定的有害生物风险分析技术。在做有害生物风险分析时，考虑的内容包括：可获得的科学依据；有关加工工序和生产方法；有关检验、抽样和检测方法；检疫性病虫害的流行；病虫害非疫区的存在；有关生态和环境条件；检疫或其他检疫处理方法；有关国际组织制定的风险评估技术；以及有害生物的传入途径、定居、传播、控制和根除有关有害生物的经济成本等。

有害生物风险分析与确定“适当的 WTO/SPS 保护水平”有直接关系，后者依赖于前者的结果。有害生物风险分析强调适当的 WTO/SPS 保护水平，并应考虑对贸易的消极影响减少到最低程度这一目标，如果有害生物风险分析的结果认为风险比较高，“适当的 WTO/SPS 保护水平”就定得高一点，相反，就定得低一点。无论确定的“适当的 WTO/SPS 保护水平”是高还是低，都要考虑将 WTO/SPS 措施对贸易的消极影响减少到最低程度。

（7）接受“病虫害非疫区”和“病虫害低度流行区”的概念　“病虫害非疫区”是指检疫性病虫害在一个地区没有发生并经主管机关确认的地区。例如，经我国国务院农业行政主管部门确认，疯牛病在中国大陆地区没有发生，那么，中国大陆地区就是非疫区，地中海实蝇或非洲猪瘟在北京地区没有发生，那么，北京地区就是非疫区。“病虫害非疫区”可以是一个国家的全部或部分地区，也可以是几个国家的全部或部分地区。确定一个非疫区大小，要考虑地理、生态系统、流行病监测以及 WTO/SPS 措施的效果等因素。各成员在接受病虫害非疫区概念的同时也要接受病虫害低度流行区的概念。“病虫害低度流行区”是指检疫性病虫害在一个地区发生水平低且已采取有效监测、控制或根除措施并经主管机关确认的地区。与“病虫害非疫区”一样，“病虫害低度流行区”可以是一个国家的全部或部分地区，也可以是几个国家的全部或部分地区。

如果出口成员声明其领土内全部或部分地区是病虫害非疫区或病虫害低度流行区，那么，该出口成员就应当向进口成员提供必要的证据，同时，应请求，出口成员应为进口成员提供检验、检测和其他有关程序的合理机会。

（8）保持法规的透明度　各成员应确保及时公布所有有关 WTO/SPS 措施的法律和法规。

除紧急情况外，各成员应允许在 WTO/SPS 措施法规的公布和生效之间留出一段合理的时间间隔，以便让出口成员，尤其是发展中国家成员的生产商有足够的时间调整其产品和生产方法，以适应进口成员的要求。各成员还应指定一个中央政府机构负责履行通知义务，将拟实施的、缺乏国际标准或与国际标准有实质不同，并且对其他成员的贸易有重大影响的 WTO/SPS 措施通知 WTO，以便其他成员在合理的时间内（通常为 45~60 天）提出意见，并对其意见加以考虑。如有成员要求提供法规草案，则要向其提供拟议中的法规副本，并尽可能标明与国际标准有实质性偏离的部分。

如遇紧急情况或威胁时，可以立即采取禁止进口等措施，但之后仍要立即通过秘书处通知其他成员所涵盖的特定法规和产品，简要说明采取措施的理由，包括紧急问题的性质，允许其他成员发表意见，并对这些意见加以考虑。如有成员要求提供法规草案，则要向其提供拟议中的法规副本。

WTO 成员还应设立一个咨询点，答复其他成员所提出的合理问题，并提供有关文件，包括：现行的 WTO/SPS 法规或拟议中的 WTO/SPS 法规、任何控制和检查程序、生产和检疫处理方法、杀虫剂允许量和食品添加剂批准程序、有害生物风险分析程序、适当的 WTO/SPS 保护水平的确定、相关机构、参与地区和国际组织情况及签署的双边和多边协议等。

（9）对发展中国家的特殊或差别待遇　各成员在制定检疫措施时应考虑到发展中国家（特别是不发达国家）的特殊需要，给予较长的适应期。各成员同意以双边的形式或适当的国际组织向发展中国家提供技术援助，包括：加工技术、科研和基础设施领域，建立国家机构、咨询、信贷、捐赠、设备和培训等。当发展中国家的出口成员为满足进口成员的 WTO/SPS 措施要求而需要大量投资时，后者应提供技术援助。各成员应鼓励和便利发展中国家成员积极参与有关国际组织。

（10）WTO/SPS 措施委员会的职能　为监督 WTO 成员执行 WTO/SPS 的各项规定，并为其提供一个经常性的磋商场所或论坛，推动实现各成员采取协调一致的 WTO/SPS 措施这一目标，WTO 设立了 WTO/SPS 措施委员会。WTO/SPS 措施委员会为磋商提供了一个经常性的场所，鼓励成员对特定的 WTO/SPS 措施问题进行不定期的磋商或谈判；鼓励所有成员采用国际标准、准则和建议，并制定程序监督国际协调的进程，国际标准、准则和建议的采用；加强与 CAC、OIE 和 IPPC 等主管标准的国际组织的联系与合作；WTO/SPS 措施委员会还应对 WTO/SPS 的运用和实施情况进行审议，必要时可根据本协议实施过程中的经验，向货物贸易理事会提交修正 WTO/SPS 文本的建议。

（11）磋商和争端解决　WTO 成员间有关 WTO/SPS 措施问题的争端，应通过 WTO 的争端解决机制解决，如涉及科学或技术问题，由专家组、技术专家咨询组或向有关国际组织咨询进行解决。

我们可以通过美国欧盟牛肉争端案例来了解一下 WTO 中这个协议是如何解决技术法规的问题的。

自 1981 年开始，欧盟相继通过一系列指令，对于农场牲畜使用激素问题进行严格管制，并禁止使用激素的牛肉进口到欧盟市场。1996 年 1 月 26 日，美国以欧盟的措施违反 WTO/

SPS等理由提出与欧盟进行磋商，在协商未果的情况下，请求成立专家组进行裁决。1996年7月，加拿大也就同样的问题提出成立专家组的请求。为此，争端解决机构成立了由三名专家组成的专家组分别对美国和加拿大的申诉进行审理，并于1997年8月18日同时分发了两份专家组报告。随后，欧盟、美国和加拿大分别对专家组报告提出上诉。1998年1月16日，上诉机构做出裁决，修改了专家组报告的一些内容。1998年2月13日，争端解决机构通过了上诉机构报告和经修改的专家组报告，要求欧盟修改其被上诉庭和专家组确认的违反WTO/SPS的措施。该案案情复杂，牵涉到WTO/SPS的适用程序和实体规则等多方面问题，具有很强的借鉴意义。

先由起诉方美国和加拿大提出初步证据，证明欧盟措施不符合WTO/SPS的规定，之后举证责任转移给欧盟。但在具体审理过程中则更加强调了作为采取WTO/SPS措施的一方，即欧盟的举证责任。

一国采取的卫生与植物卫生措施应以国际标准、准则和建议为依据，而如果一国采取高于国际标准保护水平的措施，则需遵守协议第5条各款的规定。为此专家组首先考察欧盟采取的措施是否以国际标准为依据，在得出否定的结论后，专家组就欧盟采取的高于国际标准保护水平的措施是否符合第5条各款的要求进行了重点考察和分析。

最终专家组裁定欧盟的措施没有以风险评估为依据，其在实施它认为适当的卫生保护水平时，在不同情况下存在任意的或不合理的差异，这种差别构成对国际贸易的歧视或变相限制，欧盟的措施违反了WTO/SPS规定。

三、 我国的动植物检验检疫与WTO/SPS

在我国加入WTO后，检验检疫部门肩负把关与服务的双重职责。把关就要把好国门之关，拒疫情于国门之外，要防止国外农产品对我国农产品市场的冲击。服务就是利用检验检疫技术手段，打破国外技术壁垒和不合理的检疫要求，为国内农产品的出口铺平道路。中国检验检疫把关与服务的主要依据就是WTO/SPS。

WTO/SPS是WTO重要的多边贸易规则之一。截止到2000年10月底，美国已经在国际贸易中使用WTO/SPS措施341次来调整其对外贸易，欧盟使用了170次，澳大利亚120次。因此，肩负重任的中国检验检疫部门，如何充分利用WTO/SPS赋予的权利，打开更多的国际市场，严防境外有害生物的传入，保护我国人民与动植物的健康，是责无旁贷的职责。

首先，利用WTO/SPS的基本原则，有针对性地开展工作，科学性地落实工作以确保我国的进出境动植物检验检疫，保证工作不违反WTO/SPS原则是当前的首要任务。依据或参考现有的国家标准，制（修）订我国的动植物检验检疫措施与标准，并对现行检验检疫规章进行清理，废除部分规章，进一步完善我国符合WTO/SPS协定的动植物检验检疫规章制度和标准体系的建设。确立动植物检验检疫风险管理的基本工作思路，改变长期以来采用的零风险管理模式，保证所采用的WTO/SPS措施建立在风险评估的基础上，做好进口小麦、水果等农产品的解禁工作，履行缔约方义务。与此同时加强科学论证，实事求是地与一些禁止进口我国农产品的国家，如日本、美国、加拿大、新西兰等国开展双边磋商，解除其对我国农产品出口的检疫限制，使我国的哈密瓜、荔枝、盆景、鸵鸟、种猪、小公牛等进入上述以往受限的市场，并利用强制性技术标准，有条件地限制国外某些农产品对国内市场的冲击，保护国内市场。着手建立和规范动植物疫情区域化确认工作，根据 WTO/SPS 协定中有关区域化的原则，会同农业农村部、国家林业和草原局等部门研究制定我国关注的国际动植物病虫害疫区区域化原则和国内相关疫区、非疫区管理办法。以促进我国农产品在有害生物控制水平现状下的出口及安全进程。另外，还要加强动植物检验检疫处理技术和方法的研究，实现既促进进出口贸易发展又确保安全、环保的可持续发展的双重目标。

其次，关于不在 WTO 成员之间构成不合理歧视的规定，我国一直做得较好，但还需要政府增加投入，以进一步提高国内动植物检验检疫水平。国家市场监督管理总局要在过去良好工作的基础上，主动加强和国内有关部门的联系与配合，不断完善国家相关法律、法规、规章和标准体系，对内对外采取相同的动植物检验检疫管制措施，以充分体现上述原则。在我国内外法律、法规分立，体系分设的情况下，检验检疫部门应以国家利益为重，按职责分工，相互协作配合，完成各自工作任务并注意及时通气，实现资源共享。要充分发挥垂直管理等系统内人力、物力和财力的资源优势，通过有效的组织形式，并合理利用系统外的有用资源，联合攻关完成重大项目。

再次，配合有关部门落实我国入世的承诺，高质量按时完成现行动植物检验检疫法规、规章的对外通报，让全社会了解，并让其他国家检疫部门掌握。继续做好双边动植物检疫协定、议定书的签署、整理和印发工作。对今后动植物检验检疫法规、规章及相关措施的起草、制定与发布，要按照 WTO/SPS 确定的通报程序，提前通知 WTO 成员，并征求国内外相关部门、产业界的意见。

最后，我国应该从被动适应到主动使用 WTO/SPS 规则，保护国内农、林、牧、渔业生产安全，促进国内产业发展。针对国际疫情多发态势，检验检疫部门建立积极主动、科学有效的预警机制。加强对生物风险分析的研究，适时调整入境检验检疫要求，限制国外高风险动植物及其产品的入境，使其真正成为检验检疫决策的重要工具。加强并规范进境动植物检疫审批工作，严格限制从疫区进口动植物及其产品。加强产地预检、监装和疫情调查，在将不合格的动植物及其产品拒于国门之外的同时，减少进口企业的不必要损失。加大农产品入境的检验检疫力度，提高疫情检出率，发现问题，依法采取严格的退货或销毁处理措施。必要时暂停有关国家、地区或厂家生产的动植物及其产品进口。根据疫情动态，适时制定或调整口岸检验检疫策略与工作重点。

应用 WTO/SPS 有关规则，打破国外动植物检验检疫壁垒，促进农产品出口。积极配合国内农、牧、渔业生产结构调整规划，重点加强我国产品的出口检验检疫工作，增加出口创汇能力。

我国于 2005 年 10 月加入 IPPC，2007 年 5 月加入 OIE。这对促进我国在防止有害生物传播蔓延和确保国际植物和植物产品贸易顺利进行方面发挥积极的作用，对我国全面有效参与全球动物疫病防控、兽医公共卫生、食品安全、国际贸易等领域的国际交流合作发挥积极作用。

四、WTO/TBT与WTO/SPS的关系

WTO/TBT和WTO/SPS是WTO关于技术性贸易壁垒的基本规则。实施WTO/TBT的主要目的在于消除不合理的技术性措施，减少国际贸易壁垒；通过制定多边规则，指导各国制定、采用和实施被允许采取的技术性贸易壁垒措施，努力保证这些措施不构成歧视，不形成对国际贸易不必要的障碍；鼓励采用国际标准和合格评定程序。WTO/SPS的主要目标是防止各国的动植物卫生检疫措施对国际贸易造成不必要的消极影响，并防止各国滥用动植物卫生检疫措施设置贸易壁垒。按照WTO/SPS宗旨，各国有权采取“保护人类、动物及植物的生命或健康”的措施，在必要时可以采取限制贸易措施。

WTO/TBT早于WTO/SPS，WTO/SPS吸收了WTO/TBT的文本结构，两者的根本区别在于各自的管辖范围不一样，WTO/SPS涉及食品安全、动物卫生和植物卫生三个领域，而WTO/TBT涉及范围更广，除去与这三个领域有关的WTO/SPS措施外，所有产品的技术法规和标准都受WTO/TBT管辖。由于WTO/SPS的存在，WTO/TBT未涉及WTO/SPS措施问题。如进口瓶装水的制瓶材料应该对人无害，且所装水应保证不污染等规定属于WTO/SPS管辖，而瓶子体积及形状是否符合超市货架摆放和展示标准属于WTO/TBT管辖。

显然WTO/TBT和WTO/SPS实际上规定、防止经济欺诈，各成员国（地区）所采取的技术性贸易措施即使超出国际标准也是合理的。目前发达国家正是利用这一点设置了名目繁多、条件苛刻的技术性贸易壁垒，从表面上看基本符合WTO/TBT和WTO/SPS的条款，但实际上则成为许多发展中国家最难逾越的贸易障碍。如仅2001年，WTO就收到671件技术性贸易壁垒措施的通报，其中与农产品相关的通报143件，占23%（仅次于机电产品的31%）。动植物卫生检疫通报772件，其中，美国通报238件（占30.8%），新西兰11件（占14.4%），欧盟46件（占6%）。这些新提出的技术性措施对国际食品、农产品贸易将产生深刻影响。因此，现有的WTO规则还难以有效解决技术性贸易壁垒对农产品贸易的限制和因此而引发的贸易争端。

五、WTO/TBT和WTO/SPS与CAC

WTO要求每一个成员必须遵守统一的游戏规则，在WTO有关协议中，与食品相关的主要有：WTO/TBT和WTO/SPS。这两个协议均鼓励协调一致的国际食品标准。协议还引用了CAC法典标准、指南及推荐技术标准，以作为方便国际食品贸易的措施。WTO还明确规定CAC法典标准在食品贸易中具有准绳作用，解决国际贸易争端皆以CAC标准或风险分析的结论为基础。于是CAC标准成为促进国际贸易和解决国际贸易争端的依据，也成了保护成员方利益的合法武器。在以往的国际食品贸易争端中，违背CAC标准的一方往往败诉。也就是说，你的贸易伙伴都会拿CAC食品法典的标准以及WTO的协议来要求你。

WTO/SPS是WTO成员间签署的不利用卫生和植物检疫规定作为人为或不公正的食品贸易障碍的协定。WTO/SPS规定在保护食品安全，防止动植物病害传入本国方面是必要的。WTO/SPS确定了各国有权利制定或采用这些规定以保护本国的公众、野生动物以及植物的

健康。WTO/SPS 采用 CAC 的标准作为食品安全决策上的依据。WTO/SPS 很清楚地表明，WTO/SPS 规定在保护公众健康安全上是完全合理和必要的，但它决不能人为地或不公正地对各国商品存在不平等待遇，或超过保护公众要求的更严格的标准，造成潜在的贸易限制。各国政府有义务向此协定的其他签署国公开本国的 WTO/SPS 规定，增加其透明度。另外，各国的 WTO/SPS 规定必须符合国际标准，因此食品法典标准是各成员都应依照的标准，它可以充分保护消费者健康，促进食品贸易公平地发展。WTO/TBT 涉及的是间接对公众及健康产生影响的标准及规定（如食品标签规定等），WTO/TBT 同样建议成员使用法典标准。食品法典标准经定期审核以确保上述两项协定依据最新的科学资料。

CAC 制定的食品标准、准则及相关的推荐方法和文件虽然是非强制性的，但作为 WTO 的正式文件且每个成员都必须遵守的 WTO/SPS 和 WTO/TBT 已赋予其新的涵义，使其成为一种变相的强制性标准，成为促进国际贸易和解决贸易争端的依据，同时也成为 WTO 成员保护自身贸易利益的合法武器。一个国家只要采用了 CAC 的标准，就被认为是与 WTO/SPS 和 WTO/TBT 的要求一致。如果一个国家的标准低于 CAC 标准，在理论上则意味着该国将成为低于国际标准食品的倾销市场。在这种情况下，为了保护本国消费者的健康，各个国家面临两种选择：要么采纳 CAC 标准，要么按照 WTO/SPS 的规定，根据风险评估的原则，制定更加严格的国家标准。事实上，在大多数情况下，发展中国家甚至包括发达国家都无力进行后一项工作，采用 CAC 的标准在技术和经济上成了一种比较明智的选择。

目前 WTO 框架中，WTO/TBT 和 WTO/SPS 是专门针对技术性贸易壁垒的多边协定，与此同时，GATT 第 20 条一般例外与第 21 条安全例外、《原产地协定》《农业协定》《补贴与反补贴协定》《服务贸易总协定》《与贸易有关的知识产权保护协定》《装运前检验协定》《贸易与环境》《贸易便利化》《贸易与投资》等也与技术性贸易壁垒措施有关。

第三节　欧盟食品法律法规

随着食品安全事件的不断出现，食品质量安全已成为全球性的焦点，各国都在加强食品监督工作，欧盟的食品安全控制体系被认为是最完善的食品安全控制体系。在欧盟国家，食品安全的规定是以法律的形式体现，作为法律，这些规定必须得到所有相关人员、法人的遵守，而若有违反，违法者将受到严厉的法律制裁。

一、 欧盟食品质量安全管理机构

欧盟设立了食品安全管理机构，提高管理的科学性、合理性、统一性和高效性。在欧盟政策、法令、条例等制定和决策过程中起重要作用的是欧洲委员会、欧洲议会、欧盟理事会（部长理事会）和经济与社会委员会四个主要机构。

欧盟食品质量标准制定、发布后，由欧盟食品安全管理机构负责组织实施，从德国、法国、意大利等欧盟主要成员国的情况来看，各国政府参照欧盟的食品标准，由农林食品部发布指令执行，有的标准还要各州（德国）、大区（法国）、省（意大利）发布规定，参照执行。重要动植物疫病的检测由国家的海关、港口以及检测部门负责，一般的质量法律法规由地方部门负责，而加工产品质量的行业标准一般由企业和进口部门负责。

欧盟食品管理机构与欧洲委员会、各个成员国当局以及生产者和经营者共同组成食品安全管理体系。这种管理体系的运行需要各国家当局发挥积极的作用，即所有成员国的有关机构必须遵守有关规定，建立一个综合的、统一的运转管理体系；同时，加强各行政部门间的合作。

欧盟食品安全管理机构始建于2000年，于2002年初开始运行。该机构由管理董事会、执行主任和职员、咨询论坛和一个科学委员会及若干个科学小组构成。

欧盟食品安全管理机构的主要使命，是在食品和饲料安全所涉及的所有领域，为共同体立法及制定政策提供科学建议和技术支持。同时，对内部同一市场运行框架内的动物健康和福利，植物健康和环境给予关注，并对人类生命和健康给予高度保护。另外，就直接和间接地影响到食品和饲料安全的风险监测和风险特征进行信息收集和分析。

二、 欧盟主要食品安全法律法规

欧盟具有一个较完整的食品安全法规体系，涵盖了“从农田到餐桌”的整个食物链（包括农业生产和工业加工的各个环节）。由于在立法和执法方面欧盟和欧盟诸国政府之间的特殊关系，使得欧盟的食品安全法规标准体系错综复杂。欧盟食品安全法规体系以欧盟委员会1997年发布的“食品法律绿皮书”为基本框架。2000年1月12日欧盟又发表了“食品安全白皮书”，将食品安全作为欧盟食品法的主要目标，形成了一个新的食品安全体系框架。2002年1月28日建立“欧盟食品安全管理局”并颁布了第178/2002号法令，这也是欧盟食品安全方面的主要举措。到目前为止，欧盟已经制定了13类173个有关食品安全的法规标准，其中包括31个法令、128个指令和14个决定，其法律、法规的数量和内容在不断增加和完善中。在欧盟食品安全的法律框架下，各成员国如德国、荷兰、丹麦等也形成了一套各自的法规框架，这些法规并不一定与欧盟的法规完全吻合，主要是针对成员国的实际情况制定的。

1. 食品安全白皮书

欧盟食品安全白皮书长达52页，包括执行摘要和9章的内容，用116项条款对食品安全问题进行了详细阐述，制定了一套连贯和透明的法规，提高了欧盟食品安全科学咨询体系的能力。白皮书提出了一项根本改革，就是食品法以控制“从农田到餐桌”全过程为基础，包括普通动物饲养、动物健康与保健、污染物和农药残留、新型食品、添加剂、香精、包装、辐射、饲料生产、农场主和食品生产者的责任以及各种农田控制措施等。在此体系框架中，法规制度清晰明了，易于理解，便于所有执行者实施。同时，它要求各成员国权威机构加强工作，以保证措施能可靠、合适地执行。

白皮书中的一个重要内容是建立欧洲食品管理局，主要负责食品风险评估和食品安全议题交流。欧洲食品管理局由管理委员会、行政主任、咨询论坛、科学委员会和 8 个专门科学小组组成。白皮书还设立了食品安全程序，规定了一个综合的涵盖整个食品链的安全保护措施，并建立一个对所有饲料和食品在紧急情况下的综合快速预警机制。另外，白皮书还介绍了食品安全法规、食品安全控制、消费者信息、国际范围等几个方面。白皮书中各项建议所提的标准较高，在各个层次上具有较高透明度，便于所有执行者实施，并向消费者提供对欧盟食品安全政策的最基本保证，是欧盟食品安全法律的核心。

2. 欧盟《通用食品法》

2002 年 1 月 28 日制定的欧洲议会和理事会第 178/2002 法规（欧共体）通常称为《通用食品法》,《通用食品法》包含三个部分。第一部分确定了食品立法的一般原则和要求，第二部分规定了建立欧洲食品安全局（European Food Safety Authority，EFSA)，最后一部分规定了食品安全方面的程序。2002 年 2 月 21 日，欧盟《通用食品法》（EC 178/2002）生效启用，这是欧盟历史上首次采用这样的通用食品法，是欧盟的又一个重要法规。178/2002 号法令包含 5 章 65 项条款。第一章范围和定义部分主要阐述法令的目标和范围，界定食品、食品法律、食品商业、饲料、风险、风险分析等 20 多个概念。第二章一般食品法律部分主要规定食品法律的一般原则、透明原则、食品贸易的一般原则、食品法律的一般要求等。第三章 EFSA 部分详述 EFSA 的任务和使命、组织机构、操作规程；EFSA 的独立性、透明性、保密性和交流性；EFSA 财政条款；EFSA 其他条款等方面。第四章快速预警系统、危机管理和紧急事件部分主要阐述了快速预警系统的建立和实施、紧急事件处理方式和危机管理程序。第五章程序和最终条款主要规定委员会的职责、调节程序及一些补充条款。欧盟新法的关键目标是建立通用定义，包括食品的定义，并制定重要的食品法指导准则及合理目标，以确保高度健康安全。欧盟委员会追求的目标是，在欧盟内，伴随着《通用食品法》的制定，使得食品的安全达到最高的标准，通过较高的透明度，在食品政策上重新赢得消费者的信任。

《通用食品法》涵盖食品生产链的所有阶段。

(1) 通用原则　实施食品法的目的是保护人类的生命健康，保护消费者的利益，对保护动物卫生和福利、植物卫生及环境应有的尊重；欧盟范围内人类食品和动物饲料的自由流通；重视已有或计划中的国际标准。

(2) 在食品贸易中应遵守的一般义务　进口并投放到市场或出口到第三国的食品及饲料必须遵守欧盟食品法的相关要求。欧盟及其成员国必须为食品、饲料以及动物卫生和植物保护国际技术标准的发展做出贡献。

(3) 食品法的一般要求　确定食品是否安全，要考虑其食用的正常状态、给消费者提供的信息、对健康有可能产生的急性或慢性效果，适当的地方还应考虑特殊类型的消费者的特殊健康敏感性；一旦不安全的食品形成一个生产批次、贸易批次或整个货物的一部分，就可以推定整个货物是不安全的。

在食品生产链的所有阶段，业主必须确保食品或是饲料符合食品法的要求，确保这些要求得到不折不扣的执行；成员国执行该法，确保业主遵守该法，并对违反行为制定适合的管理及处罚措施。

《通用食品法》包括如下要素：

（1）确定对饲料和食品“从农田到餐桌”的整个食品链的通则和要求。除了对主要概念进行定义之外，特别对下列诸点提出了普遍性的准则：预防措施的原则；食品和饲料的追查性；对食品和饲料安全的要求；食品和饲料企业的责任。

（2）对危及健康的保护措施（如驾驭危机、拓宽快速预警机制和处理防止不安全的食品和饲料的流通）。

欧盟为加强内部市场控制，采取措施加强了欧盟对生产厂商的管理，要求各成员国采取有效措施保证其官方卫生当局的工作人员具备足够的技术与行政上的能力，官方控制食品与食品实验室都应引进一套质量标准体系。欧盟委员会和所有成员国应该恪守对危机管理措施的权限（如果断的措施、禁止市场销售或者限制性销售）。快速预警机制的拓宽应该囊括整个食品链条，包括饲料在内。快速预警机制将由欧盟委员会在欧洲食品局和所有成员国的参加下以网络形式进行。欧盟理事会、委员会制定发布了一系列监管食品生产、食品进口与投放市场的卫生规范和要求，以确保食品的卫生与安全。欧盟的卫生规范要求欧盟官方公报以欧盟指令或欧盟决议的形式发布，通常包括以下几类。

（1）对动物疾病控制规定　欧盟规定各成员国与预出口食品到欧盟的第三国必须按欧盟指令要求建立严格的动植物疫病监控体系。动物疫病主要指禽流感与传染性海绵状脑病等。

（2）对食品中农、兽药物残留进行控制的规定　欧盟 96/22/EEC、96/23/EEC 指令规定，欧盟成员国及预出口动物源食品到欧盟的第三国必须建立并实施有效的动物源食品残留物监控计划。该计划实施前应首先提交欧盟兽医委员会，获得通过方可实施。监控计划实施后应于次年的 3 月 30 日前提交其上年度的动物源食品监控报告。

（3）对食品生产、投放市场的卫生规定。

92/46/EEC 理事会指令（1992. 6. 16）——对原料乳、热处理乳和乳制品生产和上市的卫生规定。

80/778/EEC 理事会指令（1980. 6. 15）——人类消费用水的质量。

91/492/EEC 理事会指令（1991. 6. 15）——活双壳贝类和产品投放市场的卫生条件。

91/493/EEC 理事会指令（1991. 6. 22）——水产品生产和投放市场的卫生条件。

94/356/EC 委员会决议（1994. 5. 20）——对水产品作自我卫生检查的规定等。

（4）对检验实施控制的规定。

95/51/EEC 委员会决议（1992. 12. 11）——关于煮甲壳类和贝类产品生产的微生物指标。

93/140/EEC 委员会决议（1993. 1. 19）——水产品中寄生虫感官检查详细规定。

93/351/EEC 委员会决议（1993. 5. 19）——水产品中汞的分析方法、取样方案和最高限量的确定。

83/320/EEC 委员会决议（1988. 6. 9）——良好实验室规范（GLP）的检查和验证等。

（5）对第三国食品准入的控制规定。

95/340/EEC 委员会决议（1995. 7. 27）——欧盟授权可进口乳与乳制品的第三国名单。

97/296/EC 委员会决议（1997.4.22）——允许水产品进口的第三国名单。

95/408/EC 委员会决议（1995.6.22）——许可欧盟成员国临时性从第三国工厂进口动物产品、水产品的条件。

90/675/EC 委员会决议（1990.11.10）——从对第三国进入欧共体的产品实施兽医检查的机构予以管理的原则等。

（6）对出口国官方兽医证书的规定。

96/712/EC 委员会决议（1996.11.28）——从第三国进口新鲜禽肉公共卫生证书和卫生标准的要求。

95/328/EC 委员会决议（1995.7.25）——从不包括在特定决议内的第三国进口水产品的卫生证书的规定等。

（7）对食品的官方监控规定。

89/397/EEC 理事会指令关于食品的官方监控。

93/99/EEC 理事会指令关于官方控制食品的附加措施问题。

法令中关于食品安全管理的几个关键问题如下。

（1）责任　食品饲料生产加工、分配各环节的经营者，在其运营控制范围内应保证他们的产品符合相应的食品法对其活动相关的要求并认证有关要求得到满足。各成员国应强化食品法，并监控认证食品与饲料经营者在生产、加工、销售各环节都执行了有关要求。为此目的，应维持一个正式的控制系统以及其他活动以适应形势，包括对食品与饲料安全及危害大众交流，食品与饲料安全监督及涵盖生产加工与分销各环节的监控活动。

第 17 条提出了食品经营者的强制性义务，他们必须积极参与食品法律的实施，验证是否达到了法律要求。这项基本要求与其他法律所规定的强制性要求密切相关。另外它还意味着生产者对其控制的行为所负的责任与传统责任是一致的，任何人应当对其控制的事物和行为负责。它将食品法规领域中采用的委员会法定制度的要求统一起来，也不允许各成员国维持或采用各自国家相关的法规，避免免除食品经营者的义务。但是食品经营者的责任应当实际上是由违反特定的食品法规要求所导致的结果，根据国家法规以及针对违法行为的相关规定提起责任诉讼，而不是根据第 17 条的内容。

（2）可追溯性（第 18 条）　食品、饲料、食用动物及其他打算或预计要混合到食品或饲料的成分应建立良好的追溯性。经营者应提供原料及其他预计要混合到食品饲料中去的成分的来源。

（3）由食品经营者实行的回收、召回和通知（第 19 条）　如果经营者对进口、生产、加工制造或营销的食品感到或有理由认为不符合食品安全要求时，应立即着手从市场收回有问题的产品，并通知主管部门。从事零售、营销活动的经营者应配合生产、加工、制造者以及主管机构所采取的措施为食品安全作贡献。尽量避免所提供食品造成的危害。

自 2005 年 1 月起，食品经营者必须收回不符合安全、卫生要求的上市产品，并及时通报主管机构。如产品已销售至消费者手中，经营者应告知消费者，必要时从消费者手中召回。为确保召回已上市的不安全食品，食品链中的各企业应相互协作。当食品企业经营者推测或认为某上市食品可能对健康造成危害时，经营者应及时通报主管机构。在采取措施避免或降低不安全食品风险时，食品企业经营者必须配合主管机构。

由饲料经营者实行的收回、召回和通告：如果经营者对其进口、生产、加工制造或营销的饲料感到或有理由认为不符合饲料安全要求时，应着手从市场上收回有问题的产品，并通知其主管机构。生产批或销售批不能满足饲料安全要求时，该饲料应被销毁，除非主管当局认为符合其他方面的要求。经营者应有效准确地通知消费者收回的原因，若有必要，当其他措施已不能达到高标准的健康保护时，应从消费者手中召回有关产品。

从事零售、营销活动的经营者，由于对包装、标识、饲料成分的安全性的影响，应在其相应的行为范围内从市场上收回不符合饲料安全要求的产品，并应通过提供饲料追溯有关的信息，配合生产者、加工者、制造者和主管机构所采取的措施而为饲料安全作贡献。如果认为或有理由相信投入市场的某饲料不能够满足饲料安全要求，饲料经营者应立即通知主管机构。经营者应通知主管机构采取措施防止由于使用该饲料而引起的危害，并且不应阻挠或妨碍他人根据国家法律和合法行为与主管机构一起采取的防止、减轻或消除饲料所引起的危害的合作。

第 20 条与第 19 条内容非常相似，所不同的是，除非主管当局同意，认为不符合饲料安全要求的饲料或饲料批应进行销毁。对于饲料，有关回收的信息与饲料的使用者（农民）有关，而不是消费者。

（4）食品和饲料的进口（第 11 条）　输入并投放到共同体市场的食品和饲料应符合食品法相关要求或者经共同体认可的至少与其等同的条件,或对于共同体和出口国之间存在特殊协议的，要至少包含这些要求等同的条件。

（5）食品和饲料的出口（第 12 条）　从共同体出口或在出口投放第三国市场的食品和饲料应符合相应的食品法要求,除非进口国当局的要求或建立的法律、法规、标准、法典、政令等另有规定。

除非食品对健康有害或饲料不安全，其他情形只有获得目的地国家主管当局的专门认可，充分告知有关食品或饲料不能在共同体市场销售的原因后，才能从共同体出口或再出口。在适合于共同体或其成员国与第三国之间达成的双边协议的情况时，从共同体或该成员国出口到第三国的食品与饲料应符合上述条款规定。

总之，《通用食品法》规定，消费者有权享用安全食品，并有真实准确食品信息的知情权。未来食品法将基于从农场到最终用户的一体化方案，包括适用于农场的措施。《通用食品法》不仅提供健康保护，而且通过预防欺骗行为来保护消费者其他权力，包括食品掺假，并保证消费者获知准确信息。

3. 欧盟食品安全法案

一项由 84 条法律建议组成的食品安全行动计划于 2003 年 1 月 1 日开始全面启动，标志着统一的欧盟食品安全法全面实施。欧盟国家内统一的食品安全法案的措施主要包括：①建立欧盟统一、独立的食品管理机构，为食品安全提供科学、独立、透明的意见，实施快速预警系统和危险通告。②完善食品安全各个环节，强化从农业生产到消费整个过程的监控体系。③各国建立国家级食品安全的监控制度。④建立同消费者及其他有关方（包括食品输出国）的对话制度。

欧盟食品安全法案的基本原则是：①由于欧盟内一部分国家已实行无签证的制度，必须建立全面统一的食品安全原则。②明确食品生产和消费过程中各当事人责任，并采取一定的措施保障食品安全。③对动植物食品的成分必须有可追溯性和检验手段及法定依据。④对各种食品实行风险分析评估制度及采用有效的监管和信息交流。⑤建立对食品安全的科学建议的独立性、权威性及透明度原则。⑥对食品安全的风险管理建立防范预警体系。

为了实施和贯彻上述原则和措施，欧盟决定建立独立的食品管理机构。

欧盟食品安全行动计划的新的法律框架已经构建。一整套严密、清晰的食品安全法规，将明确欧盟各国食品法共同原则，将食品安全作为欧盟食品法的主要目的。各国尚存的未被统一或有矛盾的食品法案将都被限制在这统一的法律框架内。

在食品安全的监管方面，欧盟制定监管规定，将监管工作渗透到食品生产的各个环节，强制企业承担遵守食品安全法规的责任。国家机关必须对此负责监管，欧盟的食品安全专业委员会和兽医办公室进行合作共同实施检查和监管。欧盟还明确建立全面监管体系和统一的质量标准。

为强化食品安全风险防范，必须保证消费者的知情权和选择权。主要是对食品安全风险报道必须及时、透明，并建立与消费者信息反馈体系。要重视消除消费者的忧虑，为其提供食品安全全面咨询。提供专家与消费者的对话平台，方便消费者国际对话。欧盟强化对易伤害群体（老、弱、孕、残）的食品安全风险交流。强制实行标签制度，让消费者在知情情况下选择食品。除标签制度法律化外，欧盟还要求供应商和生产商在食品上标明所有成分，而不允许只注明如大于25%的成分标示。欧盟还将审核有关功效注明（如营养品对正常身体官能的益处）和营养标准（如食品中某项营养成分的有无及含量）及适当使用方法。消费者的知情范围除生物、化学和物理营养成分以外，还应该涉及食品的营养价值。欧盟将低糖食品、补充食品及高营养食品作为推荐标准。

该项食品安全行动将强化国际食品健康标准，规定了进口食品及动植物食品至少要达到欧盟内部生产的同样卫生标准。欧盟出口产品的安全标准也要达到欧盟内销产品水平，并与第三世界国家建立多边和双边的协议，强调采纳欧盟标准的重要性。

4. 欧盟最新实施的三部有关食品卫生的新法规

欧洲议会与欧盟理事会 2004 年 6 月发布 2004/41/EC 规章宣布：欧盟自 2006 年 1 月 1 日起停止使用涉及水产品、肉类、肠液、乳制品等食品的 91/492/EEC、91/493/EEC、91/494/EEC、91/495/EEC 等 16 个指令，并对部分发布执行的指令内容进行修订，同时发布了《有关食品卫生的法规》（2004/852/EEC）、《规定动物源性食品特殊卫生规则的法规》（853/2004/EEC）、《规定人类消费用动物源性食品官方控制组织的特殊规则的法规》（2004/854/EEC）等欧盟规章，对欧盟各成员国生产的以及从第三国进口到欧盟的水产品、肉类食品、肠衣、乳制品和部分植物源性食品的官方管理与加工企业的基本卫生等提出了新的规定要求，这些规章自 2006 年 1 月 1 日起施行。新的《欧盟食品及饲料安全管理法规》具有两项功能：一是对内功能，所有成员国都必须遵守，如有不符合要求的产品出现在欧盟市场上，无论是哪个成员国生产的，一经发现立即取消其市场准入资格；二是对外功能，即欧盟以外的国家，其生产的食品要想进入欧盟市场都必须符合这项新的食品法标准，否则不准进入欧盟市场。

（1）《有关食品卫生的法规》 该法规规定了食品企业经营者确保食品卫生的通用规则，主要包括：企业经营者承担食品安全的主要责任；从食品的初级生产开始确保食品生产、加工和分销的整体安全；全面推行危险分析和关键控制点（Hazard Analysis and Critical Control Point，HACCP）；建立微生物准则和温度控制要求；确保进口食品符合欧洲标准或与之等效的标准。

（2）《规定动物源性食品特殊卫生规则的法规》 该法规规定了动物源性食品的卫生准则，其主要内容包括：只能用饮用水对动物源性食品进行清洗；食品生产加工设施必须在欧盟获得批准和注册；动物源性食品必须加贴识别标志；只允许从欧盟许可清单所列国家进口动物源性食品。

（3）《规定人类消费用动物源性食品官方控制组织的特殊规则的法规》 该法规规定了对动物源性食品实施官方控制的规则，其主要内容包括：欧盟成员国官方机构实施食品控制的一般原则；食品企业注册的批准；对违法行为的惩罚，如限制或禁止投放市场，限制或禁止进口等；在附录中分别规定对肉，双壳软体动物，水产品，原乳和乳制品的专用控制措施；进口程序，如允许进口的第三国或企业清单。

与欧盟原有的有关食品安全法规相比，这些新出台的食品安全法规有几个值得关注的地方：强化了食品安全的检查手段；大大提高了食品市场准入的要求；增加了对食品经营者的食品安全问责制；欧盟更加注意食品生产过程的安全，不仅要求进入欧盟市场的食品本身符合新的食品安全标准，而且从食品生产的初始阶段就必须符合食品生产安全标准，特别是动物源性食品，不仅要求最终产品要符合标准，在整个生产过程中的每一个环节也要符合标准。

新的食品卫生法规在四个方面发生了重大变化。一是法规数量被大大简化，新法规不再把食品安全和贸易混为一谈，只关注食品安全、动物健康与动物福利问题；二是突出强调食品从农场到餐桌的全过程控制管理，强调食品生产者在保证食品安全中的重要职责，对食品从原料到成品储存、运输以及销售等环节提出了具体明确的要求，要杜绝食品生产过程中可能产生的任何污染，更加强调食品安全的零风险；三是突出食品生产过程中的可追溯管理与食品的可追溯性，强调食品尤其是动物源性食品的身份鉴定标识与健康标识；四是强调官方监管部门在保证食品安全中的重要职责，官方监管控制工作涉及保护公众健康的所有方面，包括保护动物的健康和福利方面。向欧盟出口的农产品，不但要符合欧盟食品安全相关标准，还要放大延伸食品安全管理链条，对我国官方监管工作与出口生产企业提出了更高要求。

5. 其他欧盟食品安全法律、法规

欧盟现有主要的农产品（食品）质量安全方面的法律有《通用食品法》《食品卫生法》

《添加剂、调料、包装和放射性食物的法规》等。另外还有一些由欧洲议会、欧盟理事会、欧委会单独或共同批准，在《官方公报》公告的一系列欧盟、EEC指令，如关于动物饲料安全法律、关于动物卫生法律、关于化学品安全法律、关于食品添加剂与调味品法律、关于与食品接触的物料法律、关于转基因食品与饲料法律、关于辐照食物法律等。

三、 欧盟的食品进口管理

欧盟根据食品种类的不同，实行相应的食品进口管理制度。

1. 动物产品和动物源产品

进口动物产品和动物源产品必须符合以下5个方面的要求。

（1）只有经欧盟核准的国家才能向欧盟出口此类产品 欧盟选择出口国时，从以下3个方面进行考虑：具备欧盟认可的食品主管机构；该国动物的健康状况（即通过肉类或动物传播的疾病情况）；该国由欧盟认可的食品主管部门对动物产品（涉及的种类包括畜牧产品、水产养殖产品、蜂蜜、野生动物等，自然环境生长的鱼类及鱼类产品除外）含有的兽药残留及其污染物实施监控的情况。

（2）生产企业必须经过出口国相关主管机构的批准，并列入获出口欧盟的企业名单。

（3）双壳贝类产品必须来自污染受到严格控制的此类产品丰产地区，并且该地区建立了有毒浮游有机物的监管体系。

（4）不同的动物产品有不同的卫生证书格式和内容，必须符合欧盟的有关规定。证书由出口国获得欧盟认可的食品主管机构签发，并须经过欧委会的评估核准。

（5）动物产品进入欧盟前必须接受边境检查站的检查，如果检查过程中出现问题，边境检查站将对此后来自该产地的十批货物实行更为严格的检查。如果某种产品反复出现同样的问题并对公众健康构成威胁，将采取临时安全措施保证该产品经过系统化的检查。在货物抵达目的地或进入销售环节之后，成员国有权对其随时进行检查，保证符合欧盟的标准。

2. 非动物源产品

欧盟对非动物源产品的进口管理没有对动物产品和动物源产品复杂，但进口到欧共体的植物或植物产品必须符合欧盟理事会指令2009/29/EC的要求。

欧共体现有法律并没有设置获准向欧盟出口非动物源产品的国家和企业名单。但是，从2006年1月1日生效的食品卫生条例852/2004/EC规定了进口到欧盟的食品必须符合欧盟有关食品法的相关要求。

欧委会未要求出口国向其提交非动物源产品的年度农药残留监控方案，但这并不意味着欧共体对自然污染物和杀虫剂残留不作要求。如果进口产品反复出现不符合标准的情况，欧委会将启用安全保障条款，按照食品法典的原则，使出口国食品管理机构采用强制检查和资格证书措施。

非动物源产品在边境检查站并非必须经过检查，但进入欧盟领土之后在进口或销售环节都有可能会被检查。欧共体法律未对进口到欧盟的非动物源产品的证书进行规定，但进口产品如果反复出现不达标问题，欧委会有权要求提供证书。

3. 动植物合成产品

食品卫生条例852/2004/EC的第3到第6条规定了动植物合成产品的基本卫生要求。对相关生产企业的要求同对动物产品的生产企业要求大体一致。欧共体内部的食品经营者在进口动植物合成产品时，必须确保该产品所含经过加工的动物源产品成分符合动物源产品卫生要求，并且能够提供相关证明。

四、欧盟食品安全法律、法规体系特点

欧盟食品法规标准具有种类多、涉及面广、系统性强、科学性强、可操作性强、时效性强等特点。

1. 种类多、涉及面广

欧盟食品法规种类多，涉及了与食品安全有关的所有领域。与法规相关的标准也很多，如欧盟涉及农产品的技术标准有2万多项，这些标准为制定各方面的法规提供技术支撑。

2. 系统性强

欧盟特别强调从农田到餐桌的连续管理，注重从源头上控制食品安全，抓住了保证食品安全的关键环节。食品安全法规体系的范围包括了农作物的生态环境质量、生长、采收及加工的全过程。整个法规体系形成一条主线、多个分支、脉络清晰的框架。各法规间相互补充，系统全面。

3. 科学性强

欧盟要求所有食品安全政策的制定必须建立在风险分析的基础之上，即运用风险评估、风险管理和风险交流3种模式。风险评估的基础是信息的收集、分析和利用，包括食品或饲料的各个环节得到的数据、疾病监督网络、流行病学调查和实验分析等；科学地协调与控制是风险管理的核心；风险交流也需要科学信息的广泛产生和及时获取，这些都体现了欧盟法规的科学性。EFSA下设的8个专门科学小组由独立的学科专家组成，各小组分工明确，为制定食品安全法规提供科学依据。

4. 可操作性强

欧盟将食品安全的行政管理法规和技术要求相融合，对于政府管理具有更强的可操作性。如欧盟的许多食品安全法规标准通常由两部分组成，前部分是政府管理的程序性要求，后部分是具体的技术性要求，操作简便。又如在178/2002号法令中，对EFSA的任务、组织机构、操作规程等方面规定详细、清楚，使该机构责权明确，可依法顺利开展各项工作。

5. 时效性强

欧盟的许多食品安全法规都经过了多次修改，如欧盟发布的28个农药残留法规，到目前已经进行了50多次的修改，可见其效率之高。欧盟食品条例或指令一般在原始条例或指令仍然有效的情况下，根据需要随时发布新的条例或指令修订其中某个或某些条款。所以，在欧盟食品安全法规标准体系中同一管理对象常有不同年代的管理规定同时存在，可见其制定法律的延续性和时效性。

五、欧盟食品法规对我国食品出口的影响

欧盟上述食品安全法规强化了食品安全的检查手段，大大提高了食品市场准入的要求，增加了对食品经营者的食品安全问责制。另外，欧盟更加注意食品生产过程的安全。不仅要求进入欧盟市场的食品本身符合新的食品安全标准，而且从食品生产的初始阶段就必须符合食品生产安全标准，特别是动物源性食品，不仅要求最终产品要符合标准，在整个生产过程中的每一个环节也要符合标准。因此，我国的食品出口企业应该不断增强质量意识，建立符合欧盟要求的管理体系，提高自身的技术实力。密切关注欧盟食品法规和标准的制定和修订，尽快了解和熟悉欧盟进口国的有关要求，严格根据要求组织生产。根据欧盟食品法规，所有食品业经营者必须全面推行 HACCP，建立食品溯源制度，确保食品生产、加工和分销的整体安全并符合相应的欧洲标准。

第四节　部分发达国家食品法律法规

一、美国食品法律法规

美国有关食品安全的法律法规非常繁多，如《联邦食品、药物和化妆品法》《公平包装和标签法》《营养标签及教育法》《食品质量保护法》和《公共卫生服务法》等综合性法规，也有单一性的。这些法律法规覆盖了所有食品，为食品安全制定了非常具体的标准以及监管程序。各种法规的制定必须遵循以下原则：只允许安全健康的食品上市；食品安全的监管决策必须有科学基础；政府承担执法责任；制造商、分销商、进口商和其他企业必须遵守法规，否则将受处罚；监管程序透明化，便于公众了解。

美国关于食品的法规包括两个方面的内容，一是议会通过的法案，称为法令。美国将国会制定的所有立法加以整理编纂，按 50 个项目系统地分类编排，命名为《美国法典》，其中第 21 部是有关食品和药品的法律，此部分共有 24 章。二是由权力机构根据议会的授权制定的具有法律效力的规则和命令，如政府行政当局颁布的法规。目前，美国关于食品的法规有 1938 年颁布的《联邦食品、药品和化妆品法》；1966 年颁布的《公平包装和标签法》，涉及产品包装上所要求的对产品内容及产地说明；1990 年颁布的《营养标签及教育法》，主要涉及营养标签的格式、内容和健康声明；1994 年颁布的《膳食补充剂健康和教育法》，建立起对膳食补充剂标签的规定，授权 FDA 颁布膳食补充剂行业的生产质量管理规范；2002 年颁布的《公众健康安全和反生物恐怖预防应对法》（简称《生物反恐法》），实施“食品企业注册法规”和“进口食品提前通报法规”等。

二、日本食品卫生与安全法律法规

日本食品安全法律法规体系主要有《食品卫生法》和《食品安全基本法》。根据相

关法律规定，分别由农林水产省与厚生劳动省承担食品卫生安全方面的行政管理职能。其中，农林水产省负责食品生产和质量保证，厚生劳动省负责稳定的食品供应和食品安全。

日本的食品安全管理的主要依据是《食品卫生法》，该法制定于1947年，后来根据需要经过几次修订，该法由36条条文组成。是日本食品卫生风险管理方面最主要的法律，其解释权和执法管理归属厚生劳动省。该法既适用于国内产品，也适用于进口产品。《食品卫生法》大致可分为两部分：一是有关食品、食品添加剂、食品加工设备、容器、包装物、食品业的经营及管理、食品标签等方面的规格及标准的制定；二是有关食品卫生监管方面的规定。在标准制定和执行方面，《食品卫生法》是食品卫生管理的根本大法和基础，在本法中，明确规定禁止销售腐烂、变质或未熟的食品；含有或附着有毒、有害物质，疑为有害物质的食品；病原微生物污染或疑为污染而可能危及人体健康的食品；混入或加入异物、杂质或其他原因而危及人体健康的食品；病死畜禽肉；未附有出口国政府签发兽医证的畜禽肉、内脏及制品（火腿、腊肠、腊肉）；未经证实以作为食品添加剂为目的的化学合成品及含有此成分的制剂、食品；有毒器具；新开发的尚未证实对人体无害的食品，并制定了处罚措施。此外，2003年5月，日本修订了《食品卫生法》。从2003年起，日本厚生劳动省根据修订后的《食品卫生法》，在3年内逐步引入食品中农药、饲料及饲料添加剂残留的“肯定列表制度”。2005年11月29日，日本厚生劳动省在官方网站上发布公告，正式公布“肯定列表制度”的主要内容，并宣布于2006年5月29日起开始实施，执行新的农业化学品残留限量标准。此后，厚生劳动省又陆续发布了多项与“肯定列表制度”有关的规定、说明和通知，不断完善和补充这一农业化学品残留的管理体系。与日本过去的规定相比，新体系对食品中农业化学品残留限量的要求更加全面、系统和严格。根据此项制度，不仅对于化学品残留含有超过规定限量的食品，而且对于那些含有未制定最大残留限量标准的农业化学品残留且超过一定水平（0.01 mg/kg）的食品，一律将被禁止生产、进口、加工、使用、制备、销售或为销售而储存。所有食品和添加剂，必须在洁净卫生状态下进行采集、生产、加工、使用、烹调、储藏、搬运和陈列。

疯牛病事件之后，为了重新获得消费者的信心，日本政府修订了其基本的食品安全法律。日本参议院于2003年5月16日通过了《食品安全基本法》草案，该法为日本的食品安全行政制度提供了基本的原则和要素。该法是以保护消费者为根本、确保食品安全为目的的一部基础性和综合性法律，既是食品安全基本法，又对与食品安全相关的法律进行必要的修订。随着这部法律的颁布，日本在食品安全管理中开始引入了风险分析的方法。

除《食品卫生法》《食品安全基本法》外，与此相关的主要法规还有《食品卫生法实施规则》《食品卫生法实施令》《产品责任法（PL法）》《植物检疫法》《计量法》《农药管理法》《家畜传染病预防法》《屠宰场法》等，与进出口食品有关的还有《输出入贸易法》《关税法》等。迄今为止，日本共颁布了食品安全相关法律法规共300多项。

思考题

1. WTO/TBT 和 WTO/SPS 在国际食品贸易中的作用是什么？

2. WTO/TBT 要求 WTO 成员在制定、采用和实施技术法规、技术标准与合格评定程序等措施时的原则和要求是什么？

3. 简述制定和实施 WTO/SPS 措施应遵循的规则。

4. 简述欧盟食品安全法律法规体系特点。

第八章 国际食品标准

CHAPTER 8

学习目标与要求

1. 了解和掌握主要国际食品标准组织的历史、组织结构、标准制定流程和特点；
2. 了解和掌握欧盟、美国等发达国家和地区食品标准组织的主要特点；
3. 理解国际食品标准之间转化的意义。

标准是经济活动和社会发展的技术支撑，是国家基础性制度的重要方面。随着全球经济一体化进程不断加快，标准已经冲破国界，成为世界生产活动共同的准则，只要有人类活动的地方，就有标准的存在并在发挥作用。标准化无论在深度上还是广度上，都得到了有史以来最蓬勃的发展。为了制约和消除技术性贸易壁垒，世界各国的标准都在向国际标准靠拢，国际标准的数量与日俱增，国际标准化机构日益壮大，国际标准化活动空前频繁。我国经济发展已融入全球化进程之中，国际食品标准日渐成为衡量食品质量安全和促进国际食品贸易的重要参考指标。采用国际食品标准，或是本国食品标准的国际化已成为全球食品行业普遍的发展趋势。

本章首先介绍国际食品标准的发展情况，随后对主要国际食品标准组织的历史、组织结构、标准制定流程和特点进行展开叙述，并且对欧盟、美国、日本、澳大利亚、新西兰等发达国家和地区的食品标准情况和特点进行介绍，最后论述国际食品标准之间的转化情况。

第一节 国际食品法典委员会标准

一、 国际食品法典委员会的历史和作用

国际食品法典委员会（CAC）是由联合国粮食与农业组织（Food and Agriculture Organization, FAO）和 WHO 于 1963 年共同建立，以保障消费者的健康和确保食品贸易公平为宗旨的一个

制定国际食品标准的政府间组织。国际食品法典委员会有 186 个成员国和 1 个成员组织（欧盟），覆盖全球 98%的人口。

自从 1961 年开始制定国际食品法典以来，国际食品法典委员会在食品质量和安全方面的工作已得到世界各国的重视。国际食品法典委员会建立的标准已成为各国食品管理机构、食品生产和加工者、国际食品贸易和消费者最为重要的基本参照标准。WTO 成立之后，由于 SPS 协定和 TBT 协定的实施，国际食品法典标准已成为促进国际贸易和解决贸易争端的重要依据之一，同时也成为了 WTO 成员维护自身贸易利益的合法武器。随着 SPS 和 TBT 在国际贸易中发挥越来越大的作用，CAC 标准（包括推荐性标准和导则）已经由原来的推荐性标准演变成被国际社会所广泛接受和普遍采用的食品安全性管理措施，成为国际食品贸易中变相的“强制性标准”。

我国于 1984 年正式加入国际食品法典委员会，1986 年成立了中国食品法典委员会，其由与食品安全相关的多个部门组成。国家卫生健康委员会作为委员会的主任单位，负责国内食品法典的协调工作。委员会秘书处设在国家食品安全风险评估中心。经过了几十年的工作实践，我国已全面参与了国际法典工作的相关事务，在多项标准的制修订工作中突显了我国的作用，逐渐得到了国际社会的认可。

二、 国际食品法典委员会的组织结构

组织结构上，国际食品法典委员会主要包含秘书处、执行委员会、区域协调委员会、专业分委会以及特设工作组，具体如图 8-1 所示。

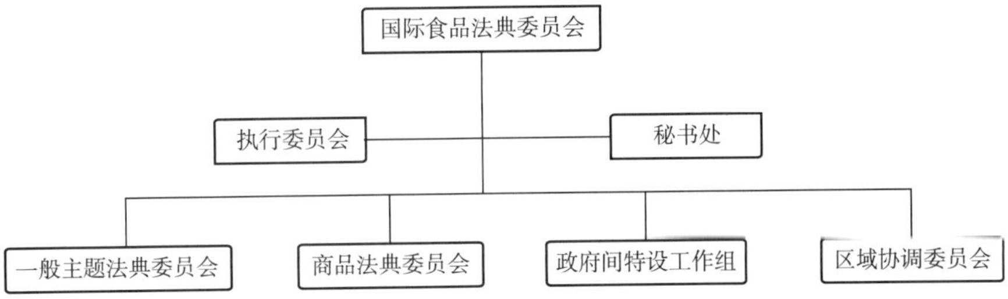

图 8-1　国际食品法典委员会组织机构示意图

1. CAC 大会

国际食品法典委员会大会每年召开一次，主要在 FAO 总部罗马或 WHO 总部日内瓦轮流召开。国际食品法典委员会大会负责审议进展至中期审查的或是最终的标准草案，负责制定新的战略规划或跟踪战略规划的进展，通报财务预算事项，通报各科学咨询机构的情况，探讨 CAC 与其他国际组织的合作等事项。CAC 大会为各国际组织和参与成员提供了重要的信息交流平台。此外，每年在世界各地至少有 20 次各种食品法典的会议举行，会议议题都将汇总到年度的 CAC 大会内容之中。

2. CAC 执行委员会

执行委员会是国际食品法典委员会大会的常设机构。执行委员会的成员由法典委员会主

席、副主席、协调员，以及来自世界各大洲的执行委员组成，尽可能广泛地代表各地区的主要诉求。成员只有担任区域协调员或执行委员才有机会参加执委会会议，深入参与法典决策机构的讨论。执委会根据任务每年在意大利罗马或者瑞士日内瓦召开一次或两次会议。会议主要就国际食品法典委员会的工作方向和计划提出策略和建议，审议新工作和标准进展，研究突发事件和特殊问题等。

3. CAC 专业分委会

（1）一般主题法典委员会　一般主题法典委员会即横向委员会，其主要负责制定各类通用法典标准和推荐值，包括食品添加剂、污染物、农药残留、兽药残留、食品卫生、一般原则、食品标签、食品进出口检验和认证体系、营养与特殊膳食及分析和采样方法委员会等。各分委会按照确定的职责开展工作。其中，一般主题法典委员会负责处理由其他专业委员会提出的程序性和综合性的事务，包括制定通用原则以确定食品法典的宗旨和范围、法典标准的性质、各国对法典标准的认可方式、建立审查机制以及制定食品贸易道德规范。食品进出口检验与认证体系委员会负责制定国际贸易中流通食品的应用标准，尤其是各国政府向贸易伙伴保证其食品及生产系统得到了正确的管理以保护消费者免受食源性危害和欺诈行为的影响而采取的管理措施。农药残留法典委员会和兽药残留法典委员会负责为农业生产中使用这两类化学物质确定最高残留限量，以确保这些物质按照良好的农业规范和兽医规范使用后残留的安全性。其余一般横向委员会负责制定相关领域的限量标准、准则和指南，确保商品标准的规定符合 CAC 通用标准。重要的横向标准包括 CODEX STAN 192—1995《食品添加剂法典通用标准》、CODEX STAN 193—1995《食品污染物和毒素法典通用标准》、CAC RCP1—1969《食品卫生通用原则》、CAC GL21—1997《食品微生物标准的制定和应用原则》、CODEX STAN1—1985《预包装食品标签通用标准》等。这些标准、准则、操作规范将在产品标准中直接被引用。中国已于 2006 年申请成为国际食品添加剂法典委员会和农药残留法典委员会这两个重要的横向委员会的主持国政府，也是首个担任横向委员会主持国政府的发展中国家。其他分委员会的主持国政府均由发达国家担任。

（2）商品法典委员会　商品法典委员会又称纵向委员会，其主要负责制定各类产品标准。它的工作形式为纵向垂直管理各种商品，包括可可制品和巧克力、天然矿泉水、糖类、鱼和鱼制品、加工水果和蔬菜、植物蛋白、油脂、肉类卫生、谷物和豆类、新鲜水果和蔬菜、乳和乳制品及香辛料和烹调用芳香植物共 12 个委员会。当产品委员会结束了其职责范围内的工作任务时即可休会。当前仅有加工水果和蔬菜、鱼和鱼制品、新鲜水果和蔬菜、油脂、香辛料和烹调用芳香植物 5 个委员会处于常规活动状态。通常一般主题法典委员会制定的准则以参照文件的方式纳入食品法典商品标准。例如，商品标准中对污染物的描述为："本标准涵盖的产品应符合 CODEXSTAN 193—1995《食品污染物和毒素法典通用标准》中规定的最高限量。"当商品法典委员会认为通用准则不能适用于一种或多种商品标准时，可将针对某种商品的特殊规定提交至相关一般主题法典委员会认可。提交特殊规定时，应提交充分的证明，并有科学依据和其他相关信息的支持。同时应在食品法典标准及相关文本制定程序的最佳时期和最早阶段提交给相关的一般主题法典委员会，避免拖延标准的制定过程。

4. CAC 区域协调委员会

区域协调委员会负责协调食品法典委员会在各个具体国家或地区中的工作，对于确保国际食品法典委员会的工作符合区域利益和发展中国家的关切发挥着重要作用。区域协调委员会通常每两年召开一次会议。区域协调委员会没有常设主持国政府，由各区域当选的协调员负责组织区域协调委员会会议。区域协调员任期两年，可以连任两届。协调员除负责举办协调委员会外，还参加每年召开的执行委员会会议，代表本区域的成员参与议事讨论，充分表达本区域的关注。此外，在各专业分委会会议召开前或过程中，组织本区域的成员就共同关注的重点议题进行讨论，充分交换意见并争取支持。国际食品法典委员会共有 6 个区域协调委员会，包括亚洲、非洲、欧洲、拉丁美洲和加勒比海地区、近东及北美洲和西南太平洋地区。

5. CAC 特设工作组

1999 年，食品法典委员会认识到当前委员会的结构缺乏灵活性，无法满足人们对不断出现的各类新问题的需求，在此情况下决定设立食品法典委员会特设工作组，在有限的时间内赋予一定的职责范围，解决当前出现的问题，制定相应的法典标准、准则或规范。一旦完成了既定的工作任务，即可解散。这种特设工作组的成立使得法典工作更具灵活性。迄今为止，已成立的特设工作组包括动物饲料特设工作组、生物技术食品工作组、果蔬汁工作组、速冻食品加工和处理工作组以及抗生素耐药工作组。当前仅动物饲料工作组尚处于工作状态，该工作组曾于 1999—2004 年开展工作，完成工作任务后解散。鉴于近年来对饲料问题关注的提升，食品法典委员会认为有必要再次成立特设工作组制定饲料的风险评估原则等导则，故重新成立了此工作组，于 2011 年开始工作，瑞士担任主持国政府。

6. CAC 秘书处

CAC 秘书处设在罗马 FAO 食品政策与营养部食品质量标准处，WHO 的联络点设在日内瓦 WHO 健康促进部食品安全处。CAC 秘书处是国际食品法典委员会的核心机构，是保障整个国际食品法典委员会正常运转的重要支撑。秘书处负责食品法典委员会大会和执行委员会会议的管理及服务，以及协调专业分委员会活动，督促并指导分委员会工作。秘书处官员均非常熟悉法典的程序规则，且具有一定的专业和语言能力，能够在会议过程中辅助主席工作，以遵循法典程序，引导会议正常进展，保障各项标准制修订工作顺利进行。

三、 国际食品法典委员会标准制定流程

国际食品法典标准的制定程序非常明确、公开、透明。首先，国际食品法典委员会的附属委员会通常会对待制定的标准提出建议，然后拟定一份讨论文件概述拟议标准将达到什么目标，接着拟定一份项目文件，说明本项工作的时限及其优先事项。随后，法典委员会对项目文件进行审查，决定是否按照提议制定标准。接下来，法典委员会秘书处安排起草一份拟议标准，向各成员体政府、观察员组织和其他法典委员会征求两轮意见和特殊建议。其间，制定标准的过程可能需要数年时间。最后，经法典委员会通过后，新的标准被添加到《食品法典》，并在网站进行公布。整个标准制定流程如图 8-2 所示。

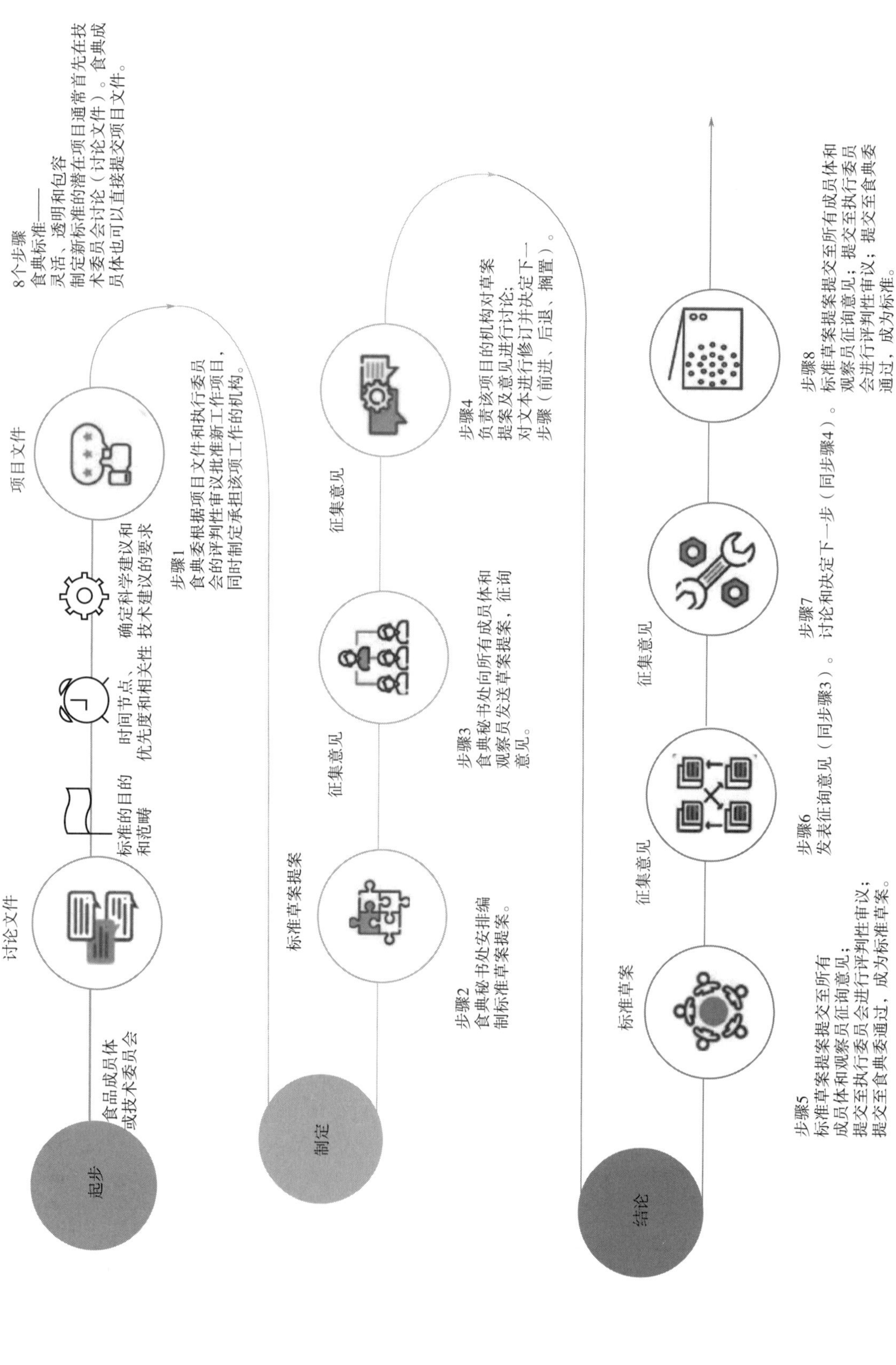

图8-2 国际食品法典委员会（CAC）食品标准制定流程

总体上，国际食品法典委员会标准的制定过程可分为以下 8 个步骤。

（1）执委会审查项目文件 食品法典委员会根据执委会的审查结论，决定应制定哪个标准以及由哪一个专业分委员会或其他机构承担这项工作。专业分委员会也可以做出制定标准的决定，随后应尽早提交食品法典委员会大会批准。

（2）秘书处安排起草拟议标准草案。

（3）将拟议标准草案送交各成员体和相关国际组织征求意见，包括考虑拟议标准草案可能对经济利益的影响。

（4）有关专业分委员会根据收到的评议意见审议拟议标准草案。

（5）拟议标准草案通过秘书处转交执委会严格审查并提交食品法典委员会审议通过，成为一项标准草案。

（6）如果食品法典委员会大会通过了该标准草案，则再送交各国政府进一步征求意见。

（7）专业分委员会根据评议意见对标准进行复审，并提交食品法典委员会大会审议。

（8）食品法典委员会大会对该草案进行再次审议，并将其采纳为正式的法典标准。

从国际食品法典委员会批准同意开展一项新工作开始，经过上述 8 个步骤，一项标准的制修订工作一般需要 3~5 年的时间，最长则需十余年，时间的长短主要取决成员体在某些关键问题上是否存在重大分歧及标准的紧迫性。

在确定标准立项时特别要考虑的内容涉及其是否符合法典战略规划中确定的重点制定标准的必要性以及在合理的时间内完成工作的前景。因此这些内容必须在项目文件中体现，项目文件的编写根据确定工作重点的准则体现制定法典标准的必要性。对于产品标准需要特别阐明该类产品的贸易情况、市场潜力、产品标准化的可行性等因素，体现标准立项的必要性。法典标准的制定过程需经专业分委员会审核两次，向各国政府及相关组织征求两轮意见，由执委会及食品法典委员会大会审议三次方可采纳，同时秘书处应记录每次会议的讨论细节并在网上公布。因此，法典标准的制修订过程从程序上较为严谨，并具有很高的透明度。

当出现新的科学信息、新技术、与贸易或公众健康有关的紧迫问题时，可经食品法典委员会大会或附属机构经大会确认后采用加速制定程序（5 步）制定法典标准，即省略了第 6 步和第 7 步，直接经过食品法典委员会大会采纳为法典标准，如三聚氰胺限量标准的制定。无论是经过 8 步还是经过 5 步通过的标准，最终均由秘书处负责公布在法典官方网站上。此外，区域法典标准可转化为全球标准，一般通过加速步骤直接进入第 3 步，仅在第 4 步经过委员会审查后即可提交食品法典委员会大会在第 5 步采纳通过。

四、国际食品法典委员会食品标准的内容

截至目前，国际食品法典委员会已经制定了 379 项标准。从类型上看主要包括一般标准（CODEX STAN）、推荐规范（CAC/RCP）、最大残留限量（CAC/MRL）、分类标准（CAC/MISC）、指南文件（CAC/GL）等。迄今已出版的食品法典共 13 卷，内容涉及食品中农药残留、兽药残留、水果蔬菜、果汁、谷物、豆类制品、鱼、肉制品、油、脂制品、乳制品、

糖、可可制品、巧克力、分析和采样方法等诸多方面。

根据CAC标准的主要内容，法典标准体系由通用标准、产品标准、规范及其他共同构成。其中通用标准包括污染物、添加剂、微生物、标签、采样和分析方法、农药、兽药、营养与特殊膳食、进出口检验与认证、转基因食品和饲料。产品标准主要包括乳和乳制品、肉和肉制品、鱼和鱼制品、谷物和豆类、加工水果蔬菜、新鲜水果蔬菜、特殊膳食、油脂、巧克力糖果等。规范类标准包括各类产品的标准规范、控制食品中污染因素的规范以及一般性的通用规范。其他类标准一般为政府应用的风险分析原则、各国家和地区的法典委员会准则等文件。

法典通用标准中，分析和采样方法分委会（CCMAS）负责除食品中农兽药残留、添加剂技术规格评估外的分析和采样方法，以及食品中微生物质量和安全评估相关工作。在其颁布的标准中，有四项标准规定了具体方法标准的使用，包括食品污染物通用检测方法、食品添加剂通用检测方法标准等。这些方法标准主要以产品为主线进行划分，每类产品内再具体细分食品类别，针对这些具体产品再规定相应的检测指标和检测方法。CCMAS在其发布的具体检测方法标准中，基本直接指定ISO、美国官方分析化学师协会（Association of Official Analytical Chemsit，AOAC）、欧盟和其他一些国际标准组织认可的方法。其中，指定AOAC的方法较多，约占总数一半以上，其余则主要根据产品类别，分别指定负责此类产品的国际标准组织颁布的方法标准。如部分果汁类产品的检验方法就指定了国际果汁生产商联合会颁布的方法。

法典产品标准方面，食品法典委员会规定了产品标准的编写格式，包括标准名称、范围、描述、基本成分和质量要素、食品添加剂、污染物、卫生、度量衡、标签、分析和采样方法共十个部分。总体上法典产品标准涵盖了所有的食品质量和安全内容。其中有关安全的内容，如食品添加剂、污染物、卫生、标签、分析和采样方法要参照相应的通用标准，当通用标准无法满足产品标准的要求时，产品标准可根据需要规定具体制定相关内容。

法典规范类标准主要由食品法典委员会的食品卫生法典委员会（CCFH）、食品污染物法典委员会（CCCF）及部分产品委员会制定。规范类标准大体可分为三类：针对具体产品制定的规范，如肉和肉制品操作规范、鱼和鱼制品操作规范、乳和乳制品操作规范、速冻食品加工和处理操作规范、蛋和蛋制品卫生操作规范、婴幼儿配方食品卫生操作规范等；控制食品中特定危害因素的规范，如预防和降低果汁中展青霉素操作规范、预防和降低谷物中真菌毒素操作规范、预防和降低花生中黄曲霉毒素污染操作规范等；通用规范，如食品卫生一般原则、食品国际贸易道德规范、良好动物饲养操作规范等。

第二节　国际标准化组织标准

一、国际标准化组织的历史和作用

1946年10月14—26日，包含中、英、美、法、苏等在内的共25个国家的64名代表集会于伦敦，正式表决通过建立国际标准化组织（ISO），旨在促进工业标准的国际间协调和统一。1947 年 2 月 23 日，国际标准化组织宣告正式成立，总部设在瑞士日内瓦。

1969 年 9 月 ISO 理事会发布的第 1969/59 号决议，决定把每年的 10 月 14 日定为世界标准日。1970 年 10 月 14 日举行了第一届世界范围的庆祝世界标准日的活动。世界标准日的目的是提高对国际标准化在世界经济活动中重要性的认识，以促进国际标准化工作适应世界范围内的商业、工业、政府和消费者的需要。从第 17 届起，世界标准日祝词开始被赋予了主题，以突出当年世界标准日的宣传重点。在第 23 届世界标准日以前，均是由 ISO 和 IEC 主席联合发出祝词，从第 24 届开始，ITU 也参加了世界标准日的纪念活动，由 ISO 和 IEC 主席及 ITU 秘书长联合发出祝词。

《世界标准日主题》

ISO 拥有正式成员 163 个。ISO 负责制定在世界范围内通用的国际标准，推进国际贸易和科学技术的发展，加强国际间经济合作。其主要任务是制定、发布和推广国际标准，协调世界范围内的标准化工作，组织各成员和技术委员会进行信息交流，与其他国际组织共同研究有关标准化问题。

二、 国际标准化组织的组织结构

ISO 的主要机构有全体大会、理事会、技术管理局、技术委员会和中央秘书处，如图 8-3 所示。

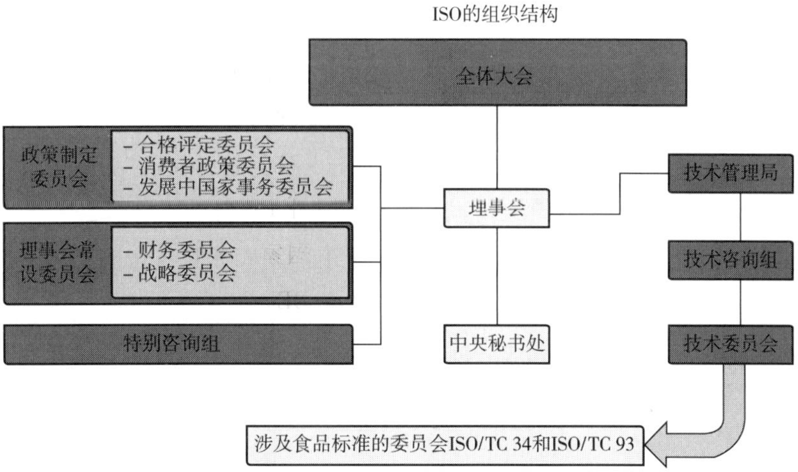

图 8-3　ISO 组织机构示意图

（一） 全体大会

全体大会是 ISO 最高权力机构，为非常设机构，周期为每年召开一次。ISO 所有成员团体、通讯成员、注册成员以及与 ISO 有联络关系的国际组织均可派代表与会，但只有成员团体有表决权。全体大会的主要议程包括：审议年度报告中有关项目的行动情况，ISO 的战略计划以及财政情况等。全体大会的工作会议只限于 ISO 成员团体参加，专题公共研讨会任何与会人员均可参加。

（二） 理事会

理事会是 ISO 大会闭会期间的常设管理机构，由 ISO 官员（主席、副主席、司库、秘书长），根据议事规则指定的 5 个成员团体（对本组织贡献最大的 5 个成员团体被自动指定为理事会的常任成员）和全体大会选出的 13 个成员团体组成。理事会的主要任务是：任命司库、秘书长、政策制定委员会主席；选举技术管理局（TMB）成员，并确定其职权范围；审查通过 ISO 中央秘书处财务预决算。

理事会每年召开 3 次会议。理事会下设政策制定委员会、理事会常设委员会、特别咨询组和技术管理局。

1. 政策制定委员会

ISO 设有 3 个政策制定委员会，即：合格评定委员会、消费者政策委员会、发展中国家事务委员会。政策制定委员会主席由理事会任命，任期 3 年，可以被连续任命 2 届。

（1）合格评定委员会（CASCO） 合格评定委员会成立于 1970 年，前称是认证委员会（CERTICO），2003 年有 98 个成员，其中积极成员（P 成员）67 个，观察员（O 成员）23 个，A 类联络成员 8 个。此外，一些国际组织如世界贸易组织（WTO）、联合国欧洲经济委员会（UN/ECE）、国际实验室认可合作组织（ILAC）等也参加 CASCO 的工作。CASCO 的主要任务是：研究制定合格评定方法；制定产品和服务的测试、检验、认证指南和国际标准，以及机构认可指南和国际标准；促进合格评定体系的相互承认和认可；促进国际标准的应用。

（2）消费者政策委员会（COPOLCO） 消费者政策委员会成立于 1978 年，2003 年有成员 71 个，其中积极成员 36 个，观察员 35 个。COPOLCO 的主要任务是：研究消费者从标准化中受益的方法，帮助消费者积极参加国家和国际标准化活动；为消费者提供标准信息服务和人员培训；为消费者提供论坛；代表消费者利益与 ISO 其他有关机构保持联系；在本职范围内开展研究活动。COPOLCO 每年在不同的成员国召开 1 次年会。

（3）发展中国家事务委员会（DEVCO） 发展中国家事务委员会成立于 1961 年。2003 年有 99 个成员，其中积极成员 66 个，观察员 33 个。DEVCO 的主要任务是：了解发展中国家在标准化及有关领域（如质量控制、计量和认证等）的需求，并提出满足这些要求的办法；为发展中国家提供论坛；与联合国、IEC 和 ISO 及其他机构密切合作；就上述事务向全体大会提供咨询。

2. 理事会常设委员会

（1）财务委员会（CSC/FIN） 财务委员会由司库和理事会指定的 6 个现任理事会成员团体的代表组成，任期 2 年。主席由委员会从其成员中选举产生。CSC/FIN 的主要任务是：根据 ISO 章程和议事规则向司库提出建议；随时了解中央秘书处（ISO/CS）财物管理方面的问题，对其提供的服务进行评定；向秘书长和理事会提出建议；向理事会作财务报告。

（2）战略委员会（CSC/STRAT） 战略委员会由 6 个现任理事会成员团体代表和政策制

定委员会主席组成。该委员会主席由 ISO 负责政策的副主席兼任。CSC/STRAT 的主要任务是：向理事会提出建议；修改战略日程战略文件；每年至少向理事会报告 1 次工作。

3. 特别咨询组

为了推动国际标准化组织实现其战略目标，ISO 主席经理事会同意可以成立特别咨询组。小组由对国际标准化非常感兴趣的其他组织的执行官组成。小组成员以个人身份而不是成员团体代表身份参加。小组提出的建议提交理事会并由其采取相应措施。

4. 技术管理局

技术管理局（TMB）是 ISO 技术工作的最高管理和协调机构。TMB 由 1 名主席和理事会任命或选举的 12 个成员代表组成。每年召开 3 次会议。TMB 的主要任务是：就 ISO 技术工作计划、协调、运作和管理问题向理事会报告，并提供咨询；负责技术委员会的全面管理；审查 ISO 新工作领域的建议，批准成立或解散技术委员会；修改技术委员会的工作导则；代表 ISO 复审 ISO/IEC 技术工作导则，检查和协调所有的修改意见并批准有关的修订文本。

TMB 的日常工作由 ISO 中央秘书处承担。TMB 认为必要时，可设立一些专门机构，就有关标准化原理问题、基础问题、行业问题及跨行业协调问题、相关计划及必要的新工作等方面向 TMB 提出建议。

TMB 的专门机构有标准物质委员会、技术咨询组和技术委员会。

（1）标准物质委员会（REMCO） 标准物质委员会成立于 1975 年，每年召开 1 次年会，在各成员团体轮流举行。凡是对 REMCO 工作感兴趣的成员团体，都可以 P 成员或 O 成员身份参加。REMCO 是一个非常重要的专门委员会，它以实物标样的形式向客户提供参考标准，是检验和验证工作不可缺少的手段。REMCO 的工作领域涉及物理及化学的各个行业。

REMCO 的主要任务是：确定标准物质的定义、等级和分类，编制目录供 ISO 使用；确立标准物质的形式结构；制定在 ISO 文件中使用的标样来源选择准则（包括法制方面）；为 ISO 技术委员会制定在 ISO 文件中引用标样的准则；必要时为 ISO 提出在标样方面采取行动的建议；在职责范围内处理与其他国际组织之间有关标样方面的事务，并向技术管理局提出采取行动的建议。

（2）技术咨询组（TAG） 技术咨询组的秘书处放在中央秘书处，其日常工作由 ISO 中央秘书处承担。各 TAG 在任务完成后即行解散，新成立的 TAG 不使用原 TAG 编号。

（3）技术委员会（TC） 技术委员会是承担 ISO 标准制修订工作的技术机构，所有技术委员会都由技术管理局设立、管理并监督其工作。截至 2020 年底，ISO 共有 254 个技术委员会、611 个分技术委员会和 2224 个工作组。

（三） 中央秘书处（ISO/CS）

中央秘书处负责 ISO 日常行政事务，编辑出版 ISO 标准及各种出版物，代表 ISO 与其他国际组织联系。ISO/CS 由秘书长和所需成员组成。ISO/CS 承担全体大会、理事会、3 个政策制定委员会、技术管理局、标准物质委员会的秘书处工作。

（四） ISO/IEC 联合技术顾问委员会（JTAB）

为了保证 ISO 和 IEC 之间的技术协调，ISO 于 1995 年成立了联合技术顾问委员会

(JTAB)，其主要作用是：应 ISO 或 IEC 任何一方的要求并经另一方同意，就涉及 ISO 和 IEC 技术合作的专门问题提出建议；审查新的技术领域，以便就该领域应设在哪个组织的问题提出建议，或者作为一项最终方案，成立一个联合技术机构以保证有效的合作，进而就该机构的名称、工作范围和工作计划向技术管理局（TMB）提出建议；就 ISO/IEC 技术工作导则的维护提出建议。

三、 国际标准化组织标准及制定流程

截至 2020 年底，ISO 已累计发布国际标准 23574 项。ISO 制定的标准普遍是推荐性而非强制性，但由于 ISO 颁布的标准在世界上具有很强的权威性、指导性和通用性，代表了世界上先进的技术发展水平。因此，各国都非常重视 ISO 标准，不少国家在制定本国标准时等同或等效采用 ISO 国际标准。在具体内容上，ISO 标准文件包括国际标准（International Standard，IS）、指南（Guide）、可公开获得的文件（Publicly Available Documents，PAD）、技术规范（Technical Specification，TS）、技术报告（Technical Report，TR）等不同标准文件形式。

在标准结构上，ISO 主要从两项方面构建标准体系：一是按 ISO 技术委员会顺序进行排列；二是按国际标准分类方法（International Classification Standard，ICS）进行排列。其标准制定分工明确，体系结构合理。ISO 标准体系纵向分布有 254 项涉及不同行业领域标准和规范制定的技术委员会，各技术委员会又分支为更细的分技术委员会（Sub-Committee，SC）。ISO 标准体系横向则由基础标准（术语）、分析取样方法标准、产品质量与分级标准、包装标准、运输标准、贮存标准等不同类别标准组成。纵横双向标准相互结合，共同构成 ISO 标准网格状结构。

ISO 标准制定过程主要由 TC 和 SC 经过六个阶段形成：

（1）申请阶段　即确定新工作项目阶段。新的标准立项首先是需要确认此工作的必要性。由相关 TC 或 SC 对新的标准项目申请进行表决，以决定是否将其列入工作计划中。如果大多数 TC 或 SC 的 P 成员表决赞成，且至少有 5 个参与成员宣布积极参加此项目，那么新标准申请将得到通过。此阶段中，新项目的负责人一般是经过委任产生。

（2）准备阶段　即工作组起草工作草案阶段。准备阶段的工作一般由一个专家工作组主席作为该项目的负责人，由 TC/SC 建立专家组以准备该工作草案的起草。工作草案将针对工作组提出的问题不断进行修改以制定出最佳的技术解决方案。随后，工作草案将提交给工作组的上级委员会，进入委员会审查阶段。

（3）委员会阶段　即 TC 或 SC 讨论阶段。委员会讨论草案可采纳后，草案由 ISO 中央秘书处进行登记。草案在此过程中进行分布式评议，由 TC/SC 的 P 成员进行表决。委员会草案将不断修改直到所有成员就技术内容达成一致同意，随后文本定稿作为国际标准草案（DIS）提交。

（4）审查阶段　国际标准草案（DIS）由 ISO 中央秘书处在 5 个月内向所有 ISO 成员机构传送以进行表决和评议。如果有 2/3 的 TC/SC 的 P 成员以多数赞成，且否定票不超过总投

票数的 1/4，即被批准为国际标准草案定稿提交。如果不符合批准要求，文本退还到原 TC/SC 进行进一步研究，经再次修订的文件将再次投票，并作为国际标准草案再次进行递送以进行表决和评议。

（5）批准阶段　ISO 中央秘书处将最终国际标准草案发送给所有成员，进行为期两个月的投票。如果在此期间收到技术类意见，将不再在此阶段考虑修改，但将会记录在案等待将来进行修订时给予考虑。如果有 2/3 的 TC/SC 的 P 成员以多数赞成，且否定票不超过总投票数的 1/4，即被批准为国际标准通过版本。如果不符合批准要求，文本退回到原 TC/SC，并根据否决票中所提出的技术原因进行重新考虑。

（6）发布阶段　一旦最终国际标准草案被批准通过，只有在必要时由中央秘书处在两个月内更正 TC/SC 秘书处指出的任何错误，进行细微的编辑和修改。最终文本由中央秘书处印刷和发布国际标准。

一项国际标准从提出文稿到批准为标准至少需要两年，往后的 3~5 年需要对它进行不断的维护和完善。所有的 ISO 国际标准在发布三年后由全体 ISO 成员机构进行审查，此后每五年再次审查。多数 TC/SC 参与成员共同决定一个 ISO 国际标准是否应予以确认、修订或撤销。

四、 国际标准化组织的食品标准特点

国际标准化组织标准基本覆盖了食品供应链的每一个环节，包括从农业机械的生产、制造和物流运输、食品的生产、包装、标签和存储等各方面。在 ISO 9000 大类标准中，关于食品涵盖 1000 余项标准。在食品及相关产品的标准制定方面，ISO 主要有 2 个技术委员会参与其中，分别是 ISO/TC 34 食品技术委员会和 ISO/TC 93 淀粉和衍生物及其副产品标准工作的技术委员会。

食品标准主要由 ISO/TC 34 进行编写制定。食品技术委员会是 ISO 中 254 个不同行业领域技术委员会中的一个，与食用产品标准和规范有关的标准都出自该委员会。食品技术委员会下设 17 项分技术委员会（SC）或工作组，分别负责制定综合分析方法、管理制度和具体产品检测方法方面的标准。食品技术委员会发布的标准覆盖了食品行业从初级生产到消费端的几乎所有产品。从谷物、果蔬、咖啡、牛乳、饮料到肉蛋等各类产品，其千余项标准从术语定义、抽样、测试、分析方法、感官评价、产品规格、质量管理、包装材料、储存和运输等各方面对产品进行了明确的标准规范。ISO 食品技术委员会的基本框架如图 8-4 所示。

除了食品技术委员会 ISO/TC 34 以外，ISO 还有部分技术委员会也涉及食品相关产品的标准制定工作。如淀粉技术委员会（ISO/TC 93），其主要负责制定和完善与土豆、小麦、玉米等农产品中淀粉提取有关的标准，为食品淀粉产业提供参考方法与标准。渔业和水产养殖技术委员会（ISO/TC 234）旨在促进水产品行业可持续发展，规范技术设备以适应当地生产环境，完善海洋资源监测和管理，以及应对渔业危机。精油类技术委员会（ISO/TC 54）主要制定用于食品、香水、化妆品等产品的精油类产品标准，其包括百余项确保产品质量、测试、标记和术语等标准，对于促进食品中香精香料的规范化、标准化生产、科研开发和贸易

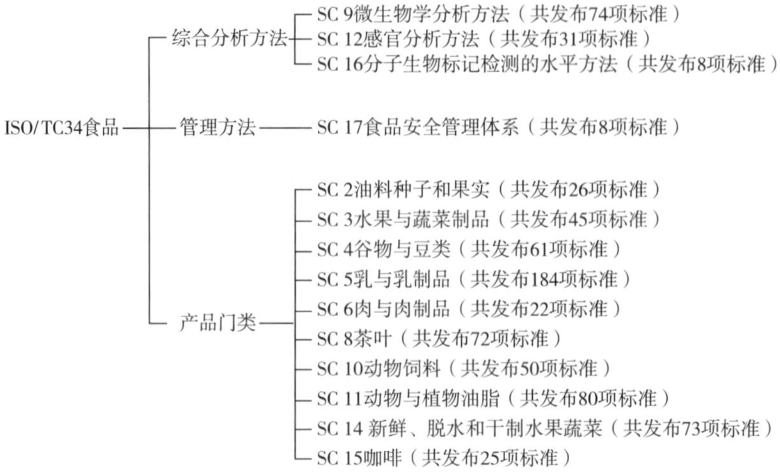

图 8-4　ISO 食品技术委员会组织框架及发布标准

具有重要参考价值。ISO/TC 34 和其分技术委员会对其他有交叉工作基础的国际性或区域性组织建立了广泛深入的合作关系，如 CAC、国际谷物科学和技术协会（International Association for Cereal Science and Technology，ICC）、IDF、国际纯粹与应用化学联合会（International Union of Pure and Applied Chemistry，IUPAC）、CEN、经济合作与发展组织（Organization for Economic Cooperation and Development，OECD）、FAO、WHO 等。

第三节　欧盟食品标准

欧盟主要负责食品标准的机构为 CEN。CEN 是欧洲三大官方认可的标准组织之一，颁布的方法标准也为非强制性，但强调从具体内容到执行层面与欧盟相关法律法规条款的协调一致性。为了最大限度保证这一点，欧盟采取了一系列措施，如在实际工作中如果不使用欧盟方法标准，需保证拟使用其他标准的内容不得与欧盟法律法规的相关内容相悖等。此外，有大约 1/4 的欧盟标准，是基于欧盟委员会提出的与法律相关事宜而设立的。CEN 还颁布了其他相关文件用于标准工作开展，如工作组协议（CEN Workshop Agreements，CWA）、技术细则（Technical Specifications，CEN/TS）、技术报告（Technical Reports）和指南（Guides）等。

欧盟食品标准工作的具体实施机构主要为 CEN 下设的技术委员会（TC），分管不同类别标准。目前分管检验方法类标准 CEN 技术委员会主要有：CEN/TC 275—食品分析横向方法，目前颁布标准 200 余项；CEN/TC 302—乳及乳制品分析方法和采样规程，目前颁布标准 40 余项；CEN/TC307-油料种子、蔬菜、动物油脂及副产品的分析方法和采样规程，目前颁布标准 80 余项。其余关于方法评价和验证、实验室管理和质量控制等内容也主要被囊括在这些技术委员会颁布的几个指令文件中。

在食品标准制定方面，CWA 和 CEN/TS 有着较为快捷的制修订过程。CWA 由 CEN 研讨会负责，欧盟成员国以外任何感兴趣的国家或机构均可申请参与此项工作。CWA 整个制修订过程大致需要 10~12 个月，其地位在欧洲标准之下，一旦颁布不会被强制为各欧盟成员国国家标准，但其内容不得与现行的欧盟标准冲突。CEN/TS 一般由 CEN 下属技术机构提出立项建议，最终通过仍需 CEN 各成员投票。CEN/TS 可以被 CEN 技术委员会作为预备上升为欧盟标准的技术储备，标准内容可以涉及比较先进的技术，也可用于多个方法检测同一物质时，结果出现分歧时的仲裁判断。

在欧盟方法标准体系中，虽然 CEN、CWA 和 CEN/TS 等标准的属性为推荐性标准，但是被采用和认可情况各不相同。CEN 标准在整个方法体系中地位最高，一经颁布即自动成为欧盟所有成员国的国家标准，这些成员国必须撤销本国标准中与之内容矛盾的部分，对于欧盟成员国以外的国家或组织则无需遵守这一规定，可以视实际情况使用欧盟标准。欧盟对于一些先进的技术或是比较紧急的情况，也可以考虑采用 CWA 和 CEN/TS 的食品标准，而且 CEN 也规定，待条件允许它们也可进一步提升为欧盟标准，从而为方法的不同应用方向提供了出口，使得整体工作机制更为灵活，标准适用性面更广。其他 CWA 和 CEN/TS 类文件颁布后不会自动成为欧盟成员国的国家标准，欧盟成员国只需注意本国的标准不要与之冲突即可。CEN 颁布的部分欧盟标准也被 CAC（CCMAS）等国际标准组织所采纳，其中主要被 ISO 采纳和引用较多，因为二者联系比较紧密，ISO 可以等效采纳部分欧盟标准。

第四节　部分发达国家食品标准

一、美国食品标准现状

美国涉及食品标准管理的政府机构主要有 4 个，分别为 FDA、农业部食品安全与检查局（Food Safety and Inspection Service，FSIS）、环境保护局（Environmental Protection Agency，EPA）、农业市场服务局（Agricultural Marketing Service，AMS）。其中 FDA 负责监管所有食品的安全和卫生标准，包括食品添加剂、防腐剂、农、兽药标准。FSIS 负责制定肉、禽、蛋制品的安全和卫生标准。EPA 负责饮用水标准以及食品中的农药残留限量标准。AMS 负责蔬菜、水果、肉、蛋等常见食品的市场质量分级标准。各机构职责分工清晰、各司其职，有利于食品标准有效实施。

以 FDA 为例，FDA 监管标准主要包括 3 项，分别是《动物饲养监管标准》（Animal Feed Regulatory Program Standards，AFRPS）、《加工食品监管标准》（Manufactured Food Regulatory Program Standards，MFRPS）、《零售食品监管标准》（Voluntary National Retail Food Regulatory Program Standards，VNRFRPS）。其中，《加工食品监管标准》是美国用来建立统一的食品安全系统的重要组成部分，目标是基于风险建立一个完整的监管系统以帮助联邦政府和各州政府优化监管行为，减少食源性疾病发病率。其特点主要包括两方面：一是 MFRPS 建立了统一的准则以衡量和改善食品生产加工环节的监管行为；二是不断自我完善，通过与监管部门和公共健康合作伙伴之间进行持续交流不断完善监管程序，加强食品安全监管，维护联邦食品安全。

在食品标准数量上，美国现有 160 项左右，数量上并不多于其他国家或地区。美国食品标准体系主要分为两层：一层是政府颁布的食品类别的强制性技术法规，相当于中国的强制性标准，集中收录在《美国联邦法规》（简称 CFR）中。另一层是食品相关非政府组织制定的食品标准，如美国国家标准协会（American National Standards Institute，ANSI）。ANSI 主要职责是对美国自愿性标准体系进行管理和协调，而 ANSI 制定的标准绝大多数来自各美国的专业标准制定组织，其本身较少直接制定食品标准。如 AOAC、美国谷物化学师协会（American Association of Cereal Chemists，AACC）、美国油料化学师协会（American Oil Chemists Society，AOCS）等都是制定美国食品标准的重要专业行业组织。美国倡导和推行民间标准优先的标准化战略，鼓励政府部门采用民间标准和参与民间团体的标准化活动，调动各方面的积极因素，形成相互竞争的分散型多元标准体系。

二、 日本食品标准现状

日本已建立比较完善的食品标准体系，该体系以法律法规为主，辅之以严格的食品标准，具有较强的科学性和实用性。日本食品标准的制定机构为厚生劳动省、农林水产省、消费者厅。一般食品标准（包括进口食品）的制定由厚生劳动省负责。厚生劳动大臣从公共卫生角度出发，听取药品食品卫生审议会的意见，对用于销售的食品或添加剂的制造、加工、使用、烹饪或保存方法制定相关标准，或对用于销售的食品或添加剂成分制定规格。日本农林水产省则负责生产和动植物保护使用标准的制定。消费者厅主要负责涉及标识标准的提案、制修订、执行以及安全标准的提案和制修订。

日本的食品标准分为国家标准、行业标准、地方标准和企业标准 4 个层级，其中国家标准即 JAS 标准，以农产品、林产品、畜产品、水产品及其加工制品和油脂为主要对象。行业标准基本由行业团体、专业协会和社团组织制定，主要是作为国家标准的补充或技术储备。地方标准是日本地方团体制定的区域性食品安全，以确保标准间的协调统一。企业标准是各株式会社制定的操作规程或技术标准。

日本厚生劳动省将食品分为两大类，即保健机能食品和一般食品。保健机能食品生产销售需要经过厚生劳动省、消费者厅许可，并且要正式标识成分并说明其安全性。保健机能食品又分为“特定保健用食品”和“营养机能食品”。保健机能食品以外的食品是日本厚生劳动省所认定的一般食品。对于一般食品，日本制定了食品的成分规格、制造加工、调理烹饪和保存的标准。对食品标签标识、食品添加剂、农药残留、兽药残留、辐照食品、转基因食品、容器包装等制定了较为完善的标准和标识制度，并通过法律形式确定下来。其中，农、兽药残留特别为日本食品标准体系重视，其《食品卫生法》规定食品中的农药残留和兽药残留是食品成分的一部分，并对每一单个食品的农药和兽药规定了限量标准。目前，日本的农药残留限量标准达到了50000余项，是目前世界上农药残留最高限量标准数量仅次于欧盟的国家。

日本制定食品标准大体需要经过如下几个程序。

（1）厚生劳动省委托食品安全委员会进行安全性评价和对健康影响的评估；

（2）食品安全委员会按照委托要求对食品添加剂、农药、兽药、污染物质等进行健康风险评估和安全性试验，包括慢性毒性试验、致癌性试验、致畸性试验、公众评议和设定一日容许摄入量，并听取意见和提出劝告；

（3）厚生劳动省根据食品安全委员会反馈的评估结果制定标准，请咨询审议会（分会）对标准草案进行研究；

（4）将拟定的标准草案向CAC、WTO等组织通报；

（5）提交食品卫生审议会进行审议，经批准后生效；

（6）对省令、告示进行修改，即日起或者数月后实施。

三、澳大利亚、新西兰食品标准现状

由于澳大利亚和新西兰两国密切的历史、政治、经济和地理关系，两国于1995年签署了《1995年澳大利亚-新西兰联合食品标准系统协定》，共同建立食品标准体系。

澳新地区食品标准的制定机构主要为澳新食品标准局（Food Standards Australia New Zealand，FSANZ）。澳新食品标准局是依据《澳大利亚和新西兰食品标准法》（1991）成立的独立的双边法定机构，由来自澳大利亚和新西兰食品方面的专家组成的委员会实施管理。其在澳大利亚堪培拉、新西兰惠灵顿分别设有办事处。从组织结构看，FSANZ由决策机构——理事会和局长领导的执行团队构成。理事会由12人组成，包括1名主席、1名局长、3名新西兰代表、1名消费者代表、1名全国卫生和医学研究委员会代表、3名科学或公共卫生组织机构代表和2名食品企业界代表。除了局长外，其他成员均为兼职。理事会还可以设立若干委员会支持其履行职能，如高级健康声明委员会、消费者联络委员会等。

FSANZ是制定并管理《澳大利亚和新西兰食品标准法典》的双边官方机构。食品标准法典规定了食品中的成分、加工助剂、着色剂、添加剂、维生素和矿物质的使用。该法典还包括对一些食品组成的规定，包括乳制品、肉类、饮料以及对运用食品新技术如基因改良食品的规定。在澳大利亚，FSANZ的职责非常宽泛，负责制定整个食品供应链标准，制定食品生产和加工过程中的卫生标准，制定食品中的农兽药残留限量，还负责协调食品监测和食品召回系统、开展研究和为农业部在进口食品监管中提供支持。此外，FSANZ还对预包装食品和非预包装食品的标签进行规范，包括须明确标示的强制性警示语和建议语。

澳新食品标准体系包含70多项食品标准，分为4大章。第1章为通用食品标准，涉及标准的适用、解释和普遍禁止，标识和信息要求，食品添加物质利用许可，新食品、转基因食品和照射食品利用许可，污染物和天然有毒物质最高限量、最高残留限量（仅适用澳大利亚），与食品接触的器物和材料，禁止的和限制的植物和真菌，微生物污染物最高限量，食品加工要求（仅适用澳大利亚）等。第2章为食品产品标准，分10大类，即谷物、肉、禽蛋和鱼、水果和蔬菜、食用油、乳制品、非酒精类饮品、酒精类饮品、糖和蜂蜜、特殊用途食品以及其他食品标准。第 3 章为食品安全标准，仅适用澳大利亚，包括食品安全计划，食品场所和设备。第 4 章为初级生产标准，仅适用澳大利亚，涉及海洋食品、禽类、肉类、特殊奶酪和其他商品生产和加工。

对于澳新食品标准体系中仅适用澳大利亚的标准，新西兰主要通过议会相关法律、政府条例、标准、主管机构发布通告等方式自行制定，如《2012 年新西兰（农用化合物最高残留限制）食品标准》。值得注意的是，澳新食品标准适用进口至两国的食品，但不完全适用出口到澳新两国以外的食品。

澳新食品标准在澳新两国都具有法律效力，不同于我国食品标准类似于“科技成果”的性质。在澳大利亚，食品标准属于《2003 年立法文件法》定义的立法文件，由州政府和区政府按照各自的食品法律实施。新西兰《1981 年食品法》第 11 条规定，如果法庭确信个人故意违反食品标准，将处以不超过 5000 新元罚款。如果是法人违反食品标准，则处于不超过 20000 新元的罚款。

第五节　国际食品标准转化

随着科技文化交流和国际贸易的不断扩大，特别是高新技术的迅猛发展，各国食品行业对于国际标准的需求日益增长，采用国际标准，或者是标准的国际化，以及国家间标准的互相转化，已成为全球化发展的趋势之一。积极采用国际标准，实现食品标准趋同，是使得本国食品行业能够立足于世界贸易之中的必然要求。将本国食品标准制定成为国际标准，或是将本国的国家标准、行业标准或团体标准推向世界并为各国所公认，便可以在国际贸易中取得先发优势。

目前，世界各国对国际标准制定权的争夺，尤其是在高新技术领域标准化的竞争已十分激烈。总体上，通过 CAC、ISO、CEN 等国际标准机构，发达国家基本垄断了国际食品标准的制修订机会。同时，发达国家在各自国内采用国际标准规范食品行业发展也保持非常积极的态度。欧盟、美国、日本等国家和地区采用国际标准实行国内食品管理的比例超过 50 %，如日本新制定的国际标准有 90 %以上采用或参考了国际标准，在制定标准时主要参考 CAC 标准和欧盟的标准，将日本的食品、农产品标准体系融合到国际食品标准体系中，建立符合国际食品贸易准则的食品标准体系。其中，日本参考 CAC 标准引进农业化学品的“肯定列表制度”就是其积极融入国际食品标准体系和引进国际先进标准的范例。

需要注意的是，部分发达国家国内制定的部分食品标准甚至远高于现行的国际标准的限制水平。国际食品法典委员会将食品安全标准作为重点，各成员均参考 CAC 的食品添加剂、兽药及农药残留、污染物、分析与采样方法标准、准则和建议以及卫生操作规范。美国的农兽药残留限量都参照 CAC 标准制定。而欧盟成员国英国、德国、法国等国家均执行严于

CAC 标准的欧盟标准。

在国际食品标准之间的转化方面，采标率是体现各国标准转化工作情况和衡量各国国家标准总体水平的一项重要指标。由于欧盟标准制定的一致性，欧洲国家在标准的转化方面普遍较高。如英国的采标率为89.24 %，德国为84.88 %，法国为75.47 %。初步统计，我国食品标准的采标率为18.02 %，其中还包括等同采用、修改采用和非等效采用等多种方式。欧盟、美国、日本、澳大利亚等参与国际食品标准化活动有较长的历史和经验，其投入了大量的人力、物力、财力尽量使其国家标准纳入国际标准，对国际标准化有较大的影响力。我国积极合理采用或转化国际食品标准，不仅可以迅速提升标准水平，加快向国际标准靠拢的进程，而且可以推动国内食品标准体系建设，走出一条高效、快捷之路。

思考题

1. 简述国际食品法典委员会食品标准的内容。
2. 请简要分析美国食品标准制定的特点。

参考文献

［1］李春田．标准化概论［M］．4版．北京：中国人民大学出版社，2005.

［2］国家标准化管理委员会农轻和地方部．食品标准化［M］．北京：中国标准出版社，2006.

［3］白殿一，刘慎斋．标准化文件的起草［M］．北京：中国标准出版社，2020.

［4］信春鹰，袁杰副，全国人民代表大会常务委员会法制工作委员会．中华人民共和国食品安全法释义［M］．北京：法律出版社，2015.

［5］甘藏春，田世宏．中华人民共和国标准化法释义［M］．北京：中国法制出版社，2017.

［6］王世平．食品标准与法规［M］．北京：科学出版社，2017.

［7］鲁培耿．构建标准体系应注意的几个方面［J］．标准科学，2022，（7）：53-56，77.

［8］王俏，周海燕，毕孝瑞，等．我国食品标准体系在食品安全监管过程中的应用及现存问题［J］．中国食品卫生杂志，2023，35（1）：1-9.

［9］杨洪丽．我国食品标准体系的现状分析［J］．中国食品，2018，（19）：126.

［10］张哲，朱蕾，樊永祥．构建最严谨的食品安全标准体系［J］．中国食品卫生杂志，2020，32（6）：604-608.

［11］房庆，刘文，王菁．我国食品安全标准体系的现状与展望［J］．世界标准化与质量管理，2004，（12）：4-8.

［12］鲁曦，邓希妍，丁凡，等．食品安全标准化现状及对策研究［J］．中国标准化，2021（03）：106-111.

［13］王会霞，江丰，张莉，等．我国食品检验中标准现状分析及建议［J］．食品安全质量检测学报，2020，11（06）：2001-2006.

［14］刘春卉．食品安全国家标准体系建设进展［J］．大众标准化，2019，（5）：37-41.

［15］方海燕．从食品安全现状谈食品安全标准化体系的建设［J］．现代食品，2021，（13）：17-19.

［16］刘文，戴月，袁姗姗，等．食品标准体系构建要素与框架设计研究［J］．中国标准化，2022，（5）：76-81.

［17］王春艳，韩冰，李晶，等．综述我国食品安全标准体系建设现状［J］．中国食品学报，2021，21（10）：359-364.

［18］范长军，屠锦娣．食品生产企业标准体系建设及思考［J］．中国标准化，2022，（8）：19-24.

[19] 周洁．构建食品企业标准体系的研究和探讨［J］．轻工标准与质量，2008，(6)：48-50，54.

[20] 艾志录．食品标准与法规［M］．北京：科学出版社，2016.

[21] 吕秀珠，宋铮．食品安全标准化管理的重要性分析［J］．科技资讯，2020，18 (11)：195-196.

[22] 蒋雅静．我国食品安全监督管理体制研究［D］．湖北：华中师范大学，2014.

[23] 李素平，马祥英．贯彻实施标准是企业标准化工作的主题［J］．中国标准化，2007，(9)：30-32.

[24] 蔡健，徐秀银．食品标准与法规［M］．北京：中国农业大学出版社，2015.

[25] 杜宗绪，郭森．食品标准与法规［M］．北京：中国质检出版社，2017.

[26] 杨晓宇．美国食品安全标准管理模式对我国食品安全监管的借鉴启示［J］．食品安全质量检测学报，2019，10：5556-5560.

[27] 王竹天，樊永祥，毛雪丹．国内外食品安全法规标准对比分析［M］．北京：中国标准出版社，2014.

[28] 王紫菲，肖晶．国际标准组织食品检验方法体系的构成及特点分析［J］．中国卫生标准管理，2018，9 (2)：4-8.

[29] 王益谊，王丽君．ISO 标准发展研究［J］．标准科学，2011，(4)：19-22.

[30] 徐烨，李江华，徐然，等．国际标准化组织（ISO）乳与乳制品标准体系［J］．乳业科学与技术，2013，36：35-40.

[31] The European Parliament and the Council of the European Union. Decision No 1025/2013/EU of the European Parliament and of the Council of 22 October 2013 providing macro-financial assistance to the KyrgyzRepublic [EB/OL]. (2013-10-22) [2018-1-11].

[32] 刘新山，张红，李龙飞．澳新食品标准制度研究［J］．广东海洋大学学报，2015，35：53-59.

[33] 邹洁．国内外食品标准体系差异分析及我国相应对策［J］．中国标准化，2010，9：142-145.

[34] 刘春卉，计雄飞，汪滨，等．中英德法俄美食品标准现状对比分析［J］．中国农学通报，2014，30 (27)：293-298.